教育要素研究丛书　　　　　　　主编：孙杰远

论"学习问题"
导向教学

刘天 / 著

中国社会科学出版社

图书在版编目（CIP）数据

论"学习问题"导向教学／刘天著．—北京：中国社会科学出版社，2020.6
（教育要素研究丛书）
ISBN 978 – 7 – 5203 – 6224 – 5

Ⅰ.①论… Ⅱ.①刘… Ⅲ.①教学法—研究 Ⅳ.①G424

中国版本图书馆 CIP 数据核字（2020）第 054643 号

出 版 人	赵剑英	
责任编辑	赵 丽	
责任校对	闫 萃	
责任印制	王 超	

出 版	中国社会科学出版社	
社 址	北京鼓楼西大街甲 158 号	
邮 编	100720	
网 址	http://www.csspw.cn	
发 行 部	010 – 84083685	
门 市 部	010 – 84029450	
经 销	新华书店及其他书店	

印 刷	北京明恒达印务有限公司	
装 订	廊坊市广阳区广增装订厂	
版 次	2020 年 6 月第 1 版	
印 次	2020 年 6 月第 1 次印刷	

开 本	710×1000 1/16	
印 张	17.5	
插 页	2	
字 数	263 千字	
定 价	98.00 元	

《教育要素研究丛书》总序

教育要素即构成教育活动的成分,既是教育研究的逻辑起点,也是决定教育发展的内在条件。

教育研究领域的学者们对教育基本构成要素进行了归纳,比较有代表性的有三要素、四要素、五要素和六要素说。综而观之,无论是三要素说还是六要素说,虽然在要素对象范畴上有所不同,但其核心要素基本相同,即涵盖了教育者、受教育者、教育内容、教育手段、教育环境等教育活动的主体、内容和媒介。学校教育是当前教育活动的主要形式,从教育要素的视角来看,学校教育的本质是各教育要素之间相互作用的过程。依此逻辑,教育领域的学者所要进行的基础性研究是教育要素自身或教育要素之间存在的关系。然而,随着科学知识的爆炸式增长,教育学科自身不断分化,与其他学科不断交叉融合,使教育研究的领域迅速向外扩展。这种现状,一方面扩大了教育研究的视野,避免了传统研究范式中"就教育而论教育"之不足;另一方面,致使教育研究无论从内容还是形式上,既显示了指向"宏观"的偏好,也存在喜欢"越界"的现象,呈现出忽视"本真","舍本逐末"的趋向。

教育研究既要克服"自说自话"的"闭门造车"模式,走向开放和包容,同时,也要克服"抛却本真"的"盲目借鉴"模式,立足根本而深入挖掘。基于此,研究团队从管理学、心理学、社会学、经济学等多学科视角对教师、学生、课程、教学等教育基本要素进行了深入研究,形成了这套《教育要素研究丛书》。其中,《高校外籍教师工作压力分析及其管理对策研究》、《中小学教师研究成果传播研究》和《校本教研主体互动研究》分别以教师职业压力管理、教师研究成果转化和教师校本教研为主题对教育活动中的关键要素——教育者进行立体化研究;《学习自由的技术批判与重构》和《论"学习问题"导向教学》则是基于实践哲学和学习认知理论对学校教育中最重要的环节——"教与学"所进行的理论思考和实践探究。《大学课程资本视野下我国高校课程管理的改革研究》则是从社会学视角对教育活动中的另一重要要素——"教育内容"进行的理论思辨,在大学课程资本理论视域下,针对课程管理中的课程开发、课程实施流通、课程评价等环节剖析我国高校课程管理改革。

种种原因,本套丛书必然会存在缺点和疏漏,祈望方家指正。

孙杰远

2020 年 5 月于桂林

序

学者之路，修身立人，文以载道。这烙印在刘天同志攻读博士学位的岁月。她夙夜不懈，刻苦钻研，广涉诸家，紧盯前沿。且理实兼修，赴基础教育改革第一线，深入了解具体问题。"刳肝以为纸，沥血以书辞"，终成这部关于课堂教学改革的著作。

这部《论"学习问题"导向教学》，充分体现出作者谨持严肃的科学态度、精进的治学精神、求实的行文风格，尤在如下三则。

其一，同中求异敢创新。深化课堂教学改革的理论与实践研究，一直处于炙热化状态：成果时见，但多是"个大心空"，可操作性不强。这不是专家苟且作为，而是研究的挑战甚大。盖此作者不蹈覆辙，另辟蹊径，将研究视角聚焦中（小）学生在学习中主动提出疑惑或问题，并在教师的引导下加以解决，从而提高课堂教学效率与质量。这体现了作者敢于在教改中啃硬骨克艰难的勇气与走新路创未来的智慧与禀赋。广泛地阅读，深层地思考，认真地辨析，高度地凝练，笔者为自己的研究寻找坚实的理论与实践基础，将"学习问题"中"问题"（Question）与问题解决（Problem Solving）中问题（Problem）进行科学合理的辨析，既发现两者之同又看到两者之异，并把"异"作为研究的逻辑起点。"Question"通常指学生学习特定内容（主要是教材）时遇到的或提出的需要回答或解释的有一定标准答案的疑惑，旨在培养学生提出学习问题与解决学习问题的能力。这是学生走向社会发现问题与解决问题的基石，蕴含着不可多得的创造性。"Problem"指答案不确定的一般问题或难题，虽也存在于教材中，但不多见，它侧重培养学生探究性与创新性。在辨清两种"问题"的基础上，对学习问题导向教学的特征进行分析：发挥师生的合理自主性，激励学生主动提出问题，培育小组解决学习问题的功能，力促"优生更优，弱生大进"，优化作业形成相对完整的教学闭环回路。

其二，问题导向益实践。学习问题导向教学研究根植于课堂教学中的现实问题，具有实操性强的特征，实践证明它利于课堂教学质量的提高。一是它超越了"传统备课"的局限，经由教师个体和群体"四重备课"后形成的"教学指导书"，问题突出，重心明确，不仅有效信息丰富，而且言简意赅，存有大量的动态生成空间，以至教师如何引导学生提出问题、分析问题、解决问题、"跟踪"问题都井然有序。二是它从自学寻疑开始，历经互帮答疑、教师释疑、群言辨疑、练习测疑、反思质疑，切实体现"小疑则小进，大疑则大进，不疑则不进"的哲理。课内如此，课外优化作业，学生发现作业中的问题后，盯住问题"自我跟踪""同伴跟踪""教师跟踪"，"跟踪"问题就是纠错题获新知。可见，学习问题导向教学的流程是以理解为中心建构的，是要解蔽或祛蔽，向一切"误解"（包括不解、未解与错解等）进军，以增进"确解"，促使学生从有惑到少惑再到豁然开朗。

其三，多重方法夯实证。有别于一般思辨性著作，该著运用多重实证研究方法。作者深入学校，进入课堂，走近教师，亲近学生，问卷调查，课堂观察，实地访谈，无一不彰显了作者一丝不苟的实证研究态度与扎实深厚的实证研究能力。作者较长时间驻扎某地的四所初中学校，进行田野调查。在准备与开始阶段，作者借用华东师范大学理解教育研究所编制的《教师教学问卷》与《学生学习问卷》获得多方面的数据，较好地了解教师的教学观念、教学行为与教学评价等情况，以及学生学习的基本现实，包括与学习问题导向教学相关的学习责任、学习感情、学习自主、学习能力、学习策略、学习人缘等。在调查阶段，作者借助摄像、录音、课后作业观察等作定性观察，用《学习问题导向教学课堂观察量表》作定量观察。为了尽可能做到观察对象全面化与观察结果真实化，作者采取参与式观察法，前后共观察了数以百计不同类型的课堂。她多管齐下，用文献研究，探讨内涵，区分概念，分析理论，夯实"学习问题导向教学"研究的理论基础；用问卷调查，师生访谈，调查需求，参与观察，考察过程，求证合理，夯实"学习问题导向教学"研究的实践基础。

行文至此，一个"不破楼兰终不还"的不畏险阻、孜孜以求的青年学者形象浮现在我脑海。我依稀看见立志冲锋在基础教育课堂教学改革研究中的她义无反顾地勇往直前。可以肯定，这部著作的问世，既是她研究历程中的一个阶段性成果，更是她走向深入研究的新起点。相信她凭借着对课堂教学改革的执着与锲而不舍的追求，会在崎岖不平的研究之路上，勇攀高峰。

华东师范大学
熊川武
2019 年 10 月 8 日

目　　录

第 一 章

导　论

第一节　问题提出

一　研究缘起

在深化教学改革的过程中，不少研究者怀着提升课堂教学效率的强烈期盼，在"有效教学（有效性教学）"的旗帜下进行了不畏艰辛的探索，取得了不少成果。但考究起来，这方面的研究仍在路上。从客观上看，影响教学效率的因素过于复杂，这类认识的深化尚需时日。从主观上看，开拓的触角也许伸展不够，以致理论上的突破有限。同时，教育实践中还比较普遍地存在凭个人经验教学的现象，部分教师对提升教学效率缺乏紧迫感。这些对现实情况并不充分的扫描表明，笔者在这方面可能有些许用武之地。

（一）可在理论空间求索

经过多年的研究，人们发现在众多影响教学效率的因素中，"从何下手"即找到既好使力气又能产生效率的地方是关键。于是，"教学起点"问题成为研究焦点。当然，结论因"研"而异。为较多人接受的有"最近发展区（Zone of Proximal Development）""从已知到未知"以及"以学定教"。应该说，"以学定教"比较"年轻"，其他二者颇有"资历"，对教学的影响自然不少。不过，有的教师认为这三种教学起点观虽各有见地，但难以操作。说白了，知道这些理论虽受益不浅，但仍不知教学起点立于何处。

首先说"最近发展区"。这是利维·维果茨基在文化历史发展论基础上于 20 世纪提出的概念,即"儿童独立解决问题的实际发展水平与在成人指导下或在有能力的同伴合作中解决问题的潜在发展水平之间的差距"①。这种理论的指导意义经久不衰,足见其生命力之强大。

不过,面对这种理论,教师们犯难的是"实际发展水平"和"潜在发展水平"到底怎样度量。如果不能解决这个问题,"最近发展区"似乎一点都"不近"。将心比心,长期忙碌在教育第一线的教师,缺乏丰富的教育测量手段,也没有充裕的时间思考和研究,部分人存在这样的顾虑是可以理解的。

其次说"从已知到未知"。这也许是最资深的教学起点观。"已知"通常指学生已经掌握的知识、技能与经验等;而"未知"是尚未知晓的东西。依据学生"已知"设定教学起点,照理是很科学的:一是符合人类从已知领域逐步延伸至未知领域的认知规律;二是符合由浅入深、由个性至共性、理论与实践相结合的教学发展规律;三是符合把"已知"作为认知工具解决问题的思维规律。

但这个教学起点观的关键是如何把握"已知"。这在经验性教学(特指现行的日常教学,不是贬义,只是为了与学习问题导向教学对举)看来似乎不难。比如,教师可以通过多种渠道和途径了解学生的知识储备、学习习惯、学习方法、技能技巧、情感态度等;还可以通过日常作业、课堂表现、各种考试、同学反映、同班任课教师的意见以及家访等掌握"已知"。这些途径确实存在,也可尽力使用。但它们均存在操作难、耗时长、见效慢、主观成分多等现象,最终得到的仍是"模糊"的缺乏精确性的"已知",以致教师获得的"学生已知"与实际的"学生已知"往往偏差较大。可见,在一定程度上,"从已知到未知"依旧存在不明确性。

最后说"以学定教"。这是近些年教学改革中出现的较新提法,要求依据学生身心规律及学习情况确定教师的教育内容和方式②,具有三重意

---

① [苏联]维果茨基:《维果茨基教育论著选》,余震球选译,人民教育出版社 2005 版,第 384—390 页。

② 刘次林:《以学定教的实质》,《教育发展研究》2011 年第 4 期。

义：关注学生心理、认知、发展等各种成长需求，关注学生学习准备、学习水平、学习能力等各种学习需求；注重"以学生发展为本"的教学理念；强调学生的"学路"（学习路径）先于教师的"教路"（教学路径）与教材的"文路"（学习内容之文本路径）。

"以学定教"虽然现实意义不菲，但对于教师而言，则是一项庞大繁杂的工程。原因主要有：一是学情的内容过于丰富，比如学习需求、学习经验、学习基础等均需涉及。二是需要逐一了解学生，否则，针对性与有效性难以保证。三是学情是动态的，很难恒常性研判。这些方面都需要耗费教师大量精力。如果教师精力跟不上，对学情了解不准确不透彻，"以学定教"实质上不过是教师独断的"以教定教"的别称而已。此外，有学人指出："'以学定教'的局限在于教师之教还有'以教定教'的一面，即根据教师自身的特点确定教学方案、教学活动……"① 可见，"以学定教"的倡导者动机虽好，但给出的依然可能是一个"混沌"的起点。

联系来看，三种教学起点观，实质上都是要求教师了解并针对学生身心发展的具体情况，因材施教，无疑是合理的，确实能给教师理论上的启迪。但由于其模糊性或理解上的不确定性，能在教学实践中将其得心应手的运用者似乎不多。具体表现是大多数教师并不知道教学到底从哪里着手更有效，到头来还是照本宣科、平铺直叙，从头到尾讲完书本内容了事。

这意味着，关于教学起点的研究空间广袤，任重道远。于是，有些学人另辟蹊径，把视野转向"问题教学"或"问题解决"（包括问题导向教学、问题为本教学、问题解决教学等，在不需要具体区分时，统称问题教学或问题解决）。笔者也加入其中，为其中的"问题导向教学"添砖加瓦，将此处的"一般问题"限定为"学习问题"，梦想繁其枝叶。当然，由于行文的需要，后文将一一详细分解。

（二）可在实践领域使力

冷静地审视当下的中小学课堂教学，不难发现迫于提升教学效率的

---

① 于龙：《影响"以学定教"效果的因素分析》，《中国教育学刊》2012 年第 9 期。

压力，不少教师"急不择路"，盲目相信个人的作用，视"过度讲授"（俗称"满堂灌"）为圭臬，不辞辛劳地与学生一起拼体力，不惜健康地用血汗换效率。

"过度讲授"是为人们诟病最多的教学拙行之一，是教师不顾学生身心发展规律，特别是不注意调动学生积极性，一味借助口头语言向学生灌输知识与技能的教学方法。有此行为的教师，也许动机不坏，甚至用心良苦，总觉得哪一个知识一点没有讲到，导致学生不懂。

应该强调，"讲授"无错，祸在"过度"。任何事物，过犹不及。当然对何为过度，没有特定的数量标准，不好用一堂课教师讲了多少分钟是"过度"，否则是适度的机械的形而上学的标准来衡量。就是说，"过度"是相对意义的，并非在一节45分钟的课堂里，讲30分钟就是过度，讲10分钟即是适度。[①] 但也不能就此认为"过度讲授"完全是主观说辞，可以不加理会。

其实，衡量"过度讲授"的相对"客观"的标准是存在的。那就是由参与感、愉悦感、获得感等构成的学生的成就感。不少教师在改变自己的"过度讲授"后询问学生"感觉怎样"，学生的回答是"这样的课比较轻松"，言外之意是以前的课太"难熬"了。此外，学业成绩是硬指标，"过度讲授"下学生的学业成绩往往不及师生互动下的学业成绩。[②]

"过度讲授"可分为"任务型"与"信任型"两类。前者是教师担心课堂上放手让学生思考、讨论问题或指导他们自学，速度慢很难完成教学任务，从而影响教学质量，误人子弟，于心不安焉。后者似可再分为"盲信"和"失信"两类。"盲信"主要表现在一部分坚持"过度讲授"的教师对自己学科专业知识和技能过分肯定，对讲授效果盲目相信。他们往往将课堂独霸成尽显个人学科能力的舞台。与之相对的是"失信"，其形式有二。一是否认自己的教学能力，认为一旦将课堂的部分时间交给学生，自己难以管控，同时，害怕学生提出难以回答的问题，不如自己一讲到底，把为难自己的"风险"降至最低。二是否认学生的学

---

① 刘天：《论"过度讲授"的成因及危害》，《教育理论与实践》2017年第14期。
② 学业成绩比较相关内容详见第二章第二节。

习本领。有的教师对学生不大信任，认为学生在提问、释疑、自学、合作等方面的能力不强，适当放手让他们自己活动无疑是劳师费时，以致教学速度慢、内容少、质量差、效率低。此外，还有部分职业懈怠者，不愿耗费更多精力组织相对巧妙的教学活动，他们往往拿着一份多年不更新的"经典"教案，每节课滔滔不绝地一讲了之，自我陶醉在既潇洒又省事中。

归纳起来，不管何种原因造成的"过度讲授"，其基本点就是忽视学生自主精神和教师社会责任，忘却了学生的全面发展。

不可否认的是，为了矫正"过度讲授"，有些地方出现了"问题杂烩"式课堂，从一个极端走向了另一个极端。所谓"问题杂烩"是指教师满课堂提问，没有重点，对学生给出的答案，不分真伪，一味肯定，不加点拨。① 这种貌似"问题导向教学"的现象，不仅没有解决教学中"过度讲授"造成的一些弊端，而且混淆了视听，把问题导向教学的一些合理性遮蔽了。当然，问题导向教学自身也有值得改善之处。这就是本书为何以"学习问题"为核心，研究问题导向教学的重要出发点。

至此可以看出，本书要在理论上思考既符合逻辑又便于操作的"教学起点"，在实践上突破"过度讲授"之围，并给当下的问题导向教学输入新鲜血液。

二　研究内容和意义

（一）研究内容

本书以"学习问题"为"圆点"，以"导向"为半径画教学之弧，所形成的圆就是研究的全部内容。具体来说，其内容主要包括如下方面。

一是概念厘定。特别是"学习问题"的内涵与外延，区别于一般意义或其他问题导向教学理论的"问题"，凸显本研究的别具一格之处。同时，对"导向"进行界定，明确本书的"学习问题"不仅"驻守"课堂，而且走向了课前与课后，几乎是全方位的问题。

---

① 陈慰冰：《"满堂问"剖析——一种语文教学方法的思考》，《上海教育科研》1990 年第 2 期。

二是通过"文献综述",寻找可使本书站得较高的"肩膀"。这涉及国内外的相关理论和实践,取其精华,去其糟粕,从中发现本领域的走向和规律。

三是阐释学习问题导向教学的"原理"与"机制",形成相对完整的理论体系。

四是观察实施学习问题导向教学的学校的相关情况,收集一定的素材和数据,佐证学习问题导向教学的可行性与有效性。

五是反思学习问题导向教学需要进一步完善之处,以及面临的挑战。

(二)研究意义

1. 理论意义

从上述研究内容可以看出,学生的"学习问题"既是人们司空见惯,又是察而不思的问题,与现行的问题导向教学中的问题大异其趣。因此,对它的界定与由之形成的判断和推理,也许会形成问题导向教学的新的理论视角。

学习问题不仅包括文化知识的学习问题,而且包括德智体美劳各方面的学习问题,关系学生整体素养。就处于学习过程中的学生而言,发现和解决"学习问题"的能力,是发现和解决生活和工作以及社会问题的"根基"和"酵母"。缺乏这方面的能力,日后发现和解决社会问题的能力就会大打折扣。

同时,在揭示学习问题内涵与外延的基础上,构建"学习问题导向教学的流程"与"作业优化之'问题跟踪'流程"等,并提出相应原则。

这些会在理论上有力地动摇"过度讲授"的根基,使那些盲信和盲从于"过度讲授"的师生有一定的理论觉醒。

2. 实践价值

与理论意义紧相随的是,本书有助于形成新的课堂形态。它既不会打乱制度化的教学秩序,又不会让"过度讲授"或"问题杂烩"现象安然无恙。

首先,它会用事实回应甚至驳斥"过度讲授",使人们有所感悟甚至彻底觉悟。比如,在回望近些年教学改革时,有学者认为"十年课改,基本失败"，归因之一是"在中小学校，不应当以'自主、合作、探究'的教学方式取代'讲授式'教学"。① 应该说，课改确有值得深思与改进之处，笔者并不想为之辩护。但看看现在和过去十年的教学，用"自主、合作、探究"完全取代"讲授"的现象根本不普遍。这些学者是以网上问卷调查即教师投票的方式得出的结论，其可信度必打折扣。如果投票的方式可信，那坊间流行的"轰轰烈烈搞素质教育，扎扎实实搞应试教育"② 是不是也可信！扎扎实实的应试教育就是通常说的"满堂灌"（过度讲授）、题海战术。笔者以为，一种教学改革是否成功，必须用实践或实验的数据说话，而不能"举手投票"。本书正是借助一些实践或实验数据，为这些学者或教师提供参考，促其对"过度讲授"反思。

其次，观察并总结现实中已经实施的相关的教学，提出一些可操作的建议，切实提高课堂教学有效性。本书提出的学习问题导向教学，现实教学中已有其雏形甚至身影。即，本研究是源于现实教学又超越现实教学的。一方面，它吸收现实教学特别是问题导向教学的合理成分；另一方面，它又要改变现实教学的不合理成分如"过度讲授"和"问题杂烩"教学。可以说，本书的"学习问题"观使得问题不仅限于课堂之内，还"走出"课堂之外，力争把解决学习问题真正落实到应该落实之处。

最后，本书的研究成果具有一定的推广价值，它提出并构建的教学形态和策略便于理解与操作。

3. 创新价值

就创新而言，本书似乎有二。一是从学生学习的角度界定问题，开辟了问题教学的新生面。学习问题是学生在教师指导下自学过程中遇到的并向教师或同学提出的疑问或作业中做错的内容，而不是或主要不是教师预设的问题。这意味着，在生成上，学生发挥了自主性，摆脱了被动性。问题是学生的"真"问题，而不是来自教师的"被"问题。这

① 查有梁：《十年新课程改革的统计诠释》，《教育科学研究》2012 年第 11 期。
② 搜狐：《"轰轰烈烈搞素质教育，扎扎实实搞应试教育"》（http：//lz. book. sohu. com/chapter - 62666. html）。

样的问题教学就是"补短板",就是针对性更强的教学。二是它把不同时空的学习问题组成闭环回路,不留缺口。从课堂自学开始的寻疑(找问题)、到学生互帮答疑、直到课外问题跟踪彻底解疑,这样"走完最后一公里"的"问题闭环回路",远远超出了一般"问题教学"的视野。

第二节　相关研究的历史考察

国内外对"问题"的研究较多,而对"学习问题"几无关心。至于"问题导向""问题解决""问题为本的学习""PBL(Problem-based Learning)"等相关研究成果颇为丰富。对这些成果的文献择要综述,发现其利弊,并扬长避短,为本书的生发找到肥沃的土壤。

一　国内相关研究

根据检索,我国基础教育中与问题相关的教学(简称问题类教学),主要有这样几种:"PBL(翻译成问题为本学习,问题为基学习,问题导向学习等)"翻译体、"PBL"改良体、"问题化"式"问题引探"式、"问题探究"式、"问题导学"式、"核心问题"式、"问题解决"式、"问题集结"式等。这些问题类教学虽名称有异,但核心相同,都注重设置序构问题(well-structured,又译良构问题,即解决问题的方案是确定的,甚至仅一种,主要依赖辐合思维)与混构问题(ill-structured,又译劣构问题,存在多种解决方案,有时没有确定的答案,主要依赖发散思维),培养学生问题求解的素养。不过,这些冠以"问题"名目的教学主要是教师提问学生,较少启发学生如何提问。[1] 也就是说,问题主要源于教师的预设,较少甚至不是源于学生。

即便如此,这样的教学在提高教学效率发展学生素养方面还是优越于教师"一言堂"的"过度讲授"。因此"问题解决"(Problem Solving,又译解决问题、问题求解)作为学生的一种核心素养越来越受到国内研

---

[1]　教学之"问题"(problem)具体内容详见本书第 21 页表2—1。

究者的重视。2016 年 9 月 13 日，教育部委托课题、中国学生发展核心素养研究成果正式发布（见表 1—2）。其中，核心素养问题解决归属为"社会参与"中"实践创新"类。

迄今为止，我国关于问题教学研究的情况大致如表 1—1 所呈现，主要表达了下列几方面意蕴。

关于问题教学的内涵，研究者多聚焦于问题来源、问题分类、问题作用、问题解决四层。其一，问题源于教师，由教师设置问题情境并提问。"教师必须为学生提供一系列多种多样多层次的'问题'，使学生既有解决封闭性问题的机会，更有解决半开放性、全开放性问题的机会。"[①] 其二，依据不同标准，问题可划分成不同类别。其三，凸显问题作用。"新课程特别强调问题在教学活动中的重要性。一方面强调通过问题来进行学习，把问题看作是学习的动力、起点和贯穿学习过程的主线；另一方面通过学习来生成问题，把学习过程看成是发现问题、提出问题、分析问题和解决问题的过程。"[②] 其四，关注问题解决的理论研究与实践研究。

表 1—1　　　　　　　　国内相关研究分类

一级维度	二级维度	三级维度
问题教学的内涵	问题来源	教师提问、设置问题情境
	问题分类	信息性问题＋问题性问题
		呈现型问题＋发现型问题＋创造型问题
		背景性问题＋中心认知问题＋巩固性问题
		封闭性问题＋开放性问题
	问题作用	问题在教学活动中的作用
	问题解决	"问题解决"理论
		"问题解决"教学
		"问题解决"学习

---

① 陈爱苾：《课程改革与问题解决教学》，首都师范大学出版社 2012 年版，第 75 页。
② 刘经华、钟发全编著：《叩寻教学——没有问题就是最大的问题》，吉林大学出版社 2009 年版，第 16—17 页。

一级维度	二级维度	三级维度	
问题教学的价值	强调问题意识	问题意识是学生学习的必然要素	
	培养学生能力	培养学生思维、实践、创新等综合能力	
	转变教师角色	师生不是传统"授—受"关系	
问题教学的形态	舶来形态	"PBL"翻译体	
		"PBL"改良体	
	本土形态	"问题化"式	
		"问题引探"式	
		"问题探究"式	
		"问题导学"式	重"问题设置"标准
			重"问题情境"创设
			重"自主学习"能力
			重"教师角色"转换
			重"尊生重学"形式
			重"学会会学"兼有
		"核心问题"式	
		"问题解决"式	
		"问题集结"式	"满堂问"的问题教学
			"伪问题"的问题教学
			"没问题"的问题教学
问题教学的策略	不同问题教学类型具有不同策略		
问题教学的反思	多集中于反思问题教学实施给师生发展带来的益处		

　　关于问题教学的价值，人们大致形成了三点共识：其一，强调问题意识，"问题意识是学生进行学习，特别是发现学习、探究学习、研究性学习的必然要素"[①]。其二，培养学生能力，问题教学除了增强学生问题意识，还有助于培养学生的思维、实践、创新等各种综合能力。其三，转变教师角色，问题教学中的师生不再是传统"授—受"式教学关系，

　　[①]　刘经华、钟发全编著：《叩寻教学——没有问题就是最大的问题》，吉林大学出版社2009年版，第17页。

教师是问题情境的营造者，是问题提出的策划者，是使学生行走在问题解决大道上的引导者，是学生问题解决的大力支持者、协调者与合作者。此外，问题教学的价值还体现在学科知识的提高，教师教学力的增强，教师问题意识的强化，学生学习兴趣与动机的激发，学生自主学习能力的提升等方面。

关于问题教学的形态，一分为二。一是直接移植国外的研究成果，或是稍加改进地移植。二是发于斯荣于斯的本土品种，名称多样，做法有别。

关于问题教学的策略，此处特指进行问题教学时使用的各种方法与技巧。在问答型问题教学中，主要策略有创设问题情境、提问、处理学生回答等。在发现型问题教学中，主要策略有创设问题情境、指导发现。在研究型问题教学中，主要策略是指导研究。在问题解决型教学中，主要策略有创设问题情境、提出问题、指导问题解决。① 可见，不同类型的问题教学有不同的策略。

关于问题教学的反思，较为全面且深刻的论文鲜见，但有两篇论文值得提及。第一篇②认为当下问题教学存在的不足主要是问题教学的提法"过滥"，把问题教学等同于教师提问学生回答，而问题的生成性及问题的价值导向等精髓被忽略。第二篇③简单梳理了问题教学的发展，剖析了问题教学在培养学生问题解决能力方面存在的不足。例如，所关注的问题多为学科问题，与生活联系不紧密；教师很少针对问题开发支持性资源；知识、概念和原理教授形式单一化；学生主体体现不充分，等等，并在此基础上提出了一些建设性意见。

二 国外相关研究

放眼国外，问题教学研究之热情高涨，盖因人们大都把问题解决作为学生发展的核心素养（表1—2）。为便于比较，国内的相关看法也置于

---

① 丁念金：《问题教学》，福建教育出版社 2005 版，第 79 页。

② 李小兰：《新课改中"问题教学"的"问题"反思》，《新课程研究（教师教育）》2008 年第 2 期。

③ 左晓梅：《关于问题教学的反思》，《江西教育科研》2004 年第 7 期。

表中。

表1—2　　　　国际组织、各国及地区认定的学生核心素养比较

组织/国家（地区）	维度	问题解决核心素养
中国	社会参与	问题解决
美国	人与自己	批判思维与问题解决
英国	人与自己	问题解决能力
德国	人与工具	解决问题
澳大利亚	人与社会	解决问题能力
世界银行	人与自己	问题解决能力
经合组织	人与社会	控制与解决冲突的能力
中国台湾地区	人与自己	独立思考与问题解决

问题解决是国际公认的学生核心素养。早在1997年12月，经济合作与发展组织（简称OECD）启动并实施"素养的界定与遴选：理论和概念基础"项目（简称DeSeCo）。该项目组形成一个涵盖人与工具（能互动地使用工具）、人与社会（能在异质社会团体中互动）、人与自己（能主动地行动）的三大类九项目彼此相互关联的核心素养体系，并确定核心素养的概念参照框架图。随后，世界各国和各地区均以此为参照依据，研发学生核心素养。2016年6月3日，世界教育创新峰会（简称WISE）与北京师范大学的中国教育创新研究院共同发布《面向未来：21世纪核心素养教育的全球经验》[①]，提出创造性与问题解决等未来公民必须拥有的21世纪核心素养。此外，跨国精英团队WISE历时一年多对5个国际组织和24个经济体进行系统分析与比较，得出重要结论：创造性与问题解决是全球普遍提倡的七大素养之一。

在确认问题解决为学生的核心素养的同时，问题教学研究大规模展开。不过应强调的是，问题解决与问题教学虽联系紧密，但不等价。这些会在后面概念解说之处详细阐释。不少研究者追根溯源，条分缕析，

---

① 人民教育：《世界都在关心哪些核心素养 素养教育的全球经验出炉》（http://www.360doc.com/content/16/0606/19/31718185_565586602.shtml）。

从古希腊苏格拉底的谈话法、卢梭的问题教育思想、第斯多惠的问答式发现教学法、约翰·杜威的"思维五步"问题教学法等沿脉而下，作了仔细检索。归纳起来，自约翰·杜威以降，国外问题教学研究大致可分为四个阶段。

（一）　由自发探讨到自觉构建

自20世纪五六十年代起，先前的自发探讨逐渐转变为自觉构建多样化的问题教学模式。具有代表性的是探究训练模式、生物科学探究模式、社会研究课探究模式、发现法。这四种模式分别从不同角度证明了围绕特定问题或情境展开的"探究教学"对学生发展的重要性：探究训练模式侧重探究方法的训练，重点帮助学生在问题解决过程中认清事实，建立正确的科学概念；生物科学探究模式侧重从理论方面揭示探究过程的本质和特性，使学生在掌握生物学科结构的同时充分体验探究性学习；社会研究课探究模式注重从理论与实践相结合的角度让学生体验探究；发现法重在培养学生探究性思维方法。四种模式涉及科学、生物科学、社会研究等不同领域。

（二）　由构建模式到创造理论

20世纪六七十年代，苏联教育家马赫穆托夫、马丘什金、列尔耐尔等人在对西方各种问题教学思想与模式进行比较的基础上，创建了系统化的问题教学理论。作为问题教学的集大成者，马赫穆托夫的经典著作《问题教学》从方法论、认识论、心理学基础等方面，系统阐释了作为教学理论体系的问题教学。主要内容包括问题教学的本质内涵、问题教学的功能特点、问题教学的形式水平、问题教学的方法体系四个部分。[①]

（三）　由创造理论到实践求证

20世纪后半叶，在初步完成理论开发的同时，问题教学的研究逐渐走向深化理论阐释与实践求证相结合之路，这点在PBL研究领域最为明显。20世纪50年代至60年代，位于美国俄亥俄州的凯斯西储大学医学

---

① ［苏联］马赫穆托夫：《问题教学》，王义高等译，江西教育出版社1994版，第4—9页。

院和位于加拿大安大略省的麦克马斯特大学医学院率先进行教学改革，尝试 PBL 模式。① 随着实践的深入开展，PBL 逐渐形成一套较为稳定的活动结构与具体操作程序。随着 PBL 理论的逐步完善，PBL 日益彰显其巨大实用性：使用范围发生数量变化，由少到多，由一国到多国，从一门学科到多门学科，量变引发了质跃，由最初医学教学上的一个教学实验演变为理论和实践紧密结合的大面积教学实践。

（四）由微观探究到微宏齐驱

从微观上看，问题教学有较大可感性和可操作性。然而，止于微观领域，问题教学难以走远，很难帮助师生放眼教学全局，达到在宏观上把握问题教学精髓的高度。因此，近些年来，研究者们一边继续在微观领域用力，一边努力将微观和宏观联系起来，形成研究合力，这主要表现在两个方面。其一，研究者们更加关注问题教学本质、问题解决策略和问题解决过程的理论求索，如图马和赖夫编著了《问题解决与教育：教学与研究中的问题》②，乌纳—森·塔恩编著了《基于问题的学习与创造性》③，以及格罗斯让·赫利编著了《问题解决心理学：学科交叉的路径》④。他们较大地开拓了问题教学的理论体系。其二，部分问题教学的宏观蓝图被构想出来并付诸实践检验，成为学生有效学习的重要保证。正如有的学者指出，问题教学要根据课程的目标选取学习资源和评价方法，由教师和学生商定。沃特曼等人对此进行了系统解读。⑤

---

① Robert Delisle, *How to Use Problem-based Learning in the Classroom*, Alexandria, Virginia USA：Association for Supervision and Curriculum Development, 1997, p. 2.

② D. T. Tuma and F. Reif, *Problem Solving and Education：Issues in Teaching and Research*, Hillsdale, N. J.：LEA, 1980.

③ Oon-Seng Tan, *Problem-based Learning and Creativity*, Cengage Learning Asia, 2008.

④ Sebastien Helie, *The Psychology of Problem Solving：An Interdisciplinary Approach*, New York：Nova Science Publishers, 2013.

⑤ 庞维国：《自主学习：学与教的原理和策略》，华东师范大学出版社 2003 年版，第197 页。

三　相关研究简评

国内外对问题解决教学的研究，可以说是"群雄争鸣，各有其理"。如前所述，在理论层面、实践层面、理论与实践相结合层面的各种论述和探讨，不仅为深入问题导向教学的研究提供了丰富的理论根据，而且已成较大面积的实践格局。对凭借个人狭隘经验的教学，以及"过度讲授"等造成了极大冲击。这是值得肯定的宝贵局面，也是本书获取大量教益的源泉。

不过，人们也许不应忽略这样的事实。一是关于问题教学实质、问题解决、问题教学策略等，虽是各抒己见、百花齐放，但为较多人公认的优势理论尚不清晰，人们难以从中直接获得较为明了的认识。二是正在逐渐形成的微宏观结合的研究，道路尚长，可直接为中小学教师运用的整体性范式不多。三是问题解决教学的问题来源，大多是教师预设的，而不是学生提出的。对于学生之发展，源于学生的问题与源于教师的问题，不仅形殊而且神异。后面将对此详解。四是问题解决多局限于课堂，没有让问题解决走向家庭和社会。

第三节　研究框架与方法

一　研究框架

从整体上看，面对前述现实教学中教学起点不明，"过度讲授"等流行，以及关乎问题教学的理论研究不足，特别是问题导向教学中出现的"问题杂烩"等，笔者焦虑不安，大有不甘心无作为之感，于是开始了理论思维与实际行动的"长征"，其路线图可大致描述为：

第一，提出问题。在对相关研究进行文献综述，得出正反两方面认识的基础上，意识到本研究的价值与创新之处，并选择了研究途径和方法。初步回答了"为什么"研究的问题。

第二，明确问题。着重对学习问题导向教学的内涵进行解读。这始于对"问题"的规范和限定。进而推进到"学习问题"和"导向"，使之区别于"一般问题"（通常讲的"问题"）。而对"导向"即引导方向的理解，使学习问题导向教学走出课堂，走到了课前与课后。这又大大不同于（一般）问题导向教学。

第三，提出假说。学习问题导向教学内隐的假说是"针对学习问题的教学是有效的教学"，这个判断何以成立，需要有广泛的理论支持。因此，在适当部分介绍了其理论基础。

第四，设计方案。构建学习问题导向教学的框架，包括主要因素的选择、流程的安排，机制优化等。

第五，实践检验。通过对初步或刚起步实施学习问题导向教学的学校的课堂进行观察与分析，获得必要的数据和材料，得出学习问题导向教学的可行性、优越性与需要改进之处的结论。

第六，反馈调节。认真研究改进策略与方案，与实践学校对接，进一步优化学习问题导向教学的教学形态与方法。

二 研究方法

本书从实际出发，根据研究需要选择研究方法。由于学习问题导向教学是理论与实践相结合的研究，理论研究多采用文献法，实践研究多采用观察法、调查法等。

（一）文献法

借助文献法，本书完成了对主要概念如"问题""学习问题""导向"等核心词汇的考源释义，既有助于全面了解问题与学习问题的原始含义，又有助于区分一般问题和学习问题，以及对各自相应的教学划边定界。对国内外问题教学相关文献进行立于"效果历史"的分析，发现其内部隐含的规律性，既可借众家之长，避众家之短，又可凸显学习问题导向教学的理论价值与实践意蕴。

（二）观察法

借助摄像、录音、课后作业观察等定性观察，又通过自编的《学习问题导向教学课堂观察量表》进行定量观察，较好地发挥了观察法的作用。在观察过程中，笔者尽可能做到以下两点。一是观察对象全面化，对实施以及未实施学习问题导向教学的课堂进行对比观察；有对教学名师的课堂观察，也有对教学新手的课堂观察；有对教师教学活动的课堂观察，也有对学生学习活动的课堂观察；有对具体教学事件的课堂观察，也有对具体教学行为的课堂观察。二是观察结果真实化。为使观察结果客观真实，笔者采取参与式观察方法，以合作者身份与师生密切接触，融洽相处，观察真实的教学情境。

（三）调查法

为获得多方面的数据与资料，笔者运用了访谈法和问卷调查。访谈法的运用，主要是对部分教师和学生采取开放式访谈。与教师的访谈多是在教研组活动时或私下进行，一方面可以更全面地了解教师隐性教学观念、情感、态度和体验等，另一方面在交流先进教学策略的同时，帮助部分教师改进较为落后的教学行为。与学生的访谈多在课间进行，或是随机抽选学生至教研室交谈，多角度了解在学习问题导向教学前、中、后不同阶段学生的想法与感受。

问卷调查主要借鉴了华东师范大学理解教育研究所编制的《教师教学问卷》与《学生学习问卷》。《教师教学问卷》在于了解教师的教学观念、教学见解、教学评论等；《学生学习问卷》在于掌握学生学习基本情况，包括与学习问题导向教学相关的学习责任、学习感情、学习自主、学习能力、学习策略、学习人缘等。

1. 山东四校教师简况

本次《教师教学问卷》调查是 2015 年 8 月 26 日在山东省 SY、FH、ZJ、GC 四所学校的教师大会上，教师无教改思想准备下开展的。笔者共发放 200 份问卷，实收 198 份，剔除 10 份无效问卷，最终以 188 份为有效问卷计数。其中，四所学校①后来实施学习问题导向教学的七年级全体教师均参与此次问卷调查。《教师教学问卷》填写者具体信息见表 1—3 所示。

---

① 山东 SY 学校、FH 学校、ZJ 学校、GC 学校均是公办九年一贯制：SY 学校师资与生源相对较强，拥有在岗教师近 180 人，其中获得市区级以上荣誉称号的教师占 50%，在校学生近 2000 余人；FH 学校于 2012 年正式招生，现拥有教职工近 60 人，在校学生近 1000 人；ZJ 学校于 2012 年在合并原先 4 所城镇农村学校基础上正式招生，现拥有教职工近 150 人，在校学生近 2000 人；GC 学校主要以钢厂农民工子弟居多，有教职工近 100 余人，在校学生 1000 余人。

表1—3　　　　　《教师教学问卷》填写者基本信息汇总

学校	人数（人）	性别		教龄（年）					职称			
		男	女	≤5	6—10	11—15	16—20	≥21	无	初级	中级	高级
SY	21	6	15	3	1	1	11	5	0	6	14	1
FH	29	4	25	11	7	3	6	2	0	23	6	0
ZJ	46	10	36	20	9	7	8	2	3	31	12	0
GC	22	8	14	11	2	0	6	3	13	8	1	0
未知	70	13	57	38	10	1	12	9	8	39	21	2
总计	188	41	147	83	29	12	43	21	24	107	54	3

学校	人数（人）	班主任		最高荣誉						发表文章		
		是	否	无	校级	区/县	市级	省级	国家	人数	地市	省级
SY	21	9	12	4	2	9	5	1	0	10	12	30
FH	29	14	15	16	2	8	2	1	0	17	8	17
ZJ	46	21	25	32	3	6	5	0	0	16	10	30
GC	22	9	13	7	0	10	5	0	0	7	11	6
未知	70	28	42	46	1	12	8	2	1	22	19	35
总计	188	81	107	105	8	45	25	4	1	72	60	118

（1）SY学校21名教师（男6人，女15人）参与问卷调查；FH学校29名教师（男4人，女25人）参与问卷调查；ZJ学校46名教师（男10人，女36人）参与问卷调查；GC学校22名教师（男8人，女14人）参与问卷调查；还有70名教师（男13人，女57人）未填学校名。

（2）188名参与问卷调查的教师中，年轻教师居多，83名教师教龄在5年以内，29名教师教龄在10年以内，12名教师教龄超过10年，43名教师教龄超过15年，21名教师教龄超过20年。

（3）教师职称多以初级和中级为主，除却24名尚无职称以及3名拥有高级职称的教师之外，107名教师拥有初级职称，54名教师拥有中级职称。

（4）不做班主任的教师居多，107人未做班主任，81人正做班主任。

（5）就获得最高荣誉情况而言，105人未获任何荣誉，8人获校级荣誉，45人获区级或县级荣誉，25人获市级荣誉，4人获省级荣誉，1人获国家级荣誉。

（6）就科研情况而言，共计72人发表过各种文章，其中60篇发表在地市级期刊上，118篇发表在省级期刊上。

2. 山东四校学生简况

因人力、物力、时间等因素限制，《学生学习问卷》调查采取抽样调查，SY学校随机抽取七（3）与七（4）两个班级，FH学校抽取七（1）班，ZJ学校抽取七（3）与七（4）两个班级，GC学校抽取七（2）班，6个班级共计235人，实发问卷235份，剔除4份无效问卷，有效问卷231份。《学生学习问卷》填写者具体信息见表1—4。

表1—4　　　　　《学生学习问卷》填写者基本信息汇总

学校	人数	性别		学业水平				困难学科									
		男	女	优秀	中等	较弱	未选	语文	数学	英语	思品	历史	地理	生物	其他	没有	未选
SY	77	42	35	25	40	12	0	6	23	14	5	1	16	0	9	2	1
FH	29	16	13	3	19	5	2	0	3	2	1	11	7	3	0	1	1
ZJ	90	46	44	11	66	12	1	10	33	30	1	3	3	1	2	6	1
GC	35	18	17	6	23	6	0	5	17	4	0	1	6	0	1	0	1
计	231	122	109	45	148	35	3	21	76	50	7	16	32	4	12	9	4

（1）SY学校77名学生（男42人，女35人）参与问卷调查；FH学校29名学生（男16人，女13人）参与问卷调查；ZJ学校90名学生（男46人，女44人）参与问卷调查；GC学校35名学生（男18人，女17人）参与问卷调查。

（2）231名有效被调查学生中自我评价为成绩优秀的45人，中等148人，较弱35人，3人未选。

（3）多数学生普遍认为最难学的学科是数学与英语，其次是地理和语文。

前测性质的《教师教学问卷》与《学生学习问卷》分别调查于实施学习问题导向教学之前，可以较为全面地知晓非学习问题导向教学的情况，以便更好地实施学习问题导向教学。

第二章

学习问题导向教学概述

对任何研究之实质的把握，都始于对其核心概念的思考。本书亦不例外。因之，这里有必要先分析"问题""学习问题"和"导向"等，再解析学习问题导向教学的特性。

第一节　基本概念解析

一　"问题"的语义学分析

与问题对应的英语词汇较多，大致可分为四类。一是需要回答的题目，如 question 和 problem。二是需要解决的矛盾，如 problem，matter，issue，question 等。在多数情况下，problem 指难题以及复杂的、不一定有明确答案的问题；matter 表示事故、事件；issue 指议题、论题；question 表示有待回答的较小的、有明确答案的问题。三是事故或意外。四是重要之点。

显然，与本书的学习问题最近义的是 question，比较接近的是 problem。在说明理由之前，不妨将两者的具体差异列表比较（见表 2—1)①②。

从表 2—1 可以看出：（1）就主客观而言，problem 虽然也可指提出

---

① 王同亿主编（译）：《英汉辞海》（中册 G – P），国防工业出版社 1990 年版，第 4295 页。

② ［英］Della Thompson，*The Concise Oxford Dictionary*，外语教学与研究出版社、牛津大学出版社 2000 年版，第 112 页。

的疑难问题，但更强调客观存在并有待解决的困难或问题；question 主要强调学习特定内容时学习者主观存在的各种疑惑。（2）就范围而言，problem 多指疑难问题、难题，有时也可以专用作"数学题"；question 指学生学习各门学科教材内容时所提出的问题，可以是小疑惑，也可以是大疑难。（3）就侧重点而言，problem 侧重难以解决、难以对付的问题；question 侧重学生知识盲点，需要同伴或教师帮助才能得以解决的问题。（4）就解决过程而言，problem 指难以迅速解决的问题；question 指需要学生同伴或教师共同参与、讨论，可以迅速解决的问题。（5）就答案确定性而言，problem 指答案不确定，需要问题解决者探究与创造；question 一般具有确定答案，同时也需要问题解决者探索。（6）就解决目的而言，problem 重在培养问题解决者的探究性与创新性；question 重在培养问题解决者发现问题、解决问题的能力，旨在提高教材使用效率。

表 2—1　　　　　　　　"Problem" 与 "Question" 比较

比较维度	Problem	Question
主客观角度	指提出的疑难问题，且更强调客观存在并有待解决的困难或问题	主要强调学习教材内容时学生主观存在的各种疑难问题
范围角度	多指疑难问题、难题，有时也可以专用作"数学题"	指学生学习各门学科教材内容时所提出的各种问题，可以是小疑惑，也可以是大疑难
侧重角度	侧重难以解决、难以对付的问题	侧重学生知识盲点，需要同伴或教师帮助才能得以解决的问题
解决过程	指难以迅速解决的问题	多指需要同伴或教师共同参与、讨论，可以迅速解决的问题
答案确定性	答案不确定，需要问题解决者探究与创造	一般具有确定答案的，同时也需要问题解决者探索
解决目的	培养问题解决者的探究性与创新性	培养问题解决者发现问题、解决问题的能力；提高教材使用效率

为了便于行文，将 problem 翻译为"问题"即"一般问题或难题"，以与学习问题相区别。下文中的"问题导向教学或问题教学"，在不需要特别强调的情况下都是指一般问题。

因此，学习问题导向教学之"问题"有了独特意义，指学生学习特定内容时遇到的或提出的需要回答或解释的有较为确定答案的疑惑（是 question 不是 problem。不过要强调的是，在不产生误解的语境中，为了表达的简练，"学习问题"也简称为问题）。这个定义包括下列五层重点内涵：

一是"疑惑"，或困惑，即费解或不懂的心理状态。只要得到别人帮助或自己多动脑筋，这类疑惑便可消除。也就是说，它大多不是难解甚至无解之题。

二是"确定"。有参考答案或标准答案，特别是学生学习教材时遇到的问题。当然，有的学习问题标准答案或参考答案并不是唯一的，如思品课关于国际形势的争论等。但本书此处的论域是"教学起点"和提高课堂教学"有效性"，虽然学习问题导向教学同样发展学生创造性和开拓精神，但不是主要关注的内容。因此，学习问题主要不是非确定问题或难题。

三是"学生"。问题特指学生的问题，而非教师的问题。这意味着，学习问题的出现一方面是学生发挥自主性，自己在学习中发现并提出，或自己解决的问题。当然，这不是绝对的。有的学习问题是学生被动提出的，比如作业中做错的题。另一方面，学习问题导向教学并不否定教师提出问题的必要性和重要性。当教学过程中学生没有问题或提不出较高质量的问题时，为了深入教学，教师提出问题是必要的。但是，学习问题是学生深思并结合自己的实际情况提出的，其思维含量一般要高于教师提出的问题。至少，提出问题时，学生要思考，提出问题后，学生还要思考，即学习问题凝聚学生双重思考。教师提出的问题可能对于特定学生根本就不是"真"问题，即对之不存在困惑，因为他们不需要思考。

四是"内容"。如前所述，学习问题大多是学习特定知识和技能时或在做练习时遇到的问题，其存在空间包括课前、课中和课后。这在时空上形成了比较完整的问题链。

五是"解法"。学习问题主要通过教师讲解、学生自学（在教师指导下）包括自我反思、同学互帮，如同伴讨论等形式解决。

二 导向的意义

就字面意义而言，导向就是引领方向。稍加推敲，其意义复杂得多。首先，要确定出发点。学习问题导向就是从学习问题出发进行教学，盯住学生不懂的内容，在那里下手，就是针对性强、效率高的"教学起点"。而且，这个起点与前文所述的三种教学起点（"最近发展区""从已知到未知""以学定教"）大为不同，无须教师花大量时间去调查学情（必要的调查不可少），弄清学生"已知"或确认最近发展区等，只要指导学生自学教学内容，寻找出自己不懂之处，然后相互帮助，解决较小的问题，剩下的大家都不大明白的问题即涉及关键或重点的教学问题，就是由教师点拨的"教学起点"。这个教学起点既清楚，又符合学生实际，还不耗费教师大量心思。

其次，要树立目标即相对终点。稍加思索，不难理解学习问题导向教学，其出发点就是其终点，起点与归属同一。也就是说，如果学习问题没有解决，教学目标就没有实现。这给教学目标的设定提出了两点要求。一是既要有预设的稳定目标，又要有根据学习问题的变化确定的动态目标。否则，学习问题导向就会成为一句空话。在教师预设的教学目标与学习问题无关的情况下，教师要及时调整教学目标，保持教学目标与学习问题的一致性。二是教学目标要有数量标准，具有可测性。学习问题到底解决没有，多少学生解决了，诸如此类，都要通过课堂练习或考试当场检测，务求师生心中有数。如果像经验性教学，对教学目标的达成度毫不关心，内容讲完就走人，对学习问题的解决程度毫不知情，那就是徒有其表的学习问题导向教学。

再次，坚持根本性学习问题一以贯之的原则。教学过程中师生都不能被个别学生的问题或一些细小的问题"迷惑"，要坚定不移地抓关键性的"学习问题"，也即教学重点或难点，切实抓大放小。不能因为赶教学进度而放弃根本性学习问题，不分轻重地平铺直叙教学内容。否则就会昏头转向，何谈学习问题导向！

最后，引领学生的整体素质发展。学习问题存在于学生德智体美劳各个方面的学习中，由之导向就是要较早形成学生的问题意识，以至"有发现问题的敏锐、正视问题的清醒、解决问题的自觉"①；而且学习问题大都由学生主动提出，并得到教师的关注，这反过来会鼓舞学生的自信心与学习积极性，从而形成"有错必纠"的学习责任；同时，学习问题特别是有一定难度的问题得以解决，不仅需要学生个体的力量，而且需要合力，这会有力地协调学生人际关系，深化学生间的情谊。将这些方面联系起来看，学习问题引领着学生走在全面发展的道路上。

需要特别强调的是，尽管学习问题导向教学不像问题导向教学，问题难度相对小些，且大都有确定的解，不把主要的注意力放在培养学生的创新精神和创新能力上，但它特别在意激发学生的自主精神，鼓励自我求解等，同样会激发学生的创造热情。

第二节　学习问题导向教学的特性

重点分析学习问题导向教学特殊性之前，很有必要对问题导向教学与经验性教学（即非问题导向教学，以"过度讲授"为代表）以及学习问题导向教学进行比较，找出其异同。

一　三类教学的主要差异

在表2—2中，比较详细地呈现了非问题导向教学即经验性教学、一般问题导向教学与学习问题导向教学的主要内容，稍加浏览便可获得大致印象。

---

① 中华网：《增强问题意识·坚持问题导向》（http：//www.china.com.cn/news/2014 - 05/19/content_32424359.htm）。

表2—2　　　　　　　　　　　　三类教学比较

类别	课堂教学的导向	主要教学目的
非问题导向教学（经验性教学）	片面强调教学容量大，教材内容编排顺序导向	讲完书本上的内容
问题导向教学	教师预设的问题（难度较大，结论不唯一）导向	发展学生解决问题与创新能力
学习问题导向教学	源于学生的学习问题（通常有确定性答案，但也需一定的探索和创新）导向	发展学生的自主精神和解决问题与创新能力

将表2—2中的内容说得具体一些，人们就会理解三类教学各自的长短，及相对意义上孰更优越。

（一）非问题导向教学

非问题导向教学有多种存在，这里以经验性教学特别是"过度讲授"为例，其他类型暂不顾及。首先要肯定经验性教学世代流传，必然有其不可否认的方面。一是教师有安全感。他们认为大多数人都这样，自己从众随流，即使出错也"罚不责众"，不必承担参与教学改革的风险。尽管这类想法并不合理，但能给予教师安全感也是值得肯定的。二是反映了部分教师的责任感或善良心。他们希望自己把所有问题都讲到，让学生没有难题或不理解的地方，尽了责任，不误人子弟。在这点上，他们对"尽责任"或多或少存在错觉，但其中透出的善意是可以理解的。三是可满足部分不愿自主学习和独立思考的学生的需要。这些学生主要以听觉感受信息，习惯了"认真听讲"和被动地"接受"。如果不考虑多方面素养，仅就学业成绩而言，他们似乎也发展得不错。四是课堂局面比较好控制，纪律严明、秩序井然。不难理解，教师"过度讲授"，学生几乎连开口的机会都没有，课堂纪律不会很混乱！

尽管如此，经验性教学的不足之处还是明显的。一是在自主性上，在比较充分地发挥教师自主作用（这是一种不合理的自主作用）的同时，学生的自主性被压抑了。学生跟着教师走，言听计从，课堂"有序但不活"。二是在教学内容上，平均使力，通常教学重点不突出。三是在时间分配上，学生听讲、练习的时间占实际教学时间的绝大部分。四是在教学方法上，以"过度讲授"和"超时战术"（把学生必要的休息时间用于教学）与"题海战术"为主。五是在教学效率上，学生（指学习能力和成绩呈常态分布的学生）整体上能取得多数情况下呈"负偏态分布"的考试成绩，即优秀成绩较少，中等成绩与低等成绩居多。

考证起来，非问题导向教学坚持的是以教材内容编排顺序为导向，教师照本宣科，按照教材内容从头至尾地讲授，以无遗漏全覆盖为乐。显然，这样的教学，目标就是讲完教材内容。在此基础上，讲得越多越好，片面追求讲授内容的大容量。前面提及，课堂上教师适当地讲授不仅是可以的而且是必需的。但"过度讲授"非常不利于学生发展。公平地说，"过度讲授"之"长盛不衰"，末在教师，本在制度。不少学校以讲完教材内容为完成教学任务的评价指标，如果没讲完，属"教学事故"。而且这是衡量与评价教师是否合格的基本标准之一。

这些"过度讲授"的做法，表面上效率高（因为其可撇开学生实际掌握教学内容的情况不管，讲授的速度完全可以根据教师的意愿调节，想多快就多快），实际效率却颇不尽如人意。这里不妨看八个教学实例[①]（见表2—3）。

应该承认，教学效率应由学生整体素养的变化为表征，而不仅是学业成绩的变化。但在检测一堂课或几课堂的效率时，很难甚至无法测出学生素养的变化。因此，在表2—3中，出于无奈，只好用检测的成绩表征教学效率。在解释这些课蕴含的信息前，有必要交代上课的相关背景。之所以开展"一课两上"即一位教师用两种方法上同样内容的两堂课，和"同课异上"（又叫同课异构）即同样内容由两位教师用不同方法上，是因为学习问题导向教学实施之初，有的教师对其效果将信将疑，甚至抵制。为了让事实说话，采用教师提前一天准备，自愿申请上课，自己"教育"自己的办法。两位高中教师是"一课两上"，其他教师是"同课异上"，均采用当堂检测的办法。授课班级学生的情况特别是原有考试成绩大致相同，有明显差异的在备注里作了说明。

---

① 八个教学实例源自华东师范大学理解教育研究所内部资料《理解教育潮》。

表2—3　　　　　　学习问题导向教学与非问题导向教学效果对比

地区	学校	班级	教师	教学时间	教学内容	教学形态	讲授时间	当堂检测
江苏 Y市	CD 高中	高一（9）	Y老师	2013—12（同日）	数：向量的数量积	经验性教学	28	55
		高一（2）	同上	2013—12（同日）		学习问题导向教学	9	61
江苏 X市	FXMZ 高中	高一（1）	H老师	2014—03（NO.2）	数：余弦定理	学习问题导向教学	18	60
		高一（2）	同上	同日（NO.4）		经验性教学	40	47
江苏 C市	SY 初中	初一（8）	W老师（男）	2014—03—12	数：多因式的因式分解	经验性教学	30	67
		初一（1）	W老师（女）	2014—03—12		学习问题导向教学	19	72
	TJ 中学	初二（4）	Y老师	2014—03—11	物：密度的测量（复习课）	经验性教学	20	61
		初二（1）	L老师	2014—03—11		学习问题导向教学	6	70

注：（1）江苏Y市CD高中Y老师执教的高一（9）班是重点班，高一（2）班是普通平行班。同日，Y老师运用不同教学形态执教相同内容于不同班级，当堂检测结果显示普通班竟然高于平行班6分。

（2）江苏X市FXMZ高中H老师执教的高一（1）班平时均分高于高一（2）班6分。同日，H老师运用不同教学形态执教相同内容于不同班级，差距由6分上升为13分。

（3）当堂检测采取百分制计量法，取班级平均分，横向比较。

如表2—3所示，学习问题导向教学的效果明显优于经验性教学。以FXMZ高中H老师为例，在经验性教学中讲授了40分钟（一堂课45分钟），是典型的"过度讲授"。而在另一个班仅讲了18分钟。结果是两班的成绩相距13分。如果扣除原本存在的6分差异，用经验性教学的班级仍低7分。

这里有必要说远点，为什么"过度讲授"效果不尽如人意？主要原因在于四点。一是针对性不强，不把学习问题作为教学的重点，存在着虽口若悬河，却"隔靴搔痒"的弊端。二是学习效果是学生"劳动"即"三动"（动脑、动口与动手）的结果。教师"过度讲授"极大减少甚至剥夺了学生"三动"的机会尤其是动口的机会。学生当然不能"不劳而获"，况且，没有了对话甚至辩论的机会，就没有思想碰撞，也就没有灵感闪现，那种茅塞顿开的创新便不会降临。三是"过度讲授"是教师的独白，信息单向传送，容易使学生感到单调乏味，昏昏欲睡。一旦学生的注意力分散，要有好的教学效果是不可能的，这早就为学习心理理论证明。四是"过度讲授"通常没有提供学生提问或质疑的机会，给学生的印象是教师不让他们讲话，很主观甚至霸道，容易引起学生的反感，以致与教师离心离德。也许原因远不止这些，但这些原因足以证明"过度讲授"真不可取。

（二）问题导向教学

前已提及，问题导向教学极其多元，"问题杂烩"也混迹其中，假问题虚问题也许不少。如果这样，问题教学就真成了"问题"。因此，这里主要介绍和分析从国外移植或引进后加以改造的问题导向教学。

问题导向教学主要优势有三点。

其一，发展学生解决问题的能力。一是以问题为起点，表现为教师先提出能引起学生足够重视的问题；然后教学内容围绕问题演绎；接着，在教学过程中，教师引导学生积极地参与调查、探究和解决问题，获得知识和技能。二是创设问题情境。教师常常营造混构问题情境，条件复杂多元，解决途径多样，以至问题难度较大甚至没有确定的解，从而激发学生的好奇心，探索积极性，重在发展学生的发散思维。当然，国内有些问题教学降低了问题难度，甚至以教材中的问题为主。三是聚焦问题解决。把培养学生问题解决能力放在重要位置：组织学生积极讨论问题，形成相关问题表；简要或详细记录学生关于问题的一些原始想法和假设等；要求学生对学习过程中形成的能力以及使用的学习策略等进行反思和汇报。

其二，突出教师引领作用。具体表现为下述三个方面。[①] 一是指导学生制定学习计划，选择适合自己学习能力且能够达成的学习目标，并持之以恒地努力以实现长远目标。二是引导学生主动学习。因为坚信教学是为了促进学习，所以教师在学生学习过程中扮演组织者与引导者角色，采取示范或演示的教学方法，运用能深度理解的阅读方式，给学生提供相对自主的时空。三是启发学生自我调控。一旦有需要，教师就会启发学生对学习行为与情感进行自我调控。

其三，坚持师生间的民主与平等。可从下列方面看出。[②] 一是在问题导向教学中，教师能放下也必须放下架子，与学生一起商定计划；在不损害群体情况下，给个别学生以特殊指导与帮助；热心参与群体的各项活动；给学生客观的评价与表扬。二是学生有必要的自主权，使学生比较喜欢学习，特别是喜欢与同伴或教师一起学习（工作）；教师不在场时，学生能独立自觉地学习；个体可以独自承担某些学习任务；同学间相互鼓励，学习质量比较高。三是师生虽然存在发展、知识、能力、情感等差异，但他们的人格尊严与社会地位平等；教师尊重学生自由选择，引导学生自觉、自愿地学习；教师尊重学生生命、兴趣、选择、情感等，对学生错误给予适度宽容与谅解，并正确引导；话语权属于教学活动中每一位参与者，师生通过语言、行为等参与各种"对话"。

但深入思量，问题导向教学亦不是完美无缺。一是大部分问题都由教师提出，学生提出问题的机会不多，且通常不能成为教学的焦点。这多少背离了问题教学的初心，不仅使学生自主性的发挥达不到必要的程度，而且使学生的整体素养受到了影响。因为大部分问题都由教师提出，必然大幅度地减少学生发现问题的机会，不利于强化学生的问题意识；同时，降低了教学的针对性，即教师提出的问题可能不是学生需要探讨的"真"问题。也就是说，探讨了半天，做的是无用功或低效功。二是有的问题难度过大，远远超出教材范围，计划的教学速度往往完不成，

---

① reglado, R. J., Bradley, R. C., and Lane, P. S, *Learning for Life*：*Creating Classroom for Self-directed Learning*, Thousand Oaks, CA：Corwin Press, 1996, p. 19.

② 皮连生主编：《教育心理学》，上海教育出版社 2004 年版，第 365—366 页。

教学质量也就难以保证。

至此初步完成了经验性教学和问题导向教学的分析，本应将学习问题导向教学并列此后，冠以"第三"更顺理成章。但考虑其内容较多，从编排的角度考虑，将其作为一个大问题陈述。

二 学习问题导向教学的主要特征

学习问题导向教学的主要特征隐含在定义中。结合前述学习问题的界定，将学习问题导向教学（Question in Learning-oriented Instruction）作如此解释也许可行，即教学世界中教师以学生提出和遇到的疑惑为根据组织活动，同时指导学生研究与解决学习中存在的疑惑，积极筹划并实现学生和自身生命可能性的时空。

审视起来，学习问题导向教学是一个具有独特本质的完整系统，由多个相互作用的要素构成。"教学世界"一词凸显其系统意蕴。杜威曾说过"教之于学就如卖之于买"，有买才有卖，有卖才有买。同此理，有学才有教，有教才有学。当买与卖合成"买卖"一词后，其本质意义不仅仅是纯粹的买和卖，而是"生意""交易""事情""勾当"等。当教与学合成"教学"一词后，其本质意义也远非简单的教和学，而是"时空"，是进入其中的师生通过不断解决问题实现生命可能性的时空。这意味着，学习问题导向教学有如下主要特征。

（一）发挥师生的合理自主性

富有深刻意蕴的学习问题导向教学既重视问题导向作用，凸显学生提出问题，还非常注重师生合理自主性的发挥与发展。盖两者有紧密的逻辑关系。这里用"合理"限定自主性，是因为关于自主性争议较多，"过分的"与"任性的"以及"霸道的"等自主性不属此列。不过，为避免累赘，下文尽量在合理范围内谈自主性，因而将"合理"二字省略。

1. 发挥教师自主性*

学习问题导向教学的本质决定其明显与"过度讲授"等"对着干"，风险性大，教师必须发挥自主性。如果教师缺乏必要的自我选择与自我

---

* 刘天：《尊重教学过程中教师的合理自主性》，《中国教育学刊》2016 年第 4 期。

决定等自主性，就会"服从"和"附和"现实的经验性教学等。具体来说：

其一，返权于生，发展学生自主性。自主是一种权利，亦称"自主权"。尊重学生的自主，就要关注学生的自主需要，尤其是学习自主性的需要。基于我国"学生有强烈学习自主性的愿望"①，学习问题导向教学要求教师充分尊重学生学习自主性需要。学生学习自主性需要有多种表现形式，在课堂中用"说"来表现自己是学生学习自主性需要的一种基本形式。因此，教师要充分尊重学生"说"的需求，教师在坚持自己一定的主见的同时，要有摒弃"过度讲授"的勇气，自己适当少"说"，而给予学生更多话语权，鼓励他们"说"。若如此，教师一要有返回话语权的担当，二要熟悉知晓"说"的范围，三要能灵活运用多种"说"的形式。

其二，在制定教学目标上发挥自主性。教师在制定教学目标上的自主性主要表现在两个方面。一方面，在教学目标制定主体上，学习问题导向教学要求教师将学生视为主体，给其提供制定教学目标的机会。另一方面，在教学目标制定内容上，学习问题导向教学要求教师潜心研究，使教学目标既有共性，又能突出学习问题导向的个性。②

其三，在选择教学内容和方法上发挥自主性。一方面，精选教学内容，多重解读，力求做到"通—懂—透—化—创"。"通"是最基本要求，即对教材能达到"读通顺"。"懂"是在"通"的基础上弄清楚文本全部内容，不存在明显疑难。"透"是能知晓脉络，厘清结构，灵活变通地使用文本。"化"是能将文本思想转化为自己的见解。"创"是在文本中融入自己独到见解并接纳学生的智慧，适当重构文本，直至再创造。在这个过程中，绝不可对所有阅读内容平均使力，而需"详略得当""轻重分明"。在进入课堂教学后，要根据内容突出重点，做到进入重点"快"，研究重点"透"，练习重点"精"。另一方面，自觉反思不断优化教学方

---

① Halstead J. Mark and Zhu Chuanyan, "Autonomy as an Element in Chinese Educational Reform: A case Study of English Lessons in a Senior High School in Beijing", *Asia Pacific Journal of Education*, Vol. 29, No. 4, 2009.

② 具体内容详见第五章第一节。

法。学习问题导向教学要求教师善于在"行动中反思（reflection-in-action）"以及"对行动反思"（reflection-on-action）"。①"行动中反思"指教师在施用某种教学方法时，思考该种教学方法是否适合学生的异样问题，是否吻合别样的教学内容，是否利于学生的自主性发展，是否利于教师的专业性成长等，以便及时调控。"对行动反思"指教师在实施某种教学方法之前以及实施该种教学方法之后，对该种教学方法进行批判性思考。在实施之前，依据教学内容、教学对象等对所选教法可行性之大小进行反思。在实施之后，对学习问题的解决程度、能力发展等进行反思，以便及时调整与改进。无论何种反思，自主性强的教师总是经常思考、寻求或创造行之更有效的教学方法。

2. 发展学生自主性

学生的自主性在学习问题导向教学的各环节都发挥作用，且在各种课外学习活动中也得到发展。限于篇幅，本书无力全方位涉及，仅论说三方面。

首先，培养自学的自主性。这里的自学不是没有任何人指导的近乎绝对意义的自己学习，而是教师指导下的"自学"。其他方面不说，仅就内容而言，学生自学的自主性主要表现在"读""思""记""问"四方面。其一，鼓励学生针对自己的学习问题"超本阅读"，即阅读的材料超出"课本"，并将"泛读""精读"与"创读"结合起来。"泛读"旨在通过浏览寻求有价值的信息。"精读"强调重点突破，充分吃透重要概念、公式等实质内涵。"创读"是在读懂原意的基础上，读出新意。其二，"思"包括"多思""正思""反思"。"多思"不难理解，不予赘言。"正思"是顺着材料思路想，揣摩作者的思想与感情。"反思"是自己与自己过不去，比较复杂，后有详述。其三，"记"包括"作标记""作批注""作摘抄"。"作标记"强调用不同符号表征重点、难点、疑点、易错点等。"作批注"是边读边稍纵即逝的体悟与灵感等。"作摘抄"是摘录重点、精要内容，以便及时复习与日后再阅读。其四，"问"

---

① ［美］Kenneth M. Zeichner and Daniel P. Liston：《反思性教学导论》，许健将译，心理出版社2008年版，第20页。

主要有"设问""反问""追问"。"设问"是把学习问题以相对规范的形式表征出来。"反问"主要是对定义、概念、结论等进行反思性提问。"追问"强调深层次发问，如问根据、问因果等。

其次，发展批阅的自主性。学习问题较多地存在于学生作业中。如果沿袭经验性教学的方式，教师对学生作业"全批全改"，学习问题会被教师指出，但不是学生自己发现的，更不是学生自己更正的。因此，"教师本本改，细细批，学生发到手只是看一看得几分，这样就起不了批改的作用。多批改作业当然不坏，但是对提高学生学习水平促进不大，而且把教师的很大精力花在批改作业上，无法用更多精力从事备课与进修提高，白白耗费了教师大量宝贵的时光，实在有点得不偿失，或者说是无效劳动。"① 学习问题导向教学要求教师将作业批阅权适度交给学生，发挥学生批阅作业的自主性。学生批阅作业的形式主要有"自批"与"互批"。"自批"指学生在教师指导下，对照参考答案个人批阅。"互批"指学生在教师指导下，两两结对，对照参考答案相互批阅。要做好这方面的工作，就要充分培训学生，使其懂得自阅和互阅的价值和标准，养成严肃负责的态度和扎实的行为。

最后，锻炼反思的自主性。人的反思的自主性，是逐步养成的。学生亦然。在现实中，缺乏反思意识与自主性的学生并不少见，故锻炼学生反思的自主性的任务还很艰巨。反思的自主性主要表现为在教师正确引导下，学生回顾、审视并正确认识、评价学习过程、内容、结果、方法等，从而识错纠偏，扬长避短，改进与提升后期的学习，发展各项能力，提高学习幸福指数。锻炼学生反思的自主性涉及以下三个方面。其一，学生反思的维度。学生可以从学习道德、学习感情、学习智慧三个维度进行反思。学习道德反思主要指反思有无形成自主思考，是否乐于承担学习责任，是否自觉遵守学习秩序，有无形成与人为善的学习心态等。学习感情反思主要指反思有无平静持久的学习心境、浓厚的学习兴趣、坚强的学习意志等。学习智慧反思主要指有无批判反思学习知识，是否历经学习经验，有无恰当使用学习策略等。其二，学生反思的方法。

---

① 段力佩：《段力佩教育文集》，上海教育出版社1982版，第146页。

学生学习后常用的反思方法有自我反思与互帮反思两种。自我反思指学生独自对学习过程中遇到的重要知识点与使用的学习方法进行反思与分析，找出存在问题，寻求解决之道。互帮反思指学生两两互相结伴帮助对方反思。学生思维具有差异性、人生阅历各不相同，观看问题视角也迥异，甚至部分学生尚未真正领悟反思之意义与方法，互帮反思既助人又助己。其三，反复"跟踪问题"①。学生反思过程中最重要的环节是反复进行"问题跟踪"。

（二）激励学生主动提出问题

在教学过程中，学生的学习问题是客观存在的。在非问题导向教学中，学生的学习问题虽表面上消解在教师的解惑里，却顽强地表现在各种检测作业里。即使在实施学习问题导向教学的学校，如果学生不能主动提出自己的学习问题，学习效率仍然难以提高。因此，学习问题导向教学重视激励学生主动提出问题。

1. 强调学生提问的价值

学习问题导向教学认为，学生提问具有重要的价值。与教师所提问题相较，学生提出的问题是学生自己的"真"问题的概率可能更高。而且有时教师提出的问题可能是强加的问题，尤其对那些学业水平高的学生而言。在逻辑上，以班级为单位授课，教师通常主要面向和关注中等学业水平的学生。因此所提问题或多或少与处"两端"的学生关系会小些。更为重要的是学生主动提出问题，表面上看是一种学习行为，实质上是对自己生命的内在筹划与积极实现。即便提出的是非常简单的问题，都是学生自己的"智慧结晶"，是使用自主权的结果。学生能提出问题，特别是引起别人重视时，会油然而生自信甚至自豪的体验，有助于形成"学问"一生的信仰。可见，重视学生提问是学习问题导向教学有别于一般问题导向教学的重要方面。此外，学习问题导向教学重视学生提问并不完全否认教师对学生提问的重要性和必要性。

2. 消除学生提问的顾虑

应该承认，教学中经常存在一些确有问题即困惑却不主动提出（包

---

① 具体内容详见第五章第二节。

括不想提问、不敢提问、不会提问）的学生，对此，教师要宣传"不怕'胡'问，只怕不问""不怕'笑'问，想问则问"的观念（笑问即怕引起别人的笑话），帮助学生解放思想，消除疑虑。同时指导学生怎样把疑惑转化成比较准确的问题，如何把浅层问题变为深层问题，直至能提出质量较高的真问题。

3. 逐步扩大提问的对象

强调了提问价值，消弭了提问顾虑，而后，历经"自我提问——向同伴提问——向教师提问"循序渐进式地扩大提问对象，逐步提升学生主动提问的能力。"自我提问"一是体现在"自学寻疑"环节里，学生学习教材内容时，多问"八何"，即"我有八位好朋友，肯把万事指导我，你若想问真名姓，名字不同都姓何：何事，何故，何人，何时，何如，何地，何去，好像弟弟和哥哥，还有一个西洋派，姓名颠倒叫几何，若向八贤常请教，虽是笨人不会错"①。"自我提问"二是体现在"问题跟踪"环节里，学生对各种作业中出现的富有个性色彩的"错题"，多多从过程、方法、思路、规律等角度向自己提问，深化"问题跟踪"。"向同伴提问"一是体现在"互帮答疑"环节里，助人者（优生）向受助者（弱生）答疑时，多提问，以启发受助者思考；受助者对助人者的答疑过程，多质疑，以深化对所答之疑的思考。"向同伴提问"二是体现在"群言辨疑"环节里，辨疑者在言说者言说过程中，速思考，多提问，以助言说者对问题进一步"祛蔽"；言说者就辨疑者的意见，多提问，以强化自己对问题的理解。"向教师提问"一是体现在各个环节，学生有疑，可以随时亮红色信息沟通牌，向教师"求助"；二是重点体现在"教师释疑"环节，教师常常将学生所提各种问题中与本节重点、难点知识紧密相连的"大问题"进行集体释疑，学生对"关键性问题"常质疑，多提问，方能强化知识的理解，深化问题的解决。

（三）培育小组解决学习问题的功能

在非问题导向教学中，学生听教师解惑，表面解决了一些学科问题；在问题导向教学中，学生对问题有分析，有解决，表面解决了教师

---

① 罗丹：《陶行知的"八位顾问"》，《湖南教育》1980 年第 12 期。

所提的学科问题；但实际上，学习问题依然隐藏在各种检测作业里。在实施学习问题导向教学的学校里，在学生提出各种学习问题之后，教师若没有发挥小组智慧解决问题的力量，学生的学习效率依然居低不高。因此，学习问题导向教学重视培育小组解决学习问题的功能。

1. 小组要收集学习问题

学生自学教师指定的教材内容时，因个体的思维方式、知识累积量、学习经验等方面存在一定差异性，故每个学生会针对自学内容提出大大小小、形形色色的真问题，或伪问题。在教师正确引导下，学习组长带领学习小组里每位成员将所提问题汇聚，等待合作学习，互帮答疑时，解决部分问题。

2. 小组要分析学习问题

学习小组对所汇聚的学习问题进行分析与加工，方利于问题解决。一是依据学习问题的性质，将学生所提问题进行分类。一类是有效问题，即与重点、难点知识紧密相连的问题，与旧知紧密相连的问题，与易错、易混、易漏点紧密相连的问题；另一类是无须解决的无效问题，即可以直接从教材上轻松找到答案的问题，或是教师怎么释疑大家都无法理解与解决的问题，或是学生本已掌握，却为了走"自学寻疑"环节而提的"伪问题"。二是依据学习问题的难易度，将有效问题再细分两类：一类是组内即可解决的易解决问题；另一类是组内无法解决，需要组际或教师帮助加以解决的难解决问题。三是对有效问题进行高效传递，将易解决问题留存，以待稍后组内解决，将难解决问题搁置，留待组际或教师释疑。

3. 小组要解决力所能及的学习问题

"每个成员都必须有看得见的行为表现，而且这种表现是全体成员所必须有的"[1]，小组成员每个人尽心尽力，群策群力，发挥集体力量，解决力所能及的学习问题，力所能及地解决学习问题。一是小组要解决力所能及的学习问题。小组先全力解决易解决问题，后尽力解决难解决问

---

[1] Jacobs, G. M. et al. *The Teacher's Sourcebook for Cooperative Learning：PracticalTechniques，Basic Principles，and Frequently Asked Question*，Thousand Oaks，CA：Corwin Press，2001，p. 46.

题。尤其是对于难解决的学习问题，各小组勿要"坐等"教师或他组来帮助解决，而是采取"先自救"措施：每个成员都要集中精力围绕该问题努力思考，稍有灵感，即刻组内共享，启发他者思维，在思维与思维的碰撞中，问题有可能会被解决。即使难解决问题还是未被解决，但，在尽力探索难解决问题的过程中，组内全体成员的学习智慧得以丰富，学习能力得以提升，合作精神得以升华。二是小组要力所能及地解决学习问题。也即，为了解决学习问题，全员都要"动"起来："动"脑想学习问题的解决方案；"动"口说学习问题的解决过程；"动"耳听学习问题的解决环节；"动"手写学习问题的解决程序；"动"眼观学习问题的解决步骤。

（四）力促"优生更优，弱生进步"

与教师"一刀切"硬性规定所有学生学习相同内容迥异，学习问题导向教学强调"学生自己选择必要的学习内容，能快则快，要慢可慢，但暂时慢是为了长远快"，其实质是鼓励每个学生力争上游地学习，实现"优生更优，弱生进步，全体学生齐发展"的教育目标。

1. 优生更优

在学习问题导向教学里，教师督促优生（已经掌握了当下教学内容的学生）不坐等他人，继续前进。"多学精进"促使优生更优，重点聚焦在"知者加速"与"问题跟踪"两个方面。"知者加速"始终贯穿学习问题导向的课堂教学，也即优生要学习更多的内容或使自己的能力得到更好的发展。通过"知识加速"，优生接触与学习范围更宽、难度更深的学科知识，拓宽了知识广度，开阔了思维视角。帮助弱生答疑等"能力加速"，不仅要求"正确输入"学习问题，还要能"准确输出"，这既有助于优生深化对问题的理解，又有助于优生"查缺补漏"。"问题跟踪"中多适用优生的"自我跟踪"，利于优生在"跟踪问题"中归纳知识、总结错因、推理思路、演绎过程，从而提升自主学习能力与问题解决意识。

2. 弱生进步

弱生大幅进步的现象表征在学习问题导向教学的方方面面。一是弱生勇于提问，敢于暴露问题。学习问题导向教学鼓励学生多质疑，多提问，多亮"红牌"（红色面信息沟通牌），多求助。在课堂教学中，教师使用"课堂激励表"激励学生问题解决时，常采用"优少弱多"的加分原则鼓励弱生积极进步。二是弱生忠于"三动"，积极参与课堂学习。学习问题导向教学支持与鼓励每位学生积极"动脑""动口""动手"参与课堂学习。弱生提出问题与解决问题的能力也在"三动"结合里得以提高。三是分层作业，对弱生更有针对性。分层作业避免了"一刀切"（全班学生完成等量的作业）中"弱生吃不了"的现象，消除了弱生马虎应付了事、错误率高、不认真思考，不按时完成作业等低效学习现象。适切、难易适中的分层作业减轻了弱生的学业负担，夯实了弱生的基础知识，提升了弱生的学习信心。四是"先导后帮"，激发弱生探究问题的兴趣。学习问题导向教学提倡对弱生"先导"（教师提前予以帮助，让弱生率先接触新知）与"后帮"（弱生出现各种学习问题之后，教师再予以帮助）相结合，促进弱生问题解决的良性循环。

3. 全面进步

学习问题导向教学鼓励所有学生全面进步、全体学生齐发展，不仅促使优生更优，弱生大进，还促进中等生的学习能力与水平等在不断地提出问题与解决问题中得以较大幅度提升。专属"优生"的"知识加速"内容吸引着中等生，敦促中等生认真完成学习任务，努力成为"知者"。"互帮答疑"与"群言辨疑"使得中等生在提出问题、分析问题、解决问题的过程中，"三动"能力得以提升。同伴间的"问题跟踪"容易促使中等生换位思考，彼此互相帮助"查漏补缺"，增强彼此责任心。

（五）优化作业形成相对完整的闭环回路

有研究表明我国是隶属于课外作业量偏大那一类国家之首，"26.4%的学生每天写作业耗时 2 小时，44.9% 的学生耗时 3 小时，28.7% 的学生耗时 4 小时"[①]。课外作业量大是"题海战术"的别名，最终结果是学生作业出现"做得越多，错得越多；错得越多，兴趣越差；兴趣越差，学业越差；学业越差，越要多做"的恶性循环。学习问题导向教学是以减负增效为目的，以学习问题为导向，对作业进行优化，实施"一三三策

---

① 中国青年网：《中国学生平均每天写作业 3 小时为全球 2 倍》（http：//news. youth. cn/jsxw/201511/t20151126_7350770. htm）。

略",把课前、课中、课后不同时空的学习问题串联,形成相对完整的闭环回路。

1. 坚守"一本主义"

学习问题导向教学提倡每门学科精选一本质量较好的习题册(部分学校有能力可自编),督促学生反复做"透"这一本习题册。如此,一可以减轻学生负担,二可以增强学生问题意识,三可以在反复解决问题的过程中增强学生学习自信。

对于学有余力的优生,教师则坚持"继续进步"原理,引导优生"知者加速",可让其多准备一套更新更难的习题。同时,教师要做好优生加速学习的规划、加速过程的督导、加速结果的考核评价等工作。

2. 坚持"三册一体"

"三册一体"指每门学科都有"解题册""试题册""纠错册"(三册),其中,"解题册"与"试题册"内容一样,但使用规则不同,发挥作用亦不同。

学习问题导向教学提倡在课堂上,教师指导学生互阅(同伴互相结对两两批阅)或自阅(自己批阅)作业,批阅时间控制在 5 分钟以内。其意义,一是促使学生养成善于反思与发现问题的学习习惯;二是便于复习旧知,开展新课;三是减轻教师的劳动量,促使教师有更阔绰的时间探究高效教学。

3. 落实"三重跟踪"

"问题跟踪"指学生对学习过程中出现的错误,尤其是作业中做错的题进行多次更正的一种学习方法。其目的在于树立学生的问题意识,督促学生有疑必究、有错必改,先消化再进食、不消化不进食或少进食,从而有效地避免学生学习上贪多求快、欲速不达的现象。依据艾宾浩斯的遗忘规律,学生适时进行富有周期性的"问题跟踪",有助于提高学习成绩。"问题跟踪"有多种形式,本书主要提及运用"一三三策略"对学习问题进行自我跟踪、同伴跟踪与教师跟踪的"三重跟踪",促使学生坚定"有错必纠"的信念,踏上遇到问题不文过饰非而是勇敢面对的人生道路。

上述五大特征,较为充分地展示了既导向课内行为,又导向课外行为的完整的学习问题导向教学。这些特征是经验性教学和问题导向教学所不及的。

毋庸讳言，在陈述学习问题导向教学特征时，多是从正面展开的。至于其不足之处，交给后面的反思。

第 三 章

学习问题导向教学的理论基础

学习问题导向教学发生在特定时空，具有独特的"初心"，又蕴含师生的"情怀"。在探讨其理论基础之时，反映其初心的"效能"诉求和师生"情怀"的"理解"诉求、"感情"诉求的三大理论即问题解决理论、学生自主学习理论和教师感情理论就登堂入室，一起构成了学习问题导向教学的坚实理论基础，使得学习问题导向教学成为效能型、理解型、感情型教学。

第一节　问题解决理论

学习问题导向教学以学生所提问题为教师施教起点，历经寻疑、答疑、解疑、辨疑、测疑、质疑诸环节，终至问题解决。这一过程置于心理学框架，则被描述为"由一定情境引起的，按照一定目标，应用各种认知活动、技能等，经过系列思维操作，使问题得以解决的过程，也即将已知情境转为目标情境，将初始状态化为目标状态的认知过程"①。两种说法虽用词不同，但内核一致，即问题解决始于问题导向，问题导向旨在问题解决。在这个意义上，问题解决与学习问题导向教学关系密切。

一　问题解决过程

问题解决过程是问题解决理论中的重点内容，凝聚了诸多学者的心

---

① ［英］S. Ian Robertson：《问题解决心理学》，张奇等译，中国轻工业出版社 2004 年版，第 5 页。

血，呈现出千姿百态的解决问题的"过程观"。其中，较为著名的过程观是三阶段论、四阶段论、五阶段论、七阶段论、九阶段论、十阶段模式、二层四阶段模式①，这些过程观的具体比较可参见表3—1。

　　表3—1"问题解决过程观之比较"显示两点。其一，问题解决理论的研究范围迥异，有的侧重心理学学科，有的侧重数学学科；有的侧重问题解决完整流程，有的侧重思维过程；有的侧重解决抽象问题，有的侧重解决经验问题，等等。

表3—1　　　　　　　　　　　问题解决过程观之比较

过程观	代表人物	研究范围	具体过程
三阶段论		抽象与宏大问题	混沌的开创阶段—清晰的展开阶段—综合的完善阶段
	邓克尔	经验和具体问题	问题的一般范围—问题的功能性解决—问题的特殊性解决
四阶段论	波利亚	数学问题	弄清楚问题或者是了解问题—寻求解题思路，拟定解决计划—实现解决计划—对解决过程进行回顾、检验和推广
五阶段论	约翰·杜威	思维步骤	情境—问题—假设—推断—检验
七阶段论	斯滕伯格史渥林	认知技能与解决问题两者关系	问题的确定—程序的选择—信息的表征—策略的形成—资料的分配—问题解决的监控—问题解决的评价
九阶段论	米勒	经验问题的解决	定义研究问题—文献综述—形成假设—研究设计—工具设计和抽样—资料收集—资料分析—结论—修正假设

---

① 张掌然：《问题的哲学研究》，人民出版社2005年版，第301—307页。

续表

过程观	代表人物	研究范围	具体过程
十阶段模式	王晃三	注重问题解决各个过程	前置作业以组建团队并达成共识—情境探索以作出问题陈述—问题厘清以继续陈述问题—要因推究以查证确认—寻找对策以选定方案—对策侦检以应变减害—方案实施—成效评估以寻找差距并看是否达标—成效确保以落实管理—后置作业以鼓舞团队士气等
二层四阶段模式	张掌然	四个阶段反复循环	两层：对象问题＋原问题 四阶段：问题审思—假说生成—假说验证与修正—理论应用与发展

其二，问题解决理论的研究重点不一，形成了层级不同的"阶段论"。这些形态各异的问题解决过程观均值得玩味，限于篇幅，此处仅择杜威的"思维五步法"以分析。

杜威将思维的步骤推广至教学法层面，认为有关问题解决的教学法要素与思维要素两者是相同的。故，下文合二为一加以述之。

（一）"情境"生惑

"思维五步法"是从直接经验出发，从疑难问题起步，从"情境"生惑开始。人处在不确定的情境中，会顿生各种怀疑，虽然不确定的情境自身或许会暂时性地阻止人们的直接行为，但是人们依旧会在这种非确定情境中摸索问题可能的解决办法，寻求可能的解决疑难之道。于是，思维活动便开始了。对于儿童而言，思维活动的开启在于，要有一个真实的经验的情境——要有一个对活动本身感兴趣的连续的活动[1]，儿童才

---

[1]　[美] 约翰·杜威：《民主主义与教育》，王承旭译，人民教育出版社 2001 年版，第 179 页。

有可能在这种情境中感受到疑惑与困难。学起于思，思源于疑，儿童处在一个不确定的情境中会产生各种疑问。此时，便需要一种"暗示"，一种依赖过往经验和知识累积的"暗示"。在"暗示"中，心智寻找可能的解决办法。① 如果没有这些经验和知识的积累，那么，这种暂时的阻止可能就变成永久的，疑难终究还是疑难，思维在此停滞。故而，杜威强调教师要从直接经验处入手，设置能引起儿童思维活动的情境，让儿童体验真实情况，开启对疑难问题的思考。

（二）"问题"生成

"情境"生惑之后，便是问题的定位与定义，即确定疑难之所在，并能从疑难中提出问题。思维的第二个步骤"问题生成"常常是和第一个步骤"情境生惑"紧密结合在一起的。教师设置的能引起学生思维活动的情境，要使学生能在"这个情境内部产生一个真实的问题，作为思维的刺激物"②，且这个问题是要使儿童"感觉到的（直接经验到的）疑难或困惑理智化，成为有待解决的难题和必须寻求答案的问题"③。"问题生成"阶段就是将第一阶段所感受到的各种疑惑与困难逻辑化的过程，就是将困惑化为待解决的难题。这种转化可以确定情境中的行动障碍，使行动更有方向性。当然，这个阶段，若没有问题生成，没有问题提出，便如同在黑暗中盲目摸索一般。因此，该阶段必须是一个真实的思维导向问题，否则将会在很大程度上影响思维的用心深或浅的程度；用心深或浅的程度，影响到思维品质是科学思维或是盲目思索。

（三）"假设"应对

生成"问题"，如何解决，"假设"来应对。假设一般被视为"解释"或"解决"问题的一个设想，所有的假设实质均是对问题原因的解释，以及对解决问题的关注，是对"为什么会发生这样问题"的一种诠

---

① ［美］约翰·杜威：《我们怎样思维·经验与教育》，姜文闵译，人民教育出版社 1991 年版，第 88 页。

② ［美］约翰·杜威：《民主主义与教育》，王承旭译，人民教育出版社 2001 年版，第 179 页。

③ ［美］约翰·杜威：《我们怎样思维·经验与教育》，姜文闵译，人民教育出版社 1991 年版，第 88 页。

释，一项估计，一场预谋。问题解决者要"以一个接一个的暗示作为导向意见，或称'假设'，在收集事实资料中开始并指导观察及其他工作"①，他要"占有知识资料，从事必要的观察，对付这个问题"②。"假设"也即联想，它是整个推论的核心。问题解决者拥有良好思维的一个重要因素是能用心作出若干不同的联想。这个阶段的联想是对之前暗示的一种修正，因为修正，才有可能对疑难有正确的认识；因为正确认知，才有可能提出更好的解决问题之方法，助于问题解决。一言以蔽之，应对生成问题的"假设"实质包含了"获得暗示—确定问题"的一个思维程序。虽然是"假设"，问题解决者的行动仅是尝试性的，并非决定性的，但随着对问题更深层的洞察和理解，问题解决者逐步改正，有时可能重新回到不确定的情境中，会产生一种新的暗示，变成一种确定的推测。

（四）"推敲"方法

于诸多假设中，研判何种假设更有效，更利于解决问题，便需要问题解决者从理智上认真且仔细地反复"推敲"，"推敲""假设"的意义与蕴含等，这个过程实质也是推理的过程。杜威认为如果问题解决者要"对一种概念或假设从理智上加以认真推敲（推理是推论的一部分，而不是推论的全部）"③的话，那"他必须负责有条不紊地展开他所想出的解决问题的方法"④。通过推敲，问题解决者可以将最初显得似乎并不相连接的两个极端连成为一个整体。但前提是要依靠问题解决者个体头脑中的知识储备，通过判断形成一个确定的概念。儿童学习过程亦如此：儿童通过个体的自主学习，依据平日的积累和实验的过程，"推敲"各种"假说"，努力找到解决问题的方法，有序组织与安排解决问题的方法，也即提出确定的假说。

---

① ［美］约翰·杜威：《我们怎样思维·经验与教育》，姜文闵译，人民教育出版社 1991 年版，第 88 页。

② ［美］约翰·杜威：《民主主义与教育》，王承绪译，人民教育出版社 2001 年版，第 179 页。

③ ［美］约翰·杜威：《我们怎样思维·经验与教育》，姜文闵译，人民教育出版社 1991 年版，第 88 页。

④ ［美］约翰·杜威：《民主主义与教育》，王承绪译，人民教育出版社 2001 年版，第 179 页。

（五）"检验"对错

历经"推敲"而择的"假说"是不是问题的确定解决之道，则需"通过外显的或想象的行动来检验假设"①。"检验"实际蕴含了"观察—分析"的思维程序，问题解决者运用进一步的观察和实验，审视与分析靠思维形成的解释在实践中是否行得通，从而获得对联想的一种或肯定或否定的看法。换句话说，对问题解决者而言，"他要有机会和需要通过应用检验他的观念，使这些观念意义明确，并且让他自己发现它们是否有效"②。倘若有效，实验结果符合最初的推想，即可确定并加深对其的认识能力；倘若无效，实验与理论推想两者不一致，意味着经"检验"，该情境得出的结论需要开启新一轮的思维探索，加以修正。"检验"是思维程序中非常重要的一环，问题与假设只有进入了"检验"的程序，问题才成其为问题，假设才成其为假设，问题与假设才获得了最终的意义。这是杜威所强调的"理解事物的意义"，也即一种观念在得到理解之后，才富有意义。在杜威看来，儿童通过实践证明自己的想法是正确之时，其已经形成了初步的概念，他（儿童）提出了一些解决问题的方法和假设，并在以后的实践活动中可以得到应用。

总之，问题解决者在实践活动中存在着各种不确定和疑惑（即问题），为了解决问题，开始观察、产生联想、提出假设、反复推敲、检验对错，以便找到解决问题之道。这一切的顺利开展则需要问题解决者依据日常生活的积累与个体的差异，找到方法之后，回到实践中检验，若可行，则形成概念，上升至理论指导层面，或形成真理；若不可行，则回至观察阶段，重新联想，再次推论，以便真正找到最正确的解决问题之道。思维的意义与价值便是在"提出问题——分析问题——解决问题"的循环往复中得以体现。

由上可见，无论问题解决理论中的问题解决阶段如何变化，其本质就是要有效地解决问题。正因如此，其必然成为旨在追求效能的学习问

---

① ［美］约翰·杜威：《我们怎样思维·经验与教育》，姜文闵译，人民教育出版社 1991 年版，第 88 页。

② ［美］约翰·杜威《民主主义与教育》，王承旭译，人民教育出版社 2001 年版，第 179 页。

题导向教学的理论基础。

二　学习问题导向教学是效能型教学

学习问题导向教学咀嚼着解决问题理论的精华，形成以解决学习问题为核心的效能圈。

（一）学习责任与学习问题导向教学

人生每一阶段都有不同人生使命。学生阶段最重要使命是努力学习，为未来人生获得成功打好坚实基础。学习责任心是学习者关于学习是自身对社会和个人应尽义务和责任的认识和体验。[①] 为此，学生要勇于承担学习责任，更好地实现学生这一社会角色，完成社会化过程。在学习问题导向教学中，学生的学习责任主要表现在自学与互帮两方面。

其一，自学的责任。自学寻疑是学习问题导向教学的起点，强烈的自学责任感关乎学习问题导向课堂教学的顺利进行。学生的自学责任体现为四点。一是自学意识要强。强烈的自学意识表现为自学时主动寻疑，主动提问，完成任务后主动自学"知者加速"内容等。二是自学方法要准。自学方法的准确体现在"读、思、记、问"四方面："读"得准，指略读、寻读、研读时均能做到"眼看、嘴念、手写、心想"；"思"得准，指借助概念、判断、推理等进行"分析——综合——对比——抽象——概括"的合理逻辑性思考；"记"得准，指对阅读材料用相应符号准确标记重点知识、内在联系、规律等内容；"问"得准，指自学时不管是"设问"，还是"反问"，抑或是"追问"，都要围绕重点知识来问。三是自学规范要正。自学规范表征为学生自学时能在学习内容上留下规范的"圈、点、勾、画"印记，因为"圈、点、勾、画"印记不仅是学生严格遵守自学规范的真实显露，更是其进行深层思考的外显痕迹。四是自学习惯要好。学生自学时要形成"遵时守纪"的好习惯，即在教师规定的自学时间内，主动、安静地完成自学任务，不超时，不拖延；还要形成"自觉寻疑"的好习惯，即有疑，立刻显示"信息沟通牌"，向同伴或教

---

① 顾明远主编：《教育大辞典·增订合编本（下）》，上海教育出版社 1998 年版，第 1821 页。

师求助；更要形成"继续进步"的好习惯，即指定时间内，率先完成学习任务者，能主动进行"知者加速"，力争上游。

其二，互帮的责任。在学习问题导向教学中，学生互帮的责任指同伴在利用学习共同体相互帮助解决问题，共同提高时所具备的一种学习责任。一是互帮态度要端。对于助人者而言，要谦和，不因先知而趾高气昂；要耐心，坚信助人者人恒助之。对于受助者而言，要大方，能主动暴露自己"问题"，让他者帮助；要认真，于他者帮助时，仔细辨听，不理解处，主动质疑。二是互帮方法要准。对于助人者而言，说思路不说结果，说过程不说答案，说方法不说结局，说步骤不说谜底，说重点不说次点等。对于受助者而言，听思路不听结果，听过程不听答案，听方法不听结局，听步骤不听谜底，听重点不听次点等。三是互帮规范要明。互帮学习时规范有序表现为学习共同体（以小组为单位）内彼此分工速度快、学习工具（信息沟通牌、互帮显示板等）摆放到位、人人合作学习参与度高、群言形式合理、组际之间互不干扰、组内完成速度快、完成任务后自觉加速等。一言以蔽之，优生不"独霸"，乐于助人解决问题；弱生不"边缘"，乐于受助解决问题；生生力争上游。

此外，在学习问题导向教学中，学生还要自觉养成"问题跟踪""互阅作业"等学习责任。

（二）学习感情与学习问题导向教学

学习感情是学生情感与情绪在学习上的集中反映，聚焦为学习心境、学习兴趣、学习意志三方面。在学习问题导向教学中，学生的学习感情主要表现在自学与互帮两方面。

其一，自学时感情。学生自学时的学习感情表征为一种积极的自学心境、自学兴趣、自学意志。一是自学心境要平。学生个体自学时要能表现出一种平静且为时较长的情绪状态，即使寻不到疑，提不出问，也要做到不焦躁、不焦虑、心要平、气要和。二是自学兴趣要浓。兴趣的产生、发展以及形成需经历"有趣""乐趣"和"志趣"三个阶段，分别对应于情境兴趣、稳定兴趣和志向兴趣三个层次。[①] 学生的自学兴趣在

---

① 燕国材：《学习心理学——IN 结合论取向的研究》，警官教育出版社1998年版，第1332页。

"趣在寻疑——乐在寻疑——志在寻疑"的不断历练中得以提升与加强。三是自学意志要强。学生个体的自学意志强凸显为学生知道"为何自学"以及"如何自学",且能在遭遇自学提不出问题等障碍时,能够克服畏难情结,排除自学障碍,一往直前,认真自学寻疑。

其二,互帮时感情。学生学习共同体在互帮解决问题时的学习感情表征为一种积极的互帮心境、互帮兴趣、互帮意志。一是互帮心境要稳。同伴合作学习,互相帮助解决问题时能表现出一种具有持续性、平静性、弥漫性等特点的平稳情绪状态,即使听不懂同伴答疑或无力帮助同伴答疑,也要做到不颓废、不泄气,心要精,气要祥。二是互帮兴趣要足。同伴互帮解决问题时,对于助人者而言,在互帮情境中体味助人"答疑解惑"的兴趣,逐渐形成一种稳定的兴趣,最终化成一种助人"答疑解惑"的志向兴趣;对于受助者而言,在互帮中体验"提问"与"质疑"的各种兴趣。三是互帮意志要坚。学习共同体互帮时,互帮双方的意志要坚定,要知道"互帮的益处"以及"互帮的方法",在遭遇互帮困难时,如助人者怎么讲解,受助者都不理解问题时,互帮双方要能努力克服重重困难,排除各种互帮障碍,以坚强的互帮意志直面"互帮答疑"。

此外,在学习问题导向教学的"问题跟踪""互阅作业"等环节中,学生也应具备一定积极的学习感情。

(三) 学习能力与学习问题导向教学

学习能力指个体通过一定学习实践形成和发展所得,并能引起行为或思维较为持久变化的一种内在素质。学习能力是一种综合能力表现,学习者通过不断学习,加强技能组合,刺激学习能力提升。真正持久的优势是怎样去学习,拥有强大学习能力,努力使自己所在团队以及自己比对手更快更高更强。

学习问题导向教学重点强调学生发现问题与反思问题的学习能力。其一,凸显学生重要的发现问题能力。发现问题是解决问题的前提,学习问题导向教学注重培养学生发现问题能力:独立自学时主动发现自己不会、不懂、不理解的问题;互帮合作和细听辨疑时勇于帮助答疑与发现新问题;教师释疑时勇于质疑;当堂检测时善于发现仍未解决的问题;自我"问题跟踪"时认识错误,比较相关内容异同,联系生活实际,敢于发现与提出新问题，等等。其二，彰显学生重要的反思问题能力。反思贯穿于学习问题导向教学的每一环节；学生不时反思学习内容、学习过程与学习方法，或许每个环节的反思均不充分，但反思能促使学生不断发现不足，改正不足，增强学生提出问题与解决问题的问题素养。

（四）学习策略与学习问题导向教学

学习策略指学习主体自觉地对学习活动及其因素进行宏观与微观统一的计划、评价、调控以追求最佳学习效率的计策或谋略。①

学习问题导向教学蕴含较为丰富的学习策略思想。其一，学习问题导向教学每一环节都蕴藏不同方法。提出问题可以从正面对观点赞同与评价处提问，也可以从反面对观点否定与质疑处提问；解决问题有小组内互相帮助答疑与教师在班级内解决共同关键性问题；组内互相细听辨疑有"己言他辨"与"他言己辨"；当堂练习测疑有口试、笔试、结对互测；"问题跟踪"有自我跟踪、同伴跟踪、教师跟踪。其二，学生要因环节需要有效选择合适的方法。灵活变通方法是学习问题导向教学学习策略的实质，不能用提出问题方法应对分析问题，也不能用解决问题手段应对提出问题，更不能用"跟踪问题"方法应对提出问题与解决问题。其三，欲得学习策略，必观学习问题导向教学全局，将宏观策略与微观策略有机结合。学习问题导向教学学习策略是整体性与层次性有机统一，宏观问题导向学习策略通过每个局部微观学习策略充分体现，每一层级的微观学习策略综合平衡，协调一致，共同实现宏观学习策略的整体性。

（五）学习人缘与学习问题导向教学

学习人缘指学生学习时与同伴间形成的学习关系。学习人缘的优劣直接影响学习关系的好坏，决定学生智力活动是否顺利开展，个性发展能否顺利进行。学生性格各有差异，部分外向型学生擅长言语表达，善于与同学沟通交流，热情大方，乐于帮助同伴；部分内向型学生不善言辞，羞于与同学沟通交流，不乐于帮助同伴。

学习问题导向教学非常关注以组为单位在问题提出与问题解决中培

---

① 熊川武：《学习策略论》，江西教育出版社 1997 年版，第 42 页。

养学生的学习人缘：一是将具有性格差异、学习能力差异的学生归为一组；二是对组内每位成员进行合理分工；三是以小组为单位组织学生进行问题解决；四是问题解决过程中，"生生有事做，事事有生做"；五是将小组有关提出问题与解决问题的整体表现与每名学生个体表现综合衡量与评价；六是培养学生"组荣我荣，组败我败"的良好学习人缘。此外，学习问题导向教学特别在两方面关注学生人缘。一是组织小组互帮答疑时，培养学生充分认识到学习人缘之于学习的益处："帮助别人其实就是帮助自己"，帮助同伴回答问题，既解决了同伴疑惑，又加深了自己对知识更深层的理解。二是组织小组互相细听辨疑时，培养学生自觉地认真"诉说"对疑问的理解，自愿地仔细"辨别"同伴对疑问的理解，让学生在彼此感悟助人之乐与体验受助之趣中融洽学习人缘。

第二节　自主学习理论

学生自主学习一直是教育研究领域的一个重要议题：在课程论范畴里，培养学生自主学习能力被视为一项核心的课程目标；在学习论范畴里，学生自主学习被视为一种有效的学习方式；在教学论范畴里，自主学习被视为一种重要的教学方法。在本书中，学生自主学习是增进师生理解的载体，也是检测师生理解质量的指标，因而赋予了学习问题导向教学的理解特质。

一　学生自主学习

关于"自主学习"理论，因研究视角与立场不同，国内外众多学者纷纷表达不同观点：有的强调学习的主动性，有的注重学习的独立性，有的关注学习的自我监控，有的凸显学习的自我定向，因而出现诸多与"自主学习"相关的不同术语，如自我调节学习（self-regulated learning）、主动学习（active learning）、自我教育（self-education）、自我指导（self-instruction）、自我计划的学习（self-planned learning）、自律的学习（autonomous learning）、自我定向的学习（self-directed learning）、自我管理的学习（self-managed learning）、自我监控的学习（self-monitored learning）

等。这里的"自主学习"并非纯粹意义上的学生自主学习，还包括成人的自主学习。因此，有必要从下面两个方面来阐述学生自主学习理论的基本内容。

（一）学生学习的充分自主

学生学习的充分自主表征为学生学习要"自主"以及学生自主学习要"充分"。

1. 学生学习要"自主"

学生学习要"自主"的重要价值主要聚焦为学业成绩与终身发展两方面。其一，学生学习要"自主"关系着学生学业成绩。齐莫曼和里森伯格将不同成绩学生的自主学习过程进行比较，认为"高成绩者学习时间管理良好，能设置较高的、具体的、近期的目标，自我监控更加频繁、准确，能设置较高的满意标准，有较高的自我效能感，面对障碍可以持之以恒"[1]。其二，学生学习要"自主"影响着学生终身发展。自主学习是学生个体走出学校，走向社会所沿用的最为主要的学习方式。华罗庚先生曾告诫年轻人："每一个人都应该养成自学（指自主学习）的习惯，没有自学习惯，一出校门就完了，将来就会一事无成。在人的一生中，进学校靠别人传授知识的时间毕竟是短暂的……学习也是绝大部分时间要靠自己坚持不懈地努力，才能不断地积累知识。"[2] 唯此，学生方能在社会前进、科技进步、职业发展中，不断地自主学习，掌握新知，更新技能，适应社会，完善自我。

学生学习要"自主"具体表征为：在学习活动开始前，学生个体能够确定学习目标，制订学习计划，做好学习准备；在学习活动进行时，学生个体能够对学习过程与学习方法等作出自我监控、自我反馈、自我调节；在学习活动结束后，学生个体能够对学习结果进行自我检查、自我总结、自我评价、自我完善，其学习活动是自主的。相反，在学习活动前、中、后及整个学习过程里，学生个体完全依赖他者，尤其是依赖

---

① Zimmerman, B. J. & Risemberg, E. *Self-regulatory Dimensions of Academic Learning and Motivation. In G. D. Phye（Ed.）, Handbook of Academic Learning*, New York: Academic Press, 1997, p. 105—125.

② 张志善等编：《中国现代教育家传》（第 5 卷），湖南教育出版社 1987 年版，第 403 页。

教师，其学习是不自主的。当然，了解学生学习"自主"的各种表征有助于在学生个体学习活动过程中，教师能够明确何时赋予学生个体更多的监督与指导，何时给予学生个体较少的引导与帮助，从而更利于学生学习自主性的发挥与发展。

2. 学生自主学习要"充分"

学生自主学习要"充分"的价值意蕴凸显为三点。其一，"充分"的学生自主学习利于提升其学业自信心。倘若"学生很少有充分的自主学习机会，很少被鼓励设置符合个性学情的学习目标，缺乏对自我学习进行自我评价的机会"①，学生学习自信心会急剧下降。相反，学生有机会自主学习，善于自主学习，并且自主学习充分的话，其学业自信心会骤然提升。其二，学生自主学习的"充分"利于增强学生自主学习能力。有研究表明，"直到高中阶段，我国学生的自主学习能力发展的总体水平还不高，各种自主学习能力的发展还很不平衡"②。究其原因，是学生学习没有自主可言，或是即使偶有自主，也不是充分的合理的自主。真正"充分"（包括合理）的自主学习是在发挥"充分"自主学习的同时又增强"充分"自主学习的能力。其三，学生自主学习的"充分"利于提高学生学习质量。学生在诸如"感到需要，通过主动'做'，自由地选择学习内容和方法，当先前的知识和经验与新概念相适合，学生能主动且方便地与其他学生进行沟通"③等各种自主学习"充分"时，学生会对所学内容进行深度理解，从而提高学习质量与学业成绩。

综合学生学习的各个维度，学生自主学习要"充分"具体表征为学生个体对学习各个方面均能自觉地作出选择和控制。具体而言，学生个体能自我驱动学习动机，自我选择学习内容，自主调节学习策略，自我管理学习时间，自我营造学习条件，自我评价学习结果，其学习是充分自主的。相反，在学习各个方面，学生完全依赖于他者，尤其是依赖教

①　庞维国：《自主学习：学与教的原理和策略》，华东师范大学出版社 2003 年版，第 15 页。

②　郑和钧、邓京华等：《高中生心理学》，浙江教育出版社 1993 年版，第 131—136 页。

③　庞维国：《自主学习：学与教的原理和策略》，华东师范大学出版社 2003 年版，第 17 页。

师，其学习是不自主的，更毋庸提是否"充分"。显然，学生自主学习的"充分"有助于教师澄清自主学习的界限，哪些方面可以存在自主学习，哪些方面不能存在自主学习；有利于教师确定培养学生自主学习能力的阶段性目标；有益于教师更好地依据学生个体不同的学习特点因材施教。

（二）学生自主学习的特征

学生自主学习具有如下四个主要特征。其一，能动性。学生自主学习是有别于各种形式的他主学习，是学生个体积极地、主动地、自觉地从事和管理自己的学习活动，不是迫于外界各种压力被动地从事学习活动，是不需要外界来管理自我的学习活动。其二，独立性。学生自主学习有别于依赖他者的他主学习，是基于学生个体独立性的自主学习，其要求学生在横向与纵向方面尽可能地摆脱对教师等他者的依赖，由自己选择、控制、开展学习活动。其三，有效性。学生自主学习的起点与终点是尽可能地协调好学生个体学习系统中各个积极因素，促使其发挥最佳效果，达至学习效果最优化。一般意义而言，学生学习自主水平与学习效果呈正相关。其四，相对性。学生自主学习具有相对性，不存在绝对意义的自主学习或不自主学习。学生学习活动中存在许多方面，如在校学习时间、学习内容等，不可能完全摆脱对教师的依赖由学生个体自我决定。

综上，学生自主学习理论所涉的学生学习的充分自主与学生自主学习的特征等内容给学习问题导向教学以启发。在学习问题导向教学过程中，学生进行自主学习，需要学生理解与教师理解，这是由学习问题导向教学的理解性所决定的。

二 学习问题导向教学是理解型教学

学习问题导向教学的过程是培育和彰显学生自主学习的过程，而学生自主学习的深度和广度又依赖于理解。因此，学习问题导向教学过程是师生的理解过程，学习问题导向教学也是理解型教学。下面从师生维度阐述理解与学习问题导向教学中的学生自主学习的关系，凸显学习问题导向教学的理解特质。

（一）学生理解与自主学习

从自主学习的角度来说，学生理解内容有三点。

1. 理解文本，解自主学习之渴

"在认识论中，理解一词通常指发生在思想（灵魂或意识）中的智力活动，它是一个认知者获得知识的认知过程，可以用主体（认知者）和客体（认知对象）的线性二元关系来解释"①，也即"理解某物不仅假定了一个对象在场，而且也假定了一个主体（理解者）在场"②。可见，理解是主体对客体的一种认知，是主体把握客体的意义，抑或是主体赋予客体意义。

理解主体学生对理解客体文本的理解依循绝对理解与相对理解相统一原则。

"理解的本质就是'更好理解'，因为我们不断地趋近作者的原意"③，绝对理解（理解的绝对性）既指学生对文本的理解是无限接近作者原始意义状态，又指在以理解理解对象原始意义为基础的不同学生对同一文本存在差异性理解。相对理解（理解的相对性）既指不同学生拥有不同的前理解与视野，又指理解是语言的理解。语言不能绝对只能相对地表达作者的思想感情，理解同一文本会产生歧义的情况便不言自明。

学生对文本的绝对理解与相对理解，消解了学生自主学习之渴求。现以语文学科为例，阐释学生通过"sù"（素、肃、愫、速）读与文本自主对话，进行绝对理解与相对理解。其一，学生在"素读"中为求甚解，自主提出问题。"素读"指学生自学文本时，不借助任何外力（包括教辅类资料以及教师与同伴的帮助），为求甚解主动提出各种疑惑的一种阅读方式。如学生"素读"《月迹》一课主动提出如下问题④：（1）第 1 段第

---

① ［美］肖恩·加拉格尔：《解释学与教育》，张光陆译，华东师范大学出版社 2009 年版，第 32 页。

② ［芬兰］冯·赖特：《行动的说明和理解》，载陈波编选《学术前沿：知识之树》，生活·读书·新知三联书店 2003 年版，第 292 页。

③ 洪汉鼎主编：《理解与解释——诠释学经典文选》，东方出版社 2001 年版，编者引言第 19 页。

④ 2016 年 5 月 23 日，笔者随堂观察江苏省 QHKM 中学 Z 教师执教《月迹》一课，该内容依据笔者听课所拍照片整理而得。

一句在文中有什么作用？（2）为什么开头不满足而结尾却满足？（3）第15段写嫦娥目的何在？（4）"我们"为什么要寻月？（5）奶奶的形象有什么作用？（6）将月亮拟人化有什么作用？（7）文章有多少条线索？分别是什么？（8）第5段写桂花有什么作用……大大小小共计几十个问题。

其二，在"肃读"中披文得意，自主解决问题。"披"者，基本义乃开也，启也，引申义为打开，翻阅；"文"者，文字、文句、文段、文篇、文集，也即文章的一切语言形式，泛指文本；"得"指获得，得到；"意"者，乃道、义、旨、志、情、理、义理等，既可指整篇文章的情感与手法，也可指文章局部的段意、句意、词义等。披文得意也即翻开文本，通过复原性阅读，获得文本整体与局部的思想、情感、手法等，主动解决先前提出的部分疑惑。其三，在"慷读"中以意逆志，自主深化问题。"意"乃学生创造性地解读，"志"乃作者创作意图。"以意逆志"指学生创造性地用自己的理解与作者创作意图进行相互碰撞，从而深化对问题的理解。名师郭初阳执教莫泊桑《项链》一文时，曾给学生布置一道"'我'的阅读：这是一部关于_____小说"的题目，鼓励学生"慷读"。学生纷纷进行创造性阅读，最终展现出异彩纷呈的答案。郭老师将其归为五类，如"虚荣（W同学……），诚信（C同学……），贫穷、差异（X同学……），梦想、欲望（T同学……），命运（W同学……）"，并将学生姓名列于其后，以鼓励学生创造性阅读。其四，在"速读"中拓展阅读，自主提出新问。学生的"速读"包括课内与课外两种。课内"速读"主要指教师提供与所学例文紧密相连的文本供学生拓展性阅读与对比性阅读，以便提出新问题。如W老师执教《沁园春·雪》[①]一课时，给学生拓展阅读同一作者的另一篇与雪有关的词《减字木兰花·广昌路上》，让其比较两首词中的不同景与不同情。Y老师执教《沁园春·雪》[②]时，给学生拓展阅读同一作者同一词牌名的《沁园春·长沙》，让其比较两首词在表达情感和表现手法上的异同点。两位教师都匠心独运，从不同角度给学生提供"速读"的原材料，鼓励学生自主学习，提出新问题。

---

① 2016年5月24日，笔者随堂听江苏省QHKM中学W老师执教《沁园春·雪》一课。
② 2016年5月24日，笔者随堂听江苏省QHKM中学Y老师执教《沁园春·雪》一课。

在教学过程中，教师可以将课内外阅读相结合，也可以通过组织课外阅读比赛评选"阅读小达人""阅读小能手"等富有成效的措施充分调动学生课外"速读"兴趣，让学生快乐地"速读"。

2. 理解自我，显问题解决之求

在海德格尔看来，"理解是此在本身本已能在的生存论意义上的存在，其情形是：这个于其本身的存在展开着随它本身一道存在的何所在（Woran）"①。此，乃生存；此在是在世之存在，是指人。因为只有人才能理解存在的意义，故而，理解是人的本质，是人的存在方式。理解的本质是作为"此在"的人对存在的理解，是此在的存在方式本身，也是"此在"展现生命的依据。对于"此在"的学生而言，对"存在"的理解主要凸显为对自我的理解，在自我认识、自我反思、自我解蔽的过程中凸显问题解决的诉求。

在学习问题导向教学过程中，学生的自我理解具体指学生能准确地自我认识与反思在学习过程中是否自始至终地以提出问题、分析问题与解决问题为导向，有无充分发挥自主性学习。学生时常反思自学过程中敢不敢提出问题，能不能提出高质量问题；同伴合作学习中有无帮助同伴解决问题；在教师解疑过程中能否积极质疑；课后有无井然有序地进行"问题跟踪"，等等。学生的这种自我认识与自我反思是一种正确的自我理解，能有效培养学生问题解决素养以及提升其自主学习能力。

3. 理解教师，履自主学习之规

理解是自我理解，也是相互理解。相互理解"意指一种实践合理性的变形，意指一种对他人实际考虑的明智判断。显然，这里指的不仅仅是对所说的某事的理解，它还包括一种共同性，通过这种共同性双方进入一种彼此商讨建议，即提出建议和采纳建议，具有首要的意义"②。因此学生对教师的理解是理解主体与理解主体间特有的一种特殊的精神活动，也即"对于动词形式的'理解'来说，除了具有智力含义外，它还

---

① ［德］马丁·海德格尔：《理解和解释》，陈嘉映、王庆节译，载洪汉鼎主编《理解与解释——诠释学经典文选》，东方出版社2001年版，第112—113页。

② ［德］伽达默尔：《作为理论和实践双重任务的诠释学》，洪汉鼎译，载洪汉鼎主编《理解与解释——诠释学经典文选》，东方出版社2001年版，第511页。

有表达人与人之间关系的含义"①。

学生理解教师主要表现为理解教师为实现"学生自主学习"的一些教法，并在理解基础上，自发配合"使学生自主学习"的教师教学行为，自觉履行"自主学习"的各项规约。具体表现为：学生要换位思考，理解教师的精心设计与用苦良心，化被动理解为主动理解；理解教师设置自学环节的用意是为了让学生能主动提出问题；理解教师首先组织学生内部解决问题目的是在有限学习时间内高效解决大问题和关键性问题；理解教师督促学生课后进行反复"问题跟踪"与反思质疑提出新问题等是为了培养学生问题解决素养，等等。

上述移情式的换位思考，对多数学生而言，极具挑战性，但就理解相互性而言，理解不只是教师单向性地理解学生，而应是双向性的，学生理应理解教师。学生对教师的理解前提是教师拥有一颗包容之心，能理解学生，能为学生提供理解教师的时空。

（二）教师理解与自主学习

从自主学习的角度来说，教师理解内容有二。

1. 理解自我，除阻碍学生自主学习之羁

"权威只是一种教条的力量"②，偏见并不总受欢迎，这便需要一种具有解放性质的反思，反思"也是理解本身的一个组成部分，我甚至认为，把反思和实践相分离包含着一种独断的谬误，这也同样适用于'解放性的反思'这个概念"③。对于教师教书育人的独特身份而言，教师对自我的理解，理应重在"反思"，反思教学，认识自我，促进教学，提升自我。

在学习问题导向教学中，教师的理解自我，主要凸显为教师破除传统"知识权威"的化身，积极反思课堂教学中"阻碍学生自主学习之羁

① ［美］Grant Wiggins & Jay McTighe：《理解力培养与课程设计——一种教学和评价的新实践》，么加利译，中国轻工业出版社 2003 年，第 67 页。

② ［德］伽达默尔：《论解释学反思的范围和作用》，载伽达默尔《哲学解释学》，夏镇平、宋建平译，上海译文出版社 2004 年版，第 33 页。

③ ［德］伽达默尔：《答〈诠释学和意识形态批判〉》，洪汉鼎译，载洪汉鼎主编《理解与解释——诠释学经典文选》，东方出版社 2001 年版，第 402 页。

绊"，并努力消除之，尽力发展学生学习自主性。在反思中，"教师不再是他人课程知识与教育原理的被动消费，机械地按照固定程序复制和照搬有效教学的行为标准，而应当在分析和发展自己的实践性知识的基础上，自主设计教学，监控教学，评价教学，艺术性地、创造性地解决教学问题，提升专业能力"①。教师可以在行动中反思，也即在教学过程中，教师时常反思是否始终如一地以学生所提问题为导向；有无充分发展学生自主性学习；是否有意识地关注与培养学生提出问题、分析问题与解决问题的问题解决素养。教师也可以对行动反思，也即教学活动开展之前以及结束之后，教师时常反思教学方法是否以学生所提问题为导向；有无越俎代庖"过度讲授"；是否始终以教授完教学任务为导向；是否过于注重课堂教学"大容量"；是否占用本该学生自主学习的时空；有无给予学生提出问题、分析问题、解决问题的平台，等等。

如前所述，非问题导向教学（尤指经验性教学特别是"过度讲授"）的存在具有一定不可否认性，但它"崇尚"的"自主"并非合理，因为其过度发挥教师的自主作用，压抑了学生学习自主的强烈需求。教师没有将学习问题作为教学重点，缺乏针对性；没有注重学生的"动脑""动口""动手"；没有给予学生"平等对话"的机会与权利，这一切实质是教师没有反思教学，没有理解自我的真实再现。

2. 理解学生，导学生自主学习之行

"理解包含着对他人情感变化的敏感和与他人在情感上的相通。理解涉及'在他人的生活状态下体验一段生活'，进入到他人的私人'视阈'，并且用他的眼睛看待事情。理解还包括避免评判他人的感受，而是要站在对方的视角上去全面深刻地理解这些感受。"② 教师理解学生指作为理解主体的教师以师生主体间性为基础，通过"人对人的主体间灵肉交流活动"③，换位思考或移情理解学生，让学生发挥自主学习，最终

---

① 靳玉乐：《反思教学》，四川教育出版社 2006 年版，第 33 页。

② ［美］Raymond M. Nakamura：《健康课堂管理：激发、交流和纪律》，王建平译，中国轻工业出版社 2002 年版，第 142 页。

③ ［德］雅斯贝尔斯：《什么是教育》，邹进译，生活·读书·新知三联书店 1991 年版，第 3 页。

目的是"造就人自己（to be himself）"①，使学生成为"一定是为自己的人"。

在学习问题导向教学中，教师理解学生，是为了避免"学生的每一个行动大概都由教师命令，他的许多行动的唯一顺序来自功课指定和由别人给予指示，要谈什么教育目的，就是废话"②，是为了充分发挥学生自主性，是为了正确引导学生充分地"自主学习"。

教师理解学生，开启学生"自主学习"之旅具体表现为：教师要理解学生发展的顺序性、阶段性、不均衡性、稳定性和可变性；理解学生学习过程中的困难与疑惑；换位思考学生为什么会存在这么多问题；思考如何引导学生正确面对问题，师生携手共同解决问题。（1）学生自学时，教师要移情思考为什么有的学生提不出问题，有的学生却可以提出很多问题，有的学生所提问题较为肤浅，有的学生所提问题却很深刻。（2）学生同伴互帮时，教师要移情思考为什么有的学生喜欢"独霸"小组一言堂，有的学生却喜欢"边缘化"不被小组成员及教师关注，有的学生喜欢帮助同学解决问题，有的学生不喜欢接受同伴共同解决问题等。（3）教师集中解决大疑问时，教师要移情思考为什么有的学生积极认真倾听解疑，有的学生却无法专注倾听，是讲解的知识太深奥，还是讲解的方法太繁杂等。（4）学生群言辨疑时，教师要移情思考为什么有的学生可以大方清晰地解析疑问，有的学生却胆小含糊搪塞疑问，是性格原因，还是对问题实质没有把握透等。（5）当堂检测学生对疑问掌握度时，教师要移情思考为什么有的学生全部掌握，有的学生部分掌握，个别学生却掌握很少，是自己为不同学生"一刀切"制定相同学习目标，还是学生互帮时讲解问题不清晰，抑或是教师公众解疑时未讲解透彻等。（6）当学生"跟踪问题"时，教师要移情思考不善于"跟踪问题"的学生，是方法没掌握还是心理抵触；不勤于"跟踪问题"的学生，是学习习惯不正确还是学习责任心未到位等。教师常常从学生角度出发，换位思考学

---

① ［美］弗洛姆：《为自己的人》，孙依林译，生活·读书·新知三联书店1988年版，第27页。

② ［美］约翰·杜威：《民主主义与教育》，王承绪译，人民教育出版社2001年版，第11页。

生自主学习时出现各种症状的原因，方能更准确地因材施教，帮助学生解决问题。除了从学生角度理解并帮助学生解决其在自主学习时出现的各种问题，教师还要关注学生的理解，发展学生的理解意识，提高学生的理解能力，培养学生的理解素养。

第三节　教育感情理论

长期以来，感情被认为是教育学知识的本体论基础……当教师在教学时，教授的是信念和感情；当教师与学生交往时，师生之间进行的是感情和思想的互动；当探寻自然和社会世界时，教师带着希望和期望从事活动。学习问题导向教学正是这样一种重情显意的感情型教学。

一　教师感情理论

感情与情绪、情感紧密相连，一方面，情绪与情感是感情的外在表现，情绪是一种行为，情感重在"感"，是一种体验，每一次情感体验总要伴随着情绪发生。另一方面，感情重在"情"，是情绪与情感的上位概念，是"人借助并通过感情思维、行为、语词、姿态和意义等与世界进行的一种对话。同所有的对话一样，它也转向自身，重新解释自身，表达自身，并在前进过程中确定新的概念和范围……"[1] 当感情入驻教育时，教师感情的概念就出现了，并成为教师感情理论研究的起点，支撑着教师感情理论的大厦。限于篇幅，下面将择"叶"探"秋"。

（一）教师感情特征

虽然，"教师的教育活动具有非常丰富的感情意蕴"[2]，有可感性，但是"教师感情是一个极具特殊性的概念。尽管几乎每个人都认为自己知道它意味着什么，但当试图明确界定教师感情时，却无人能够说得清、

---

① ［美］诺尔曼·丹森：《情感论》，魏中军等译，辽宁人民出版社 1989 年版，第 87—88 页。

② Woods P. and Jeffrey B. , *Teachable Moment*：*The Art of Teaching in Primary School*，Buckingham：Open University Press，1996，p. 54.

道得明"①。这主要是因为教师感情是有别于普通感情的一种特殊感情，具有自己的特征。教师感情除了普通感情所具有的感染性、理解性、情境性、两极性等特征之外，教师感情还有其不同特征。②

1. 教师感情是一种职业性感情

教师感情是在教育世界中生成与发展并发挥巨大作用的。故而，教师感情是一种职业性感情。其一，教师感情是保持特定身份之根基。"教师"是教育活动者的身份表达。身份是社会期待与个人认同的结合体。个人对身份的接纳与认同，形成强烈的身份意识，并指导自己的行动。在教育活动中，教师为了保持身份，避免"有失身份"，既会观照个体的认识行为，又会优化个体的感情行为，以此尽可能地获得同学校和社会要求一致的体验与感受。因此，就本质而言，教师感情是一种具有职业性的感情。其二，教师感情产生于真实的教育世界。教师感情是"社会关于教师应该怎样行动的期待……不仅取决于个人内在特征，而且取决于社会关系"③。也即，只有在各种教育要素相互作用的过程中，教师才有关于教育人事的喜与怒、荣与辱等感受。其三，教师感情是教师生命之必备。教师感情是教师生命不可或缺的内涵以及外在显现。这是因为：首先，教师感情的生成体现了特定的生理激活系统及其"激活过程"的正常运行，意味着与之相关的教师的自然生命在延续。其次，教师感情是自身的生命能量，不断为教师的行为增力或减力。再次，感情活动是教师须臾不可离开的生活内容与方式，无论是情不自禁的感情流露，还是别出心裁的感情表演，都是教师在教育活动中的生命光彩的绽放。④ 其四，教师感情拥有特定职业表征术语。在教育目标分类中，教师感情使用诸如"感情意识"（包括体验、意愿、专注等）"感情管理"（包括默

---

① Wenger M. Jones F. and Jones, M., *Emotional Behaviour*, *in Candland*, *D.（Ed）*, *Emotion*, *Bodily Change*, Princeton, NJ：Van Nostrand, 1962, p. 3.

② 参见熊川武《教育感情论》，《教育研究》2009 年第 12 期。

③ Zembylas M., *Teaching with Emotion*：*A Postmodern Enactment*, Greenwich, CT：Information Age Publishing, 2004, p. 10.

④ P. A. Schutz et al., *Emotion in Education*, *Manhattan*, New York：Academic Press, 2007, p. 49.

许、依从、评估等）"感情表达""感情劳动"等术语①，这些术语真实展现教师感情具有职业性。

2. 教师感情是一种教育性感情

教师感情通过强化或消减师生教育行为对教育效果发挥直接或间接的作用，表现出浓郁的教育意味。其一，教师感情的组织意义大于冲动意义。组织意义指教师自觉控制自身的感受与表达，使之符合特定教育情境的要求，以有助于保持学校组织的感情规则行动；冲动意义指教师自发地、非控制地表达感情，不按学校组织的感情规则行动。其二，教师感情既是教师个体内心的感受，又是外显示人的信号，既可感染人，使之团结一致；又可伤害人，使之离心离德。其三，教师感情具有增力性和减力性，在正常情况下，积极的、肯定的教师感情大多是增力的，而消极的、否定的教师感情大多是减力的。

3. 教师感情是一种"表演性"感情

"表演性"指教师感情表达与内在真实感受的反差构成其装饰性，反差度越大，表演性越强。就普遍意义而言，教师感情表达要发自内心，要真情实感流露，这意味着教师感情表达是自然与自由的。但是，教师感情的"职业性"与"教育性"等决定了教师感情表达的自由是有限度的，是需要"表演性"的。教师的目的在于主动地通过各种表演性行为，有意识、有计划地影响、改变受教育者，促进学生作为人的生成与发展。② 具有"表演性"的教师感情是通过"表演性"行为，在社会规范内朝着利于师生幸福的方向迈进。

4. 教师感情是一种理解性感情

教师的感情过程是"一个与存在于社会情境中的自我同自身、同他人相互作用的影响及活动同始同终的反馈过程"③，是"社会结构（教学结构）与社会行动者（师生）之间必要的衔接"④。教师感情是产生于影

---

① 盛群力等：《21 世纪教育目标新分类》，浙江教育出版社 2008 年版，第 44 页。

② 李政涛：《表演：解读教育活动的新视角》，教育科学出版社 2006 年版，第 126 页。

③ ［美］诺尔曼·丹森：《情感论》，魏中军等译，辽宁人民出版社 1989 年版，第 87—88 页。

④ Barbalet J. , *Emotional Sociology* , London：Blackwell Publishing, 2002, p. 4.

响自我、影响学生以及教学实践的一种认知活动中，是教师个人主体与自我、与学生等相互作用的产物。故而，教师感情具有理解性特征主要表征为教师的自我理解（指消除误解与障碍，实现自我发展）、教师的理解自我（内在体验、自我反省、自我完善等）、教师的善解"生"意（对学生情感的善解人意）三方面。

上述教师感情的特征体现在每个教师身上是千差万别的，这与教师感情的修养有关。因此教师感情理论的研究者对教师感情修养也给予了较多笔墨。

（二）教师感情修养

教师感情修养指教师在充分理解感情的性质与状态，对自身感情是否与教育目的和教育情境相匹配的认知、管理和表达过程中所应有的意识和能力。① 具述如下。

1. 教师要具备教师感情意识

教师感情意识是指教学过程中，教师通过一定感情线索，准确觉察、反思、评价师生感情的性质与强度，预测师生感情发展趋势的一种自觉。依据教师感情自觉水平的差异，教师感情意识有六个不同递进层面的表现：体验感情的存在（knowing the affect is presents）、确认感情的存在（acknowledging the affect）、辨认存在的感情（identifying the affect）、接纳感情（accepting the affect）、反思感情（reflecting on the affect）、预测感情（forecasting the affect）。

教师感情意识是教师感情修养的基础，是教学目标得以达成的保障。教师感情意识处于教学决策活动的前沿，因为"感情比起理性来，对决策行为的作用更直接、影响更大，因为只有感情才能解释人们'为什么行动'"②。教学决策是教师为了实现教学目标与完成教学任务，通过对教学实践的预测、分析、反思，从而确定有效的教学目标、方案等一系列

---

① 赵鑫：《教师感情修养论》，福建教育出版社 2015 年版，第 48 页。
② ［意］帕累托：《普通社会学纲要》，田时纲译，生活·读书·新知三联书店 2001 年版，第 246 页。

发挥教师主观能力的动态过程。① 故而，教师感情意识与感情体验映射教师关于教学人事等决策的认识，形成教学决策的意愿，制约决策的动力水平、行动方法以及决策方案的制订与执行。此外，教师感情意识还直接制约着教师对决策教学目标的理解与接受。当教学目标决策与教师感情意识相吻合时，教师不仅深入理解教学目标，而且会以积极心态，结合教学情境与学生实际学情，致力于教学目标的达成；当教学目标与教师感情意识有出入时，教师可能会有厌倦或抵触倾向，满足于应付性，尽义务地完成教学目标要求，使得教学目标的达成"打折扣"。

此外，教师感情意识是教学质量得以提高的基石。在课堂教学中，教师"只有在意识、反思和发展自身感情的前提下，才能有效开展教学活动"②。凡教学质量不佳的教师，多与教师感情意识水平低有关，这些教师"容易被自身感情所'劫持'或'控制'，在教育活动中盲目行事，遭遇感情问题时容易不知所措，更不要说合理地管理和表达感情"③。教师感情意识水平高的教师一是能够有效地辨认教学中的各种感情，并在教学过程中逐渐掌握大量的感情词汇，尤其是积极的感情词汇；二是能够理解这些感情如何影响自己的教育与教学工作；三是能够运用这些感情知识合理管理教师感情，积极改变教学行为，促进教学质量不断提升。

再者，教师感情意识是师生幸福得以守护的核心。"当一系列感情呈现之时，所具备的包括充满活力、自信、开放、享受、快乐、镇静、关爱等整合与平衡的一种整体、主观状态，即谓幸福"④，师生幸福在一定程度上受教师感情意识的主宰。合意、积极的教师感情意识，既能促使教师保持身心平衡，又能促使学生产生充满活力的幸福感。当课堂教学

① 宋德云、李森：《教师的决策：内涵、构成及意义》，《课程·教材·教法》2008 年第12 期。

② Harris B., *Supporting the Emotional Work of School Leaders*, London：Paul Chapman Publishing, 2007, p. X.

③ Park J. et al, *The Emotional Literacy Handbook*, David Fulton Publishers, 2003, p. 24.

④ Weare K., *Developing the Emotionally Literae School*, London：Paul Chapman Publishing, 2004, p. 7.

行为产生时，在外界的教学信息迅速输入教师的个体感观，尤其是当学生的言行纳入教师的感官之际，教师原有累积的感情体验会立即活跃起来，立刻加工输入的信息。学生源自对教师的理解与接受教的心意，反向又促使教师形成更积极的感情意识，产生愉快、自信、充实等幸福感。

2. 教师要具备教师感情管理能力

教师感情管理能力是指在教育世界中，教师对自己感情的性质、强度、频率等进行反思与调整，以适合教育情境的需要。教师具备感情管理能力的重要性主要在于下述三点。

保持积极的感情性质，助于营造愉悦的学习氛围。"其身正，不令而行；其身不正，虽令不从"，教师保持言为心声、表里如一，具有示范性、教育性、说服力、感染力等积极性质的教师感情，为学生合理管理学生感情做好表率，投桃报李，赢得学生的充分信任。"孩子是聪明的，他们会以爱报爱，也会以恨报恨"①，更会以真报真，以诚报诚，以积极感情报积极感情。真情邂逅真情，心灵碰撞心灵，信赖鞭策信赖，师生用彼此的积极感情共同建构愉悦的学习氛围，有助于学生在如此融洽的学习环境中认真学习。

调整适宜的感情强度，益于促进学生解决问题。失当的感情（过之或不及），是异化的感情，尤其是过度的感情，如激情，容易令师生盲目，无法冷静和深入思考问题。适当的感情，是常态的感情，使人愉悦，令师生始终保有一颗清醒的心，冷静从容地思考问题、解决问题。教育应创造一种内在愉快的感觉……在快乐的人面前，魔鬼都害怕！② 在愉悦的学习氛围中，面对一群"快乐的"师生，一切"学习问题"都会如魔鬼般害怕，自行消失或解决。鲍维尔曾于 1981 年作了情感对认知过程影响的实验研究，得出结论：被试在愉快情况下学习背诵单词之后，他们在愉快中回忆那些单词时，比在悲伤中的回忆量要大。③ 一言蔽之，教师感情强度管理得当，成为学生学习的增力，加速学生问题解决；教师感

① ［英］尼尔：《夏山学校》，王克难译，海南出版社 2006 年版，第 103 页。
② 詹栋梁：《现代教育哲学》，五南图书出版公司 1993 年版，第 572 页。
③ 孙清政：《情感尺度的理论探讨》，西安地图出版社 2005 年版，第 192 页。

情强度管理失当，成为学生学习的阻力，有碍学生问题解决。

维持持续性的感情频率，发展师生的生命可能性。在师生交往这种最常见、最重要的人际交往的教学过程中，教师持续性的感情频率维持，有益于发展教师和学生的生命可能性。雅斯贝尔斯认为师生交往是教师和学生的一种具有教育性意义的存在方式。"所谓教育，不过是人对人的主体间灵肉交流活动，包括知识内容的传授、生命内涵的领悟、意志行为的规范、并通过文化传递功能，将文化遗产交给年轻一代，使他们自由地生成，并启迪其自由天性"①。在师生交往中，教师感情频率的维持影响着师生的感情互动：教师持续性的感情频率融入师生群体感情，特别是学生群体感情的海洋，有意识地拉近师生双方的心理距离，师生在彼此交往中获得丰富又积极的情感体验，加深感情，发展生命可能性。

3. 教师要具备教师感情表达能力

教师感情表达能力是指教师所具有的根据感情表达规则和情境，选择合适的表达方式和内容的技巧。教师感情表达能力是产生教育效能的重要指标之一，主要因为下述两点。

符合规则的表达方式，守护和谐课堂学习气氛。教师感情虽然是教师内部的、精神的和体验性的经历，但在师生感情活动中，会通过教师的面部表情、身体姿态和声音特征等外显行为表达出来。有研究发现，"超过90%的感情表达是以非言语词汇方式进行的，具体而言，感情表达通常包括55%的体姿和面部表情、38%的声调以及7%的言语词汇"②。课堂教学中，教师符合规则的感情表达方式能够向学生传递教师的愿望、观点与思想。具体而言，在和谐课堂学习气氛中，教师巧妙地传递着对学生的信任、期望、赞许与批评等信息，让学生于"此时无声胜有声"中心领神会。比如，教师可以利用眼神等及时制止学生不恰当的学习行为，既保持良好的师生关系，守护和谐课堂学习气氛，又保护学生自尊心，同时不占用较多课堂教学时间。

---

① ［德］雅斯贝尔斯：《什么是教育》，邹进译，生活·读书·新知三联书店1991年版，第3页。

② Spendlove D., *Emotional Literacy：Ideals in Action*, New York：Continuum, 2008, p. 38.

符合情境的表达内容，有效提高课堂教学效率。教师的一言一行，一颦一笑所表达的感情内容，使学生在耳濡目染中"润物细无声"地潜移默化。教师感情内容若表达的合理、合意、发自肺腑，且与教学内容相一致，则成为课堂教学助推力，易搭建师生精神与精神相遇、思想与思想碰撞的桥梁，使学生愈加"亲其师，信其道"，从而提高课堂教学效率；教师感情内容若表达的不合理，不切意，虚情假意，且与教学内容不吻合，则成为课堂教学障碍力，很难架构师生间心与心交流与沟通的桥梁，学生也很难"亲其师，信其道"，从而降低课堂教学效率。因为存在着"同一富有情感的教材，同一充满着激情的讲稿，在有的班级上课中，情知交融，热情洋溢，使学生深受感染；而在另一班级教学中，味同嚼蜡，冷若冰霜，学生毫无触动"①，因此，教师要准确理解教学内容的感情，并能恰当地表达符合教材内容情境的感情内容，并将这种感情移情给学生，促使学生被这类感情所感染，从而有效提高课堂教学效率。

综上，教师感情理论所涉的教师感情特征与修养等内容给学习问题导向教学以启发。在学习问题导向教学过程中，学生提出问题、分析问题、解决问题均需教师感情的滋养，这是由学习问题导向教学的感情性所决定的。

二 学习问题导向教学是感情型教学

学习问题导向教学是感情型教学，其强调感情先行、感情调节与感情激励。

(一) 学习问题导向教学中的感情先行

感情本质是人们对客观事物及人们需要关系的一种反映。当人的需要被对象满足时，通常会产生积极的体验，反之产生消极的体验。同理，在教学活动中，当学生的合理需求被满足时，就会产生愉悦感、成功感等积极的情感体验。此外，在日常课堂教学中，师生感情还调节着课堂教学活动，决定着教学活动方向，影响着教学活动结果。因此，学习问题导向教学不仅重视教师感情的投入，而且强调教师感情的先行。

---

① 董远骞：《教学的理论与艺术》，人民教育出版社 2007 年版，第 70 页。

学习问题导向教学中的感情先行包含三层含义。

1. 教师高度重视感情投入的合理性

教师感情是引导学生学习活动的巨大力量，且"教育者对孩子们的教育爱成了教育关系发展的先决条件"①，所以，教师要高度重视对学生的感情投入。教师高度重视感情投入的合理性表现为：一是对学生感情投入的方式侧重于道德感、理智感、美感等情感，而非情绪。教师感情虽然是教师情绪与教师情感的结合体，但教师情感是教师特有的感情成分，蕴含着丰富的社会意蕴。二是对学生进行必要的感情投入，不仅可以调节师生的行为方向，而且对学生的学习起重要的增力作用，是提高教学质量的重要基础。因为，没有对学生的深厚感情，就没有教师精益求精的热情。三是主要采取积极的感情投入方式，因为具有积极意义的感情能激励师生行动，是师生热爱教学、刻苦钻研、积极进取的力量源泉。

2. 教师高度重视感情投入的时效性

教师的感情投入优先于通过完成特定教育任务而发展学生智慧与身体素质等其他教育行为，这是教师高度重视感情投入的时效性表现。在心理学范畴里，感情与智慧等是密不可分的。在任何一种教育活动中，情（感情）、知（认知）、行（行为）是水乳交融的，然而，在未展开正式教学活动之前，教师的感情投入是可以优先存在的。而且，这种存在利于课堂教学中学生提出问题、分析问题、解决问题。比如，在学生自学寻疑之前，教师对学生进行充分的鼓励，增强学生提问的自信心等。在学习问题导向教学中，教师要努力放大积极的感情因素，及时克服消极的感情因素，让学生在问题解决的各环节中获得良好的心境，以便"刺激"问题提出与解决。倘若，学生业已形成对教师消极感情的厌烦与厌恶，若教师又没及时克服，便有可能加大师生间的"冲突"，破坏学生问题解决的良好心境，有碍问题解决。因此，教师要努力规避消极感情。

① ［加］马克思·范梅南：《教学机智——教育智慧的意蕴》，李树英译，教育科学出版社2001年版，第89页。

3. 教师高度重视感情投入的延展性

教师高度重视感情投入的延展性主要表现为，教师感情的教育力量是通过全面的教育活动来实现的。其他教学行为中必须具备感情因素，是因为科学知识的教学不仅追求真理，还渗透着影响师生健康、智慧、思维等各方面综合发展的不同感情。强调感情先行，并不否定培养学生智慧与行为的重要性，而是凸显感情寓于所有教学活动中，希冀通过感情先行"以情生智，情带智行、养智富情"，促进智慧与行为的发展。

（二）学习问题导向教学中的感情调节

感情不仅有性质之分，还有强弱之别。通常情况下，积极的感情会给师生带来一种热爱教学活动，努力探索，善思爱问，奋发向上的进取力量，但积极的感情会随其强度的不同而作用相异。有时，过强的积极情感反而消减了情感的教育影响力，如"课堂教学需要教师的激情"便属于此例。"激情是一种强烈的、迅猛爆发、激动而短暂的情绪状态。"[1]诸如狂喜、暴怒、恐惧和绝望等，长期处于这种状态的师生，身心会受到较大摧残。因此，学习问题导向教学非常重视教师的感情调节。

1. 教师正向调节感情

正向调节感情指教师有意识地放大积极感情的各个因素，使师生彼此获得良好心境，促进课堂教学正向发展。

首先，教师要正确认识自我，掌握提升自身感情意识、感情管理与感情表达的具体方法，培养积极的感情体验，提高自我的"感情成熟度"[2]，调控好自我的积极感情，在学生面前以身示范。

其次，教师要随时关注学习问题导向教学过程中学生感情与行为的变化，尤其是在学生由消极学习行为转为积极学习行为时。例如不爱提问的学生在教师耐心引导下变得爱提问时；不爱合作，不爱帮助弱生解决问题的优生变得愿意合作学习，并乐意帮助弱生解决问题时；不爱思考的学生在教师讲解关键性问题敢于质疑提出新见时；不屑于"问题跟踪"的学生主动询问"问题跟踪"具体做法时；教师要用智慧双眼迅

---

① 林崇德、杨治良、黄希庭：《心理学大辞典》，上海教育出版社 2003 年版，第 945 页。

② Dowrick S. , *Intimacy and Solitude*, London：The Women's Press, 1992, p. 51.

速捕捉问题解决各环节中诸多学生表达积极感情的瞬间，采取激励策略，鼓励学生，激发其更浓厚的问题解决兴趣。

2. 教师反向调节感情

反向调节感情指教师有意识地控制消极感情的各个因素，促使课堂教学活动正常开展。

首先，教师要调节自己的消极感情，给学生做好表率：改掉面部表情中生气、愤怒、失望、沮丧、讨厌等情感失当行为；改掉眉目表情中皱眉、斜视、瞪眼睛、翻白眼等情感失当行为；改掉言语表情中废话、错话、假话、过分话等情感失当行为；改掉手势表情中敲桌子、拍黑板、转板擦、玩粉笔、扔粉笔头等情感失当行为。

其次，教师要正确引导学生控制好消极感情，尽力化消极为积极。在学习问题导向教学过程中，学生常常出现下列感情失当行为：自学寻疑时，学生学不进，学不会，不深思，提不出问题，个别学生便会有摔笔、砸橡皮擦、揉作业本等破坏文具的情感失当行为；互帮答疑时，个别优生喜欢"称霸"小组，一个人在组内侃侃而谈，个别弱生不愿意参加"小组合作"学习，主动或被动地"边缘化"；教师释疑时，个别学生不愿意进入认真倾听的情境，或是独自做小动作，或是不停地说小话干扰周边同学认真听讲；学生群言时，个别学生以次充好，不懂装懂，个别学生为"友情"共同"欺骗"教师；当堂检测时，个别学生为获得"优异成绩"不惜采取不恰当途径获得正确答案以及所谓的"好成绩"。这些消极情感行为虽是少数学生个体单向行为，若未得到教师及时有效调控，其自身具有的感染性与传递性将变为学习问题导向教学的各种阻力。为了问题解决各环节顺利开展，教师应有效控制与调节学生消极感情，使学生逐渐调控自我感情，以极大的热情解决问题。

(三) 学习问题导向教学中的感情激励

学习问题导向教学是教师进行感情激励的过程。其激励主要依据感情的不同特性以及感情的不同种类来展开。

1. 依据感情特性激励学生问题解决

学习问题导向教学依据教师感情的感染性、理解性、情境性等不同特性来激励学生。

首先，利用感情感染性激励学生问题解决。感情的感染性是感情可以通过特定形式影响别人并使之产生类似感情的特性。① 教师利用感情的感染性影响学生，使学生随之产生类似感情。由于学习问题导向教学要求学生能够提出问题、解决问题和"跟踪问题"，所以，利用感情的感染性来激励学生就包括三个方面。一是学生发现、提出问题时的感染激励。教师合理运用感情感染性利于学生提出问题：特别是在学生不会提问、不善提问、不敢提问时，"为师不忘童年梦，常与学生心比心"，教师进行合理感染激励，有助于学生掌握寻疑的方法、领略提问的技巧、增强质疑的勇气。二是学生解决问题时的感染激励。教师合理运用感情感染性利于学生解决问题：特别是在学生互帮答疑与群言辨疑环节，优生"独霸"，弱生"边缘"时，教师进行合理感染激励，有助于学生发挥集体智慧结晶共同面对问题、群策群力解决问题。三是学生"问题跟踪"时的感染激励。教师合理运用感情感染性利于学生"问题跟踪"：特别是在学生不愿"问题跟踪"，不会"问题跟踪"，不能坚持"问题跟踪"时，教师进行合理感染激励，有助于督促学生合理、规范、认真地"问题跟踪"。

其次，利用感情理解性激励学生问题解决。感情的理解性是感情在认识的基础上产生并随认识的发展而变化的特性。② 在实际学习问题导向教学中，教师若能充分且合理地利用感情的理解性特点，则利于激励学生问题解决。当教师把握了学习共同体利于发挥集体智慧力量解决问题之时，在实际教学中，教师引导学生认识到处理好人际关系有助于减少误解，增进理解，带领学生在彼此合作协助中共同面对学习难关，促使学生合力解决问题。当教师了解到在学生遭遇问题解决困难，如，提不出问题，不理解同伴讲解的内容，不会"跟踪问题"等之际，积极的教师感情能鼓舞学生解决问题的"士气"与信心，教师应充分发挥积极感情的作用，激励学生独立提出问题、共同解决问题。

最后，利用感情情境性激励学生问题解决。感情的情境性是人的感

①　熊川武：《理解教育论》，教育科学出版社 2005 年版，第 185 页。

②　同上。

情在一定情境中产生并随情境变化的特性。① 据此，教师要精心营造特定问题情境，引起学生的情感共鸣，最终解决学习问题。比如，学习问题导向教学的教师通过"三种学习姿势"（自学式、讨论式、听讲式）、"三种学习工具"（信息沟通牌、互帮显示板、课堂激励表）② 等物理环境的建设，营造适合的学习环境与问题解决氛围，促使学生快速集中注意力，进入自学寻疑、互帮答疑、倾听释疑等相应问题解决阶段的规范性学习，以便卓有成效地提出问题、分析问题、解决问题。再比如，一些以组为单位的竞赛、辩论赛等情境性活动：不同问题情境的学习问题的设置，激发学生深入探究问题的兴趣；"与小组同荣辱"的规约激励学生加速解决问题的决心；不同问题情境中学习问题的提出与解决，促进学生深化对学习问题的理解。

2. 依据感情种类激励学生问题解决

在学习问题导向教学中，教师主要依据道德感、理智感和美感等不同情感激励学生问题解决。

首先，教师培养学生道德感激励学生问题解决。道德感内涵丰厚，于学生而言，学习道德感尤为重要。因为，学习道德感可以帮助学生认识学习的责任，自觉承担学习责任，尤其是面临学习问题时，能自发提出问题与解决问题。《中华人民共和国教育法》明确规定学生的义务条款，其中有一条"努力学习，完成规定的学习任务"③，显然，不认真学习，不完成学习任务实质是学生不负责任的表现。其一，学习责任感激励学生提出问题。强烈的学习责任感"鞭策"着学生认真自学、精益求精、善思爱问、主动提问；"鞭策"着学生自觉反思尚未掌握的知识点；"鞭策"着学生自发地进行"问题跟踪"。其二，学习责任感激励学生解决问题。强烈的学习责任感"警醒"着学生真诚地帮助同伴"答疑"与"辨疑"；"警醒"着学生认真地"听疑"与"说疑"；"警醒"着学生专注地倾听教师释疑，若不理解，及时质疑。

---

① 熊川武：《理解教育论》，教育科学出版社 2005 年版，第 186 页。
② 详细内容参见第五章第三节。
③ 袁运开主编：《简明中小学教育辞典》，华东师范大学出版社 2000 年版，第 1005 页。

其次，教师培养学生理智感激励学生问题解决。理智感含义丰富，学生的理智感是学生在问题解决过程中产生的体验，主要表现为对问题探究的求知欲及兴趣。其一，求知欲激励学生问题解决。在学习问题导向教学中，学生的求知欲表现为发现新问题、提出新问题时的喜悦感，对所提问题的解决过程或结果的怀疑感，以及不知采用何种解决方法更利于问题解决的犹豫感，等等。强烈的求知欲反作用于学生问题解决："敦促"着学生在自学寻疑中体验提出问题的喜悦感，在互帮答疑中体验着解决问题的快乐感；"敦促"着学生在反思问题解决方法与问题解决过程中体味怀疑感；"敦促"着学生在抉择与优化问题解决方法的过程中体验犹豫感。其二，兴趣激励学生问题解决。在学习问题导向教学中，学生的兴趣表现为对自学寻疑、互帮答疑、群言辨疑、"问题跟踪"等表现出极大的兴致。极大的兴趣反作用于学生问题解决："促使"着学生在自学寻疑中体味发现问题之乐与提出问题之趣；"促使"着学生在互帮答疑中体味助人答疑之乐与受人答疑之趣；"促使"着学生在群言辨疑中体味自我言说之乐与助人辨疑之趣；"促使"着学生在"问题跟踪"中体味"自我跟踪问题"之乐与"同伴跟踪问题"之趣。

最后，教师培养学生美感激励学生问题解决。每门学科都有独特美感，语文学科具有语言美、意境美；数学学科具有图形对称美和不对称美；英语学科具有内容美、结构美；物理、化学、生物等学科具有科学美、形式美；音乐、美术等学科具有节奏美、韵律美；体育学科具有形体美、艺术美等。学生在各学科学习过程中，通过提出问题、分析问题、解决问题欣赏到不同学科的个性美。"爱美之心人皆有之"，学生对不同学科美的体验反作用于学习问题导向教学："激励"着学生不断发现、提出、解决高数量的问题，只为能够欣赏各学科更宽范围的美，如和谐美、简洁美、奇异美、意境美等；"激励"着学生不断发现、提出、解决高质量的问题，只为能够欣赏各学科更深层次的美，甚或可以创造美。

综上所述，学习问题导向教学的三大理论基础：问题解决理论、学生自主学习理论、教师感情理论三者形成"鼎力"之势，共同铸就具有效能型、理解型、感情型的学习问题导向教学。

第 四 章

学习问题导向教学的实践需求

学习问题导向教学不仅采撷相关理论的精华，而且躬身实践，在山东省 SY、FH、ZJ、GC 四所学校调研，倾听教育世界的"喃语"，从中发现学习问题导向教学存在着实践需求。

第一节　教师对学习问题导向教学的客观需求

调查与观察等研究结果显示：四所学校教师的教学认知虽彰显合理性，但教学行为过度关注讲授，教授感情欠缺丰富性。此三者失衡造成教学"窘况"：学生学习自主性弱化、教师教学效能难提升、教学质量居低不上。此等"失衡"与"窘况"共同"呼唤"着学习问题导向教学的实施。

一　教师知、情、行"失衡"彰改革需求

（一）教师教学认知显合理

教师教学认知是指教师对教学资源、教学对象、教学情境、教学管理等观念与看法，具体表现在教学观、自主观、管理观、学生观、敬业观、实践观六个方面。

《教师教学问卷》调查显示，山东四校教师教学认知较为一致（表4—1）。

具体来说有三点。

（1）六个维度的均值（M）范围是 2.07 – 4.60，M 值最高维度是教

师管理观（$M = 4.60$），SY 学校教师管理观的均值最低（$M = 4.44$），但四校差距不大；M 值最低维度是教师实践观（$M = 2.07$），四校教师实践观 M 值普遍较低且较为接近。

（2）六个维度的标准差（SD）范围是 $0.38 - 0.74$，SD 值最高维度是教师敬业观（$SD = 0.74$），其离散度较大；SD 值最低维度是教师实践观（$SD = 0.38$），其离散度较小。每一维度 SD 值远远大于每所学校的 SD 值是因为四所学校整体差异波动较大，但每所学校内部各维度差异较小。

（3）六个维度的显著性指标（Sig）中，$p > 0.05$，不存在显著性差异，稍需注意的是教师实践观（$p = 0.34$），相较其他五个维度略显差异。

表 4—1 　　　　　　　　四校教师教学现状

	山东 SY		山东 FH		山东 ZJ		山东 GC		M	SD	F	p
	M	SD	M	SD	M	SD	M	SD				
教学观	3.76	0.10	3.85	0.09	3.80	0.07	3.81	0.10	3.81	0.46	0.13	0.94
自主观	4.19	0.12	4.37	0.11	4.19	0.08	4.15	0.12	4.23	0.56	0.84	0.48
管理观	4.44	0.12	4.58	0.10	4.62	0.08	4.68	0.11	4.60	0.53	0.82	0.49
学生观	4.02	0.14	4.03	0.12	3.97	0.10	3.77	0.14	3.96	0.66	0.78	0.51
敬业观	3.94	0.16	3.95	0.14	3.83	0.11	3.65	0.16	3.85	0.74	0.83	0.48
实践观	2.18	0.08	2.02	0.07	2.02	0.06	2.11	0.08	2.07	0.38	1.13	0.34

注：M 表示均值；SD 表示标准差。

综上所述，山东四校（SY、FH、ZJ、GC）教师教学认知具有一致性，不存在显著性差异。同时，问卷调查的结果表明：四校教师在教学观、自主观、管理观、学生观、敬业观、实践观六个方面认知较为合理。

1. 教师教学观较为合理

教师的教学观（conception of teaching）是指教师从实践的经验中逐步形成的对教学的本质和过程的基本看法。[1] 本研究主要指教师对课堂教

---

[1] 高晓飚、王晶：《教师的教学观——一个重要而崭新的研究领域》，《学科教育》2003 年第 7 期。

学的认知，它包括教师对教学效率、教学目标、教学容量、衡量教学任务完成的标准等方面的认识。笔者对四校教师教学观的调查结果详见表4—2。

表4—2 　　　　　　　　四校教师教学观　　　　　　（单位:%）

具体见解或评论	完全反对	部分反对	难以评论	部分赞成	完全赞成	缺失值
发现并针对学生的主要困惑或问题（学习错误）施教效率更高	0	2.7	4.3	27.1	66.0	0
教学目标必要要有一定的数量标准	20.2	14.4	12.8	24.5	28.2	0
老师有条不紊滔滔不绝地讲学生聚精会神地听就是好课	62.8	19.7	8.5	7.4	1.6	0
讲完教材上写明的一堂课的内容就完成了这一堂课的教学任务	64.4	16.5	6.4	10.1	2.7	0
不能突出教学重点是教学效率低下的重要原因	3.7	3.2	9.0	37.8	46.3	0
没有数量标准的教学目标不是可检测的目标	20.7	25.5	16.5	27.7	9.6	0
只有检测学生掌握教学内容情况才能判断教学任务是否完成	10.6	18.6	9.6	38.3	22.9	0
教学就是系统地传授知识	29.8	25.0	6.9	30.3	8.0	0
教学信息越多（教学容量越大）课的效率越高	46.8	22.3	11.2	16.5	3.2	0

表4—2显示，四校教师的教学观较为合理。具体表现在：

（1）教学效率观较为合理。多数教师赞同教学效率高是因为针对学生所提问题施教或是突出教学重点：84.1%的教师认为教学效率低下的重要原因是没有突出教学重点；93.1%的教师认可针对学生所提问题即学生不理解之处施教，教学效率会更高。

（2）教学目标观较为合理。52.7%的教师认为教学目标要有一定数量标准，尤其是有37.3%的教师支持教学目标要有数量标准且能检测。

（3）教学容量观较为合理。82.5%的教师反对"老师有条不紊滔滔不绝地讲学生聚精会神地听"；69.1%的教师反对教学容量与教学效率呈正相关，即"教学信息越多教学容量越大课的效率越高"；54.8%的教师反对"教学就是系统地传授知识"。

（4）教学任务观较为合理。80.9%的教师反对"讲完教材上写明的一堂课的内容就完成了这堂课的教学任务"；61.2%的教师赞同判断课堂教学任务完成的标准是检测学生是否掌握教学内容。

2. 教师自主观较为合理

教师合理教学自主观是行动者（教师）在与"他主性"（学校、课程、学生）等"交往"（主要指教学过程）中求得较大的自愿、自决、自创与自律时空的特性。问卷呈现教师教学观较为合理，多数教师愿意创新、决定"培优帮困"（培养优生，帮助弱生），充分发展学生能力。笔者对四校教师自主观的调查结果详见表4—3。

表4—3 四校教师自主观 （单位:%）

具体见解或评论	完全反对	部分反对	难以评论	部分赞成	完全赞成	缺失值
有的老师认为发展学生的能力很难做到	28.7	21.3	18.1	26.1	5.9	0
鼓励已经掌握了课堂教学内容的学生加速学习新东西，不要坐等别人	2.1	3.7	2.1	21.3	70.7	0
想尽办法帮助学业成绩不良学生的教师值得吗	2.7	9.0	9.0	29.3	50.0	0
学困生（后进生）是教不好的	60.1	16.5	9.0	11.7	2.7	0
要求学生在学习上相互帮助实际上行不通	64.9	19.7	4.3	7.4	3.7	0
学生在课堂中"自学、合作、探究"费时低效，没有教师直接讲授的好	47.9	25.0	8.5	12.8	5.9	0
"培优（优秀生）帮困（学困生）"的主要办法是把他们集中起来多上课	67.6	14.9	8.5	4.8	4.3	0

表4—3显示，四校教师的自主观较为合理。具体表现在：

（1）关注"培优帮困"。82.5%的教师支持"培优帮困"，但反对主要采取集中上课的措施；92.0%的教师鼓励已经掌握课堂教学内容的学生不要"坐等他人",而是加速学习新内容;76.6%的教师认为学困生(后进生)可以教好,但要想办法;79.3%的教师会想尽办法帮助学习成绩不良的学生进步。

(2)关注发展学生能力。72.9%的教师反对"学生在课堂中'自学、合作、探究',费时低效没有教师直接讲授的好"的观点;50.0%的教师认为发展学生的能力是可以做到的;84.6%的教师认为学习上学生可以相互帮助。

3. 教师管理观较为合理

教师管理观是"基于对教师课堂管理、学生发展特征和教育教学活动规律的主观性认识,而形成的有关课堂管理的个人看法"①。问卷呈现四校教师基本持"以生为本"的教学管理观。笔者对四校教师管理观的调查结果详见表4—4。

表4—4　　　　　　　　　四校教师管理观　　　　　　(单位:%)

具体见解或评论	完全反对	部分反对	难以评论	部分赞成	完全赞成	缺失值
为了把萎靡不振甚至睡觉的学生调动起来就是"搞笑"也可以	2.7	1.1	5.3	26.6	64.4	0
有效管理课堂的表现就是使课堂鸦雀无声	69.1	16.5	3.7	8.0	2.1	0.05
老师与学生的关系融洽有利于提高学生的学业成绩	2.1	1.1	2.7	6.9	87.2	0

表4—4显示,四校教师的管理观较为合理。具体表现在:

(1)巧用管理智慧。91.0%的教师为把萎靡不振的学生学习兴趣调动起来,会在课堂上适度开一些"健康的玩笑"。

(2)妙用师生感情。94.1%的教师认可融洽的师生关系利于提高学生学业成绩。

---

① 王玫瑰:《教师的课堂管理观:内涵、特征与作用》,《教育导刊》2014年第11期。

（3）智对课堂纪律。85.6%的教师认为课堂上学生鸦雀无声并不是教师有效管理的具体表现，赞成学生多参与一些课堂活动。

4. 教师学生观较为合理

教师学生观主要指教师以"他者"视角对学生学习过程及学习状态的一种认知。笔者对四校教师学生观的调查结果详见表4—5。

表4—5显示，四校教师的学生观较为合理。具体表现在：

（1）关注学生学习态度。94.2%的教师认为学生不断改正学习中出现的重要错误是学生会学习的表现。

（2）关注学生座位安排。47.4%的教师认为上课时学生喜欢坐成马蹄形（U字形）。

表4—5　　　　　　　　　　　四校教师学生观　　　　　　　　　（单位：%）

具体见解或评论	完全反对	部分反对	难以评论	部分赞成	完全赞成	缺失值
学生不断改正学习中出现的重要错误是会学习的重要表现	1.1	2.1	2.7	29.8	64.4	0
上课时学生喜欢坐成"马蹄形"（U字形）	9.0	10.6	33.0	29.8	17.6	0

5. 教师敬业观较为合理

教师敬业观是教师对工作表现出的一种工作伦理与职业道德，是教师人生价值与人生哲学的具体认知。笔者对四校教师敬业观的调查结果详见表4—6。

表4—6显示，四校教师的敬业观较为合理。具体表现在：

（1）量性敬业指投入巨大体力，主动延长工作时间、任劳任怨的一种敬业形态。80.9%的教师认为起早贪黑地忙于具体教学事务是敬业的观点并不全面，这是教师量性敬业合理反映。

（2）质性敬业指巧用感情与智慧，探索教学方法，遵循育人规律等一种敬业形态。81.4%的教师赞同要教好学生就要想方设法找寻教学奥秘，这是教师质性敬业合理反映。

（3）大部分教师比较爱岗敬业，仅有28.7%的教师认为如果其他工作与当教师待遇一样就不会选择继续当教师，但大部分教师还是热爱教师行业，愿意"干一行爱一行"。

表4—6　　　　　　　　　　四校教师敬业观　　　　　　　（单位:%）

具体见解或评论	完全反对	部分反对	难以评论	部分赞成	完全赞成	缺失值
有的老师觉得要教好学生就要想方法寻找教学奥秘	2.1	6.9	9.6	35.1	46.3	0
起早贪黑忙于具体教学事务是敬业的观点并不全面	6.9	5.9	6.4	26.1	54.8	0
如果有其他工作与老师一样待遇就不会继续当老师	35.6	14.4	21.3	12.2	16.5	0

6. 教师实践观较为合理

教师实践观是教师和其同伴对自我教学及他人教学实践的一种具体认知。笔者对四校教师实践观的调查结果详见表4—7。

表4—7　　　　　　　　　　四校教师实践观　　　　　　　（单位:%）

下课后，您会对自己的教学进行反思吗	一直反思	经常反思	记不清了	很少反思	从不反思	缺失值
	24.5	68.1	2.7	3.7	0.5	0.5
您估计提高自己教学质量的空间	空间很大	空间较大	没有想过	空间不大	没有空间	缺失值
	42.6	49.5	3.7	4.2	0	0
面对"厌学"的学生您会提醒自己不转化他决不罢休吗	一直提醒	经常提醒	记不清了	很少提醒	从未提醒	缺失值
	23.4	64.9	3.7	7.5	0	0.5
一般来说在您的以讲授为主的课中您的学生大概能掌握多少学习内容	20%以下	21%—40%	41%—60%	61%—80%	81%以上	缺失值
	1.1	4.8	29.2	47.3	16.5	1.1
您是否要求学生使用错题记录本记录错题	一直要求	间或要求	记不清了	业已放弃	从未要求	缺失值
	50.5	41.5	1.1	2.1	3.7	1.1
如果要通过教学改革进一步提高教学质量，您的大多数同事的态度可能是	积极参与	被动尝试	不知可否	质疑非难	坚决抵制	缺失值
	64.9	26.6	5.8	1.6	0	1.1

表4—7显示，四校教师的实践观较为合理。具体表现在：

（1）经常教学反思。近92.6%的教师将教学反思作为一种惯性行为：24.5%的教师下课后会坚持进行教学反思；68.1%的教师会经常性进行教学反思。

（2）提升空间较大。92.1%的教师自认其教学质量提高空间大，潜力足。

（3）愿意转化"厌学"生。面对"厌学"的学生，23.4%的教师会一直提醒自己不将其转化绝不甘休，64.9%的教师则会经常自我提醒。

（4）认可"讲授为主"。在以讲授为主的课堂中，16.5%的教师认为学生能掌握81%以上内容，47.3%的教师则认为学生能掌握61%以上内容。

（5）督促记录错题。超过一半（50.5%）的教师一直有督促学生正确对待错题的意识，要求学生使用错题记录本记录错题；41.5%的教师尚未形成自觉意识，只是间或要求学生记录错题。

（6）愿意教学改革。64.9%的教师愿意积极参与能提高教学质量的教学改革，26.6%的教师虽没有表示愿意积极参与，但不质疑非难，不坚决抵制，属于被动尝试。

上述教师教学认知的合理性奠定了实施学习问题导向的观念基础与现实可能性：合理的教学认知促使教师认可将学生学习问题作为课堂教学导向的重要性；认可培养学生问题解决素养的重要性；认可学生发挥充分合理自主性学习的重要性。

（二）教师教学行为重"过度讲授"

鉴于教师教学行为的情境性和复杂性，笔者遂采取参与式观察方法进行研究。随机课堂观察始于2015年9月1日，终于同年10月31日。此阶段的观察对象已经在"学习问题导向教学研究团队"指导下开始实施学习问题导向教学。在这种背景下，笔者历时两个月共计观察七年级102节课，其中18节课属于传统课，84节课属于学习问题导向教学的"实验课"。这些课虽有学习问题导向教学之"形"（学习问题导向教学各环节较为齐全），但没有领略学习问题导向教学之"神"（切实关注学生学习问题导向），教师沿袭过往"过度讲授"现象较为严重。具体表现在以下三个方面。

1. 讲授时间偏长的教师与课堂多

如前所述，讲授时间的长短是相对的，讲授时间长短的利弊也是因情而异的。但为了研究的方便，笔者将教师在一节课中讲授时间百分比超过五分之三（含五分之三）定为讲授时间偏长。随机课堂观察时间统计见表4—8。

由表4—8可知以下两点。

（1）一节课中，讲授时间偏长者多。有52.77%（与41.67%）的教师讲授时间占一节课的五分之三；有18.05%（与33.33%）的教师讲授时间占一节课的五分之四；有1.41%的教师将讲授时间延长至将近一节课。

（2）讲授时间偏长的课较多。有72.23%（与75%）的课，教师讲授时间超过一节课的五分之三。

表4—8	84节课的讲授时间百分比①				（单位:%）
	五分之一	五分之二	五分之三	五分之四	五分之五
三校72节	4.16	23.61	52.77	18.05	1.41
F校12节	0.00	25.00	41.67	33.33	0.00

2. "过度讲授"形式不一

其主要有三。

（1）"全面讲授"。即教师对每个知识点，或大，或小，或难，或易，或新，或旧都要涉猎，甚或有些知识点不是重点、难点、易错点、考试点，教师还是方方面面讲个遍。

---

① SY、ZJ、GC三所学校每节课45分钟，FH学校每节课40分钟，五分之一是指45min的1—9min与40min的1—8min；五分之二指10—18min与9—16min；五分之三指19—27min与17—24min；五分之四指28—36min与25—32min；五分之五指37—45min与33—40min。为统计便宜行事，粗略地将教师示范读、讲解知识点与方法、提问等教学行为发生的时间全归为讲授时间；将学生听课、做练习、看视频及PPT、背书等学习行为发生的时间全归为非讲授时间。教师在40min或45min之外占用的时间多是继续滔滔不绝讲授未讲完的内容，为标准统一，便于计量，故拖堂等额外占用的讲授时间没有计量在内。

（2）重复讲授。教师对某些知识点，尤其是关键知识点（包括教师自认的重点、难点、易错点等）反复讲授，昨天讲，今天讲，明天讲，堂堂讲，日日讲，周周讲。虽然"书读百遍其义自见"，但教师翻来覆去地讲授同一知识点，致使学生丧失材料新鲜感，如同嚼蜡一般；虽然教师重复讲授本意在巩固知识点，然而现实教学中多数学生会产生抵触情绪，排斥接受教师所教知识点；虽然教师重复讲授耗时费力，"没有功劳也有苦劳"，但学生领情者似乎不多。

（3）超时讲授。提前几分钟上课，拖延几分钟下课，很多教师的超时讲授扩展到课时外。这样一来，一节课不知不觉由 45 分钟"演讲"延伸为 55 分钟"灌输"。

3. 忽略强"生""坐等他人"现象

学习中的强"生"（学习能力强的学生，亦称"优生"）是客观存在的，教师应该促其加速学习。但观察发现，约 67% 的课没有"知者加速"环节，约 33% 的课虽然 PPT 上呈现"知者加速"内容，但教师既没有提供答案，又未进行相应检测，未将"知者加速"真正落至实处。这样一来，强"生"只能在教师的"过度讲授"中"坐等他人"，消磨时光。

上述教师过度重视讲授的教学行为彰显了实施学习问题导向教学的必要性：教师"过度讲授"的教学行为是以牺牲学生的合理自主性、教师教学效能难提升、课堂教学质量居低不上为巨大代价，这种高耗低效的课堂教学行为愈发彰显实施关注学生主动提出问题、分析问题、解决问题的学习问题导向教学的重要性。

（三）教师教授感情的教育韵味稀薄

教授感情是教师在教学方面表现出的情绪与情感的统称。教授感情的教育性要求教师以热情、信任、真实的面貌满怀深情地面对与自身平等的学生主体，发自肺腑地感染学生，激发其进取之心，调动其学习积极性，从而使整个教学处于一种既愉悦、舒畅又严肃、认真的氛围中。①然而，四所学校的多数教师教授感情的教育韵味不浓，即在课堂教学中缺乏尊重、信任、理解关系。

---

① 熊川武：《教学通论》，人民教育出版社 2010 年版，第 87—89 页。

1. 尊重关系缺失

师生之间建立起尊重关系是教学成功的保障，也是教师教授感情的题中应有之义。但在课堂教学观察中，笔者发现师生之间的尊重关系并没有完全建立。这主要表现在两点。

（1）教师不了解学生自主学习的差异化需要。不同学生对自主学习的需求具有差异性：知者渴求加速，中者期盼匀速，弱者期待缓速。研究结果表明，四校多数教师比较尊重学生的人格，但较少了解学生自主学习的差异化需求。

（2）教师不尊重学生自主学习的差异化需要。通过课堂观察，笔者发现四校多数教师不尊重学生自主学习的差异化需要，具体表现为多数教师在课堂上喜欢追求课堂教学讲授数量的"大"，喜欢在课堂上追任务、赶进度、"一刀切"。据笔者观察统计，102 节课中 68 节课是没有"知者加速"环节；34 节课的教学设计虽呈现出"知者加速"内容，但34 节课中有 30 节课的"知者加速"形同虚设，没有落至实处。一言以蔽之，"知者加速"既没有成体系，贯穿课堂教学始终，也没有相应的检查举措。只有极少部分教师开始有意识地关注与尊重学生自主学习的差异性需求，引导优生"继续进步"。

2. 信任关系缺席

"信任、信任世界，因为这人类存在着——这是教育中的关系的最内在的成就。"[1] 但在调研过程中，笔者发现师生之间的信任关系并没有完全建立。这主要表现在：

（1）"师不他信"。"师不他信"指教师"不信任"学生，具体表现为不相信学生有自主探索求知愿望，不相信学生能提出创新性观念与想法，不相信学生之间彼此交流合作会碰撞出思维火花，等等。比如，在和四校部分教师访谈时，经常听到一些教师质疑声："学生不愿提问题怎么办""学生自学能提出问题吗""学生自学提出的问题与重难点知识离得太远怎么办""学生能帮助学生解决问题吗""学生能认真批改作业吗""学生学完指定内容之后会主动按教师要求进行知者加速吗""学生

---

① ［德］马丁·布伯：《人与人》，张健、韦海英译，作家出版社 1992 年版，第 141 页。

同伴之间相互'跟踪'问题可行吗"……

（2）"师不自信"。"师不自信"指教师"不信任"自己，具体表现为不自信能创设真实生动的情境激发学生自主学习兴趣，不自信能引导学生主动参与课堂教学活动进行积极自主探索，不自信可以真正启发学生思考自主领悟新知，等等。比如，在和四校部分教师访谈以及对教师课间活动随意观察时，时常听到一些教师，或是年龄稍长的教师，或是思想较为保守的教师，或是不太自信的教师自我怀疑的声音："我都这么大岁数了，不及你们年轻教师接受新事物快啊，课堂教学改革主要依靠你们年轻教师啊""课堂教学很难改变啊"等相关话语。部分教师"师不他信"与"师不自信"最终导致四所学校师生信任关系渐行渐远。

3. 理解关系缺位

所谓理解，是指人在某一时刻，对理解对象及其与理解者之间的全部整体关系的把握。① 理解者与理解对象属性不同，形成极其复杂的整体关系。正因复杂，才易导致"一些先入为主的'先见'或片面错误的'偏见'"② 等各种误解。在调研过程中，笔者发现四校师生之间的理解关系并没有完全建立。这主要表现在两点。

（1）误解课堂教学。部分教师认为"课堂上是教师在指挥着课堂，是教师控制学生的学习时间，是教师选择适合学生的教学方法，学生最终的学习行为以及学习结果是由教师来评价的，因此掌控学生学习的应该是教师，而非学生"。这些教师将自身对教育、教学、学生的曲解与误解带入课堂教学中，大搞"一刀切"，让全体学生同时、同速、同步学习同一内容。

（2）误解学生作业。有效的作业能起到检查学生学习效果，加深学生对知识的理解和记忆，提高学生思维能力，积累复习资料等作用。在实际调研过程中，研究者却发现教师对学生作业存在一定误解：一是误解作业作用，多数教师习惯性布置大量作业，较多关注作业数量，较少关注作业质量。二是误解作业布置，多数教师忽略学生差异性需求，习

---

① 殷鼎：《理解的命运》，生活·读书·新知三联书店 1988 年版，第 32 页。

② 同上书，第 20 页。

惯性给学习能力强弱有别的学生布置相同作业任务量。三是误解作业批阅，多数教师习惯性全批全阅学生作业，结果学生只是看个分数，甚或不看，作业的纠错也未到位等。四校部分教师的这些曲解与误解，是师生理解关系缺位的表征，是教师控制学生的错误行径，是教师野性自主（非合理自主性）的彰显。

上述教师教授感情的教育韵味稀薄凸显了实施学习问题导向教学的紧迫性：课堂教学中尊重关系、信任关系、理解关系的缺失、缺席、缺位，给师生生命成长可能性带来种种负面影响，也越发凸显实施学习问题导向教学，关注教师感情先行、感情调节、感情激励的重要性。

二　教师教学窘况诉改革需求

四所学校多数教师的教学认知、教学行为、教授感情的三者"失衡"使得教学陷入一种"窘况"：学生学习自主性弱化，教师教学效能难提升、教学质量居低不上。此等"失衡"与"窘况"无一不"诉求"着对课堂教学的改革，"呼唤"着学习问题导向教学的实施。

（一）学生自主性弱化看"诉"

学生自主性弱化表征的三方面均"倾诉"着强烈的改革需求：情意自主性不稳定、认知自主性不独立、行为自主性难落实。

1. 学生情意自主性不稳定

学生情意自主性指学生具有相对稳定的自主学习欲望，包括学习信仰、愿望、爱好等一系列情感与意志。[①]"过度讲授"的教师忽略学生是有血、有肉、有思想、有情感，富有灵性的生命个体，把学生看成冷冰冰的承载知识的容器，在课堂上"过分强调知识的传授，不同程度地忽视了情绪情感因素，造成了学生的'情感饥渴'，并引发厌倦、疲惫、沮丧、孤单、抑郁等一系列心理问题"[②]。纵使学生有强烈的自主学习欲望，却因情感枯竭与缺失致使情意自主性不稳定。

---

① 情意自主性、认知自主性、行为自主性的相关定义参见柴军应《学生学习自主性：内涵、特征和机制》，《当代教育与文化》2015年第4期。

② 何安明、惠秋平：《课堂教学中知情交融的操作方法》，《课程·教材·教法》2015年第10期。

2. 学生认知自主性不独立

学生认知自主性是体验层面自主性，指学习过程中学生能在独立思考基础上对学习内容进行富有主见的加工和反思。在"过度讲授"课堂里，教师教的活动替代学生学的活动，抑制学生通过自我认知、自我引导、自我表达等途径自主加工和自主反思学习内容的创造性认知的发展。教师讲授内容多，教学时间长，教学效率低，学生学业负担重，形成恶性循环。况且，教师讲授的知识多是直接"灌输"（过度讲授）给学生，不是学生自己主动探究所得，学生弄不懂学不会是家常便饭，而教师常常通过强迫学生反复机械记忆来解决此问题。如此这般，学生的认知自主性便在"过度讲授"与"机械记忆"间摇摆不定，难以独立。

3. 学生行为自主性难落实

学生行为自主性是学生情意自主性与认知自主性在实践层面的具体落实，主要表现为学生能够从实际学情出发制订适合的学习计划，选择合适的学习内容，安排与调整适当的学习任务，开展自主学习。"过度讲授"的教师占有学习资料，掌控学习时间，霸占整个课堂，学生不能相对自由地调控学习时间，不能真正占有学习资料，无法选择适量学习内容，无法制订富有个性的学习计划及合理安排适合的学习任务。总而言之，学生没有学习自主权，没有自主性学习行为，不是学习的主人，而是学习的奴隶，是教师的附庸，一切依赖于教师，服从于教师。

情意自主性不稳定、认知自主性不独立、行为自主性难落实，学生自主性弱化的每一方面均用"'阻碍'学生成长""诉求"着课堂教学改革。

（二）教师教学效能难提升看"诉"

教师教学效能难提升表征的三方面均"倾诉"着强烈的改革需求：教师专业能力难提升，教授素养（此处只论教授道德与教授智慧）难发展、教授智慧的幸福感难实现。

1. 教师专业能力难提升

教师专业水平的高低聚焦为职业水平高低、合理自主性有无发挥、有无全面敬业。

（1）教师职业水平难提高。有效利用教学时间、互动教学、综合管理课堂等能力的大小反映着教师职业水平的高低。其一，有效利用教学时间的能力难提升。教学最有效的教师常常善于合理安排教学时间，因为只有花在学生学习上的教学时间越多，学生才学得越多。"过度讲授"的教师并不善于有效利用教学时间，将大部分时间消耗在教师"教什么"和"如何教"上，而不是用来研习学生"学什么"和"如何学"。其二，互动教学的能力难提升。教学最有效的教师能营造并维持高度互动的课堂气氛——课堂上不是教师"满堂灌"，而是学生之间、师生之间的对话。①"过度讲授"的课堂多是教师"一言堂"，少有生生之间与师生之间的对话。即使有，也是非经常性行为。缺乏"对话"的"过度讲授"使得教师促进互动学习的能力难提升。其三，综合管理课堂的能力难提升。在学习问题导向教学的课堂里，教师除了管理学生听课的纪律问题，还要在学生自学、互帮、合作、探究等活动时积极协调与调控各种关系，促使课堂形成一种活而有序的学习氛围。这种综合管理课堂能力对于习惯只管理学生听课纪律问题的"过度讲授"的教师来说无疑是一个巨大挑战。

（2）教师合理自主性难发挥。教师合理自主性表征出的较大自愿、自决、自创与自律时空的特性，对于行动者本身是自主性，而对他人则是他主性。他主性指外在力量对行动者自主性的影响或制约，有广狭两义之分。广义他主性是文化传统、社会习俗等构成的个体几乎无力改变的作用力。狭义他主性指特定人事对行动者自主性的直接作用，通常是个体可以接受或拒斥的。通常情况，他主性与自主性对立统一，互相依存，在特定条件下可以互相转化。不过，就特定教师而言，即使其自主性再强，也难以拒斥或超越广义他主性，教师必须直面的广义他主性因素是学生的身心特征与需要等。因此，行动者的自主性通常是在广义他主性的框架内存在，这就是个体的"大他主、小自主"原理。依循此原理，教师把自身自主性（相对于学生是他主性）与学生自主性（相对于教师是他主性）结合起来，形成互补共进关系，才能充分合理地发挥自

---

① ［美］唐纳德·R. 克里克山克、德博拉·贝纳、詹金斯、金·K. 梅特卡夫：《教师指南》，祝平译，凤凰出版传媒集团、江苏教育出版社 2007 年版，第 380 页。

主性。① 在"过度讲授"的课堂里，教师没有观照学生身心特征和需要，不给学生自主活动的空间，不遵循"大他主、小自主"的原理，试图超越广义他主性。教师的这种行为若算自主性的话，充其量是"内在论"提倡的"野性"或"任性"自主性，不是合理自主性。

（3）教师全面敬业难达成。从敬业本质内涵来看，"过度讲授"只是量性敬业并非质性敬业。"所谓量性敬业，即以付出体力为主的敬业，主要以牺牲休息、吃苦耐劳、任劳任怨等为标志。而质性敬业是以付出脑力为主的敬业，主要以勤于思索，探究奥秘、坚持巧干等为特征。"② 全面敬业是量性敬业与质性敬业两相结合，合二为一。"过度讲授"的教师误解敬业本质，他们只知苦干蛮干，不懂巧干实干，只晓量性敬业，不谙质性敬业，徒有一颗"敬业心"；他们是表征为全面讲授、重复讲授、超时讲授的"四肢不懒的忙碌教师"，却不是"脑子不懒的聪明教师"。

2. 教师教授素养难发展

教师教授素养难发展主要表征为教授道德难以多元化以及教授智慧的幸福感难以实现。

（1）教师教授道德难以多元化。教授道德是教师在教学方面表现出的道德感情、道德认识与道德行为的总和，由教师教授职业道德与个人教授道德组成。教师教授职业道德是教师的"公德"，包括爱国守法、爱岗敬业、关爱学生、教书育人、为人师表、终身学习；教师的个人教授道德实际上是"教师德性"，其核心构成是教师善，教师公正，教师责任感。③ 大多数教师能遵守教师"公德"，基本做到善、公正与责任感。从教学应利于学生发展角度出发，针对不同学生与不同教学内容，教师关注水平与方式应有差异，这在客观上要求教师教授道德具备多元性。"过度讲授"的教师，其教授道德多元性难发展，主要表现为误解"公正感"与"责任感"两方面。其一，误解"教师公正感"。教师大搞"一刀切"，用同样教学目标、教学内容、教学手段面对不同学习基础、学习能

① 刘天：《尊重教学过程中教师的合理自主性》，《中国教育学刊》2016年第4期。
② 江玲、熊川武：《论教师全面敬业》，《华东师范大学学报（教育科学版）》2008年第3期。
③ 熊川武：《教学通论》，人民教育出版社2010年版，第84页。

力、学习需求的学生，如同试图一件衣服让所有学生都能穿，这是对部分学生不公平；教师为尽快完成讲授任务，为追求教学大容量，越俎代庖代替学生"动脑""动嘴""动手"，面面俱到，讲解细腻，不需学生动脑思考，动嘴去说、去议论、去交流，动手去写、去画、去操作、去自我纠错，这是对全体学生不公允。其二，误解"教师责任感"。部分教师误以为用同样教学资源对待所有学生，是对学生负责；完成讲授任务，追求大容量，是对教学负责；勤勤恳恳、辛辛苦苦工作，是对自己负责。其实，教师越"勤快"，学生越懒惰；教师越"聪明"，学生越愚笨；教师代替学生干得越多，学生各项能力越弱，教师也越辛苦。

（2）教师教授智慧的幸福感难实现。教授智慧（也称教学智慧）是教师在教学方面表现出的聪明才智，主要由个人教授智慧和公共教学智慧构成。①"智慧生产幸福"，教师通过从事增加智慧的教授活动而增加工作的胜任感、成就感、满足感等。"过度讲授"的教师，其教授智慧幸福感难发展，主要表征为下述三点。其一，教学问题难解决。教学问题难易度考量教师教授智慧的水平。教学中一般问题与常规问题不需要教师较多教授智慧解决，特殊问题和突发问题却需要较多教授智慧解决。判断教师教授智慧水平高低的基本标准是教师能否合理认识和解决教学问题。"过度讲授"很少可以彰显教师教授智慧的增强，却通过教学行为外化出越来越多教学问题待解决。其二，"知困而强"难实现。"教然后知困……知困，然后能自强也"，从"教"到"困"到"自强"实质是教授智慧发展的过程。"教育本是脑力活，巧用情智才成功"②，充足的教授智慧是教育成功的前提。"过度讲授"的教师多是"四肢不懒的忙碌教师"而……是并非而……是"脑子不懒的聪明教师"，大多只知"投入多、产出少"的苦干与蛮干，却不晓"常反思、善反思"的巧干与实干，难以实现从"教"到"困"到"自强"的"知困而强"。其三，学生智慧难培养。每位教师都拥有教授智慧，只是教授智慧的结构与水平存在一定差异。教授智慧丰富的教师常常会巧用与借用智慧，扬长避短，审

① 熊川武：《教学通论》，人民教育出版社2010年版，第89页。
② 熊川武、江玲：《理解教育论》，教育科学出版社2005年版，第89页。

时度势，找准突破口，迅速解决教学问题，并潜移默化地培养学生智慧。教授智慧贫乏的教师难以突破个人经验局限性与自我消极思维定式，不懂巧用与借用智慧，难以解决教学问题，无从培养学生智慧。

职业水平难提高、合理自主性难发挥、全面敬业难达成、教授道德难多元、教授智慧的幸福感难实现等每一方面均用"'阻碍'教师成长""诉求"着课堂教学改革。

（三）教学质量居低不上看"诉"

教学质量居低不上主要凸显在学生注意力难集中、学生长时记忆效果不佳、各层次学生难兼顾三方面。

1. 学生注意力难集中

注意力是学生智力活动的"组织者"和"维持者"，是学生保证顺利学习的前提条件。课堂上学生注意力主要受两个因素影响。一是客观刺激物的特性，新颖独特的刺激物更能吸引学生注意力。二是刺激物处于运动变化状态，即便是新颖独特的刺激物，倘若不是处于活动和变化状态中，学生注意力的稳定性也是有限的。在非"过度讲授"的课堂里，"学生保持注意的时间不到40%。而且，如果学生在开头的10分钟内能记住70%的话，那么在后10分钟内他们至多能记住20%"[①]。在"过度讲授"的课堂里，教师长时间讲授，单调刺激易使学生大脑皮层产生抑制，导致疲劳，难以集中注意力。即使"过度讲授"的教师讲得幽默风趣，新颖独特，生动有趣，学生听得聚精会神，津津有味，兴致盎然，但终因学生缺乏静心思考的时空与思维加工的过程，致使学习效果难提高。

2. 学生长时记忆效果不佳

"过度讲授"的教师不注重学生"说"只关注自己"过度地讲"，不注重学生"学"只关注自己"过度地教"，学生或许能及时获取教师讲授的信息，表面看即时结果较喜人，然其长时效果并不乐观。"学习金字塔"表明在以听讲、阅读、视听、演示为主的被动学习方式里，学生学

---

① ［美］M. 希尔伯曼：《积极学习：101种有效教学策略》，陆怡如译，华东师范大学出版社2005年版，第1页。

习内容平均留存率分别为 5%、10%、20%、30%；在以讨论、实践、教授给他人的主动学习方式里，学生学习内容平均留存率分别为 50%、75%、90%。[①]显然，以听讲为主和以教授给他人方式相较，大相径庭，相距甚远。在"过度讲授"的课堂里，使用最频繁的教学方法却是效率最低的"听讲"（5%），即使偶有教师有意穿插学生阅读、讨论等活动，最终多以讲授为主，学生学习内容留存率远不及让学生自己实践（75%）或让学生教别人（90%）高。

3. 各层次学生难兼顾

"继续进步的原理"认为每个学生"都应当不停顿地向新的学习任务前进。学生不应当浪费时间去重复学习已经掌握的学业，也不应当要求学习快的等着学习慢的赶上来才前行……并提供给他们能开拓学习范围的丰富活动，以超过较慢的同班同学"[②]。"过度讲授"的教师违背"继续进步原理"，忽视学生学习能力差异，忽略优生渴望加速，弱生渴望进步之需求，"一视同仁"地用同样内容、统一标准要求全部学生，试图让所有学生"齐步走"。这样的课堂挫伤大部分学生学习积极性：优生因坐等弱生而浪费本可以继续学习与进步的大好时间，中等学生因反复重复业已掌握的内容而对学习产生腻味情结，弱生也因力所不能及而顿生挫败感。

学生注意力难集中、长时记忆效果不佳、各层次学生难兼顾等影响教学质量居低不上的每一方面无不"诉求"着课堂教学改革。

由上可知，四所学校多数教师教学认知、教学行为、教授感情的"失衡"现象给学生发展、教师发展、教学质量带来了现实"窘况"。"失衡"与"窘况"更彰显着对课堂教学改革的"呐喊"。

第二节　学习问题导向教学实施的学生基础

学习问题导向教学是一种基于学生、为了学生的活动。学生的学习

---

① 学习金字塔：（http://baike.sogou.com/v54534844.htm）。

② 中央教育科学研究所比较教育研究室：《简明国际教育百科全书·教学》（下册），教育科学出版社 1990 年版，第 349—350 页。

状态和心理状态是学习问题导向教学实施的重要基础。为此，研究者对组成学生学习状态和心理状态的六个元素即学习责任、学习感情、学习自主、学习能力、学习策略和学习人缘等进行了调查，获得了实施学习问题导向教学的学生基础数据。

《学生学习问卷》调查表明，山东四校学生的学习状态和心理状态处于同一层次，且不具有显著性差异（见表4—9）。

表4—9　　　　　　　　　　四校学生学习现状

	山东 SY		山东 FH		山东 ZJ		山东 GC		M	SD	F	p
	M	SD	M	SD	M	SD	M	SD				
学习责任	3.88	0.91	3.60	0.63	3.73	0.77	3.64	0.85	3.74	0.82	1.33	0.27
学习感情	4.15	0.72	4.10	0.75	4.14	0.68	3.99	0.75	4.12	0.71	0.49	0.69
学习自主	3.26	0.50	3.20	0.49	3.17	0.48	3.20	0.55	3.21	0.50	0.41	0.75
学习能力	3.79	0.83	4.01	0.53	3.87	0.64	3.77	0.98	3.85	0.75	0.76	0.52
学习策略	3.35	0.91	3.57	0.82	3.41	0.71	3.35	0.92	3.40	0.83	0.56	0.64
学习人缘	3.68	1.07	4.03	0.87	3.89	0.96	3.64	1.07	3.80	1.01	1.38	0.25

注：M 表示均值；SD 表示标准差。

具体来说：

（1）六个维度的均值（M）范围是 3.21 – 4.12，M 值最高维度是学习感情（M = 4.12），GC 学校学生学习感情在四校中最低，但差距不大；M 值最低维度是学习自主（M = 3.21），四所学校学生学习自主 M 值普遍接近。

（2）六个维度的标准差（SD）范围是 0.50 – 1.01，SD 值最高维度是学习人缘（SD = 1.01），其离散度较大，SY 学校与 GC 学校的学生学习人缘较为融洽；SD 值最低维度是学习自主（SD = 0.50），其离散度较小，四所学校学生学习自主 SD 值较为接近。

（3）六个维度的显著性指标（Sig）中，$p > 0.05$，不存在显著性差异，稍需注意的是学习责任（$p = 0.27$）与学习人缘（$p = 0.25$）较低，相较其他四个维度略显差异。

由表4—9可知，实施学习问题导向教学的学生基础具有同质性。同时，问卷调查也显示，学生对学习责任、学习感情、学习自主、学习能力、学习策略和学习人缘等方面的认知诉求具有合理性。

一 学生学习责任诉求较为强烈

学习是学生应尽责任，学生要认真学习，精益求精，坚持执着，养成良好学习习惯，形成学习责任感，不断去解决学习上各种问题。笔者对四校学生学习责任的调查结果详见表4—10。

表4—10 学生学习责任的现状 （％）

具体表征	不相符	部分不相符	无法判断	部分相符	相符
	1	2	3	4	5
临到考试才努力学习设法使自己考过关	36.8	17.3	6.5	19.5	19.9
常思考自己学习上的不足并努力补救否则不放心	5.2	6.5	11.7	35.5	41.1
如果老师不督促自己不会自觉纠正错题	51.5	16.9	8.7	14.7	8.2
努力争取各科都能得高分一定要胜过所有同学	10.4	10.8	10.4	28.6	39.8

表4—10显示，四校学生学习责任诉求较为强烈。具体表现在：

（1）54.1%的学生平时就努力学习，并非等到考试才"临时抱佛脚"想方设法过关。

（2）76.6%的学生常会思考学习上的不足并努力弥补，否则于心不安。

（3）68.4%的学生不需教师督促，便自觉纠正错题；22.9%的学生需要教师敦促纠错；剩下8.7%的学生无法判断，时而会纠错，时而需要教师敦促纠错，这些学生并没有养成自觉纠错意识。

（4）68.4%的学生拥有一颗积极上进之心，认真学习，努力争取各门学科都能得高分，且一定要胜过所有同学。

上述强烈的学生学习责任诉求在学习问题导向教学中或将得以实现与满足："自学寻疑"重在培养学生主动寻疑、主动提问的学习责任；"互帮答疑"重在培养学生主动合作学习的学习责任；"教师释疑"重在培养学生认真思索、探究问题、敢于质疑的学习责任；"群言辨疑"重在培养学生认真"输入"与"输出"对问题的理解程度的学习责任；"练习测疑"重在培养学生检测学习目标达成度的学习责任；"反思质疑"重在培养学生对于问题解决过程与问题解决方法善反思、敢质疑的学习责任；"问题跟踪"重在培养学生主动探究、"跟踪"、彻底解决问题的学习责任。

二　学生学习感情诉求较为强烈

学习感情是学生情感与情绪在学习上的集中反映，聚焦在问题解决上主要表现为解决问题的心境、兴趣、意志。笔者对四校学生学习感情的调查结果详见表4—11。四校学生学习感情诉求较为强烈。具体表现在：

表4—11　　　　　　　　学生学习感情的现状　　　　　　　　（%）

具体表征	不相符	部分不相符	无法判断	部分相符	相符
	1	2	3	4	5
喜欢讲话幽默风趣的老师给自己上课	6.9	3.9	2.6	11.3	75.3
在完成作业过程中遇到不会做的题就把它放弃	57.6	17.7	7.4	10.8	6.5
单独读书时心烦意乱很难静下心来	50.6	12.6	6.9	13.9	16.0
觉得读书是一件很愉快而且幸福的事	3.9	6.9	8.7	21.2	59.3

（1）86.6%的学生喜欢幽默风趣的教师给自己上课，这是学生问题解决心境的反映。

（2）75.3%的学生问题解决意志较为坚定，在完成作业过程中遇到不会做的题目没有选择放弃，而是想尽办法攻克难题。

（3）63.2%的学生问题解决心境比较平和，尤其在单独读书心烦意乱时会很快平心静气。

（4）80.5%的学生问题解决兴趣比较高涨，认为读书是一件愉快与幸福并存的事情。

上述强烈的学生学习感情诉求在学习问题导向教学中或将得以实现与满足："自学寻疑"充分激发了学生自觉寻疑，自发提问的学习兴趣；"互帮答疑"充分激发学生愿意主动帮助同伴答疑与共同合作探究问题的兴趣，以及坚决克服难题的意志；"教师释疑"中教师"抓大放小"仅仅对与重难点知识紧密相关的"大"问题进行释疑，充分抚平了学生问题得不到解决而心烦意乱的心境；"群言辨疑"促使学生在帮助同伴辨别问题是否解决，及加深理解问题的过程中，充分感受到解决问题的愉快与幸福的体验；"练习测疑"激发了学生在"查缺补漏"过程中彻底深化解决问题的意志；"反思质疑"充分激发学生对问题"刨根究底"的探索意志；"问题跟踪"激发学生以平常心面对反复出现的问题，促使学生在反复"纠错"的过程中，提升学习自信心，强化问题解决的兴趣。

三　学生学习自主诉求较为强烈

学生的合理自主性是作为行动者的学生在与作为"他主性"的教师"交往"中求得较大的自愿、自决、自创与自律时空的特性。笔者对四校学生学习自主的调查结果详见表4—12。四校学生学习自主诉求较为强烈。具体表现在：

（1）自愿的学习自主特性。64.1%的学生上课时希望教师能给予回答问题机会，这是愿意主动表达自己观点的表现；80.5%的学生希望每天能有自习课独立学习，这是要求独立解决问题，自主学习的表现；虽然大部分学生长期在教师"过度讲授"下学习，但仍有35.9%的学生不愿意教师整节课从上课讲授至下课。

（2）自决的学习自主特性。66.6%的学生在完成教师布置的学习任务后，会主动地寻找新材料学习；90.0%的学生认为教师要求做的题会了就没有再做的必要，这两点其实都是学生自我决定学习方向与学习目标的表现。

（3）自创的学习自主特性。71.9%的学生相信自己学习能力与解决问题能力，因此，即使考试失败了也不灰心。

（4）自律的学习自主特性。虽然有过半（58.9%）的学生常想自己制订学习计划，却难兑现，但毕竟有近半（41.4%）的学生在制定富有个性特色的学习计划后，努力践行之，实现之。

表4—12　　　　　　　　学生学习自主的行为

具体表征	（部分）不相符		（部分）相符	
	频数	百分比	频数	百分比
上课时非常期望老师给自己回答问题的机会	83	35.9	148	64.1
完成老师布置的学习任务后自己会找新材料学习	77	33.4	154	66.6
希望每天都有自习课让自己独立学习	45	19.5	186	80.5
常想自己制订学习计划但总是不能兑现	136	58.9	95	41.4
只要是老师要求做的题即使会了也做	208	90.0	23	10.0
相信自己的能力因此考试失败了也不灰心	65	28.1	166	71.9
不喜欢老师上课时从头讲到尾	148	64.1	83	35.9

上述强烈的学生学习自主诉求在学习问题导向教学中或将得以实现与满足：一是自愿的学习自主特性被满足。学生愿意主动独立地提出问题、分析问题、解决问题、探索更深层问题等在学习问题导向教学的各环节得以实现。二是自决的学习自主特性被满足。学习问题导向教学鼓励优生不坐等他人，而是继续进步，进行"知识加速"或"能力加速"等。具有系列性并且贯穿学习问题导向教学始终的"知者加速"适时地满足了学生在既定范围内，自己决定"加速"的美好愿望。三是自创的学习自主特性被满足。学生在探索问题的过程中，为了解决同伴问题或小组共同问题，会竭尽全力地解决，为此，常常会创新一些使问题得以解决的思路以及具体的方案。四是自律的学习自主特性被满足。重在学生主动提问、分析问题、解决问题的学习问题导向教学各环节能在课堂

教学中得以顺利进行，离不开学生的高度自律。与之同时，学生的自律也在各环节中得以实现与增强。

四　学生学习能力诉求较为强烈

学习能力是学生个体通过一定学习时间形成和发展而具备能引发行为或思维比较持久变化的内在素质，也即提出问题、分析问题、解决问题、应用问题的能力。笔者对四校学生学习能力的调查结果详见表4—13。

表4—13　　　　　　　　学生学习能力现状　　　　　　　（％）

具体表征	不相符	部分不相符	无法判断	部分相符	相符
	1	2	3	4	5
做完了作业会认真检查是否存在错误	8.2	7.4	6.9	44.2	33.3
学习时注意把相关的内容进行比较并找到它们的共同点	6.5	11.7	13.0	30.7	38.1
喜欢运用所学知识尝试解决日常生活中的问题	6.5	6.9	15.2	29.9	41.6
做作业时不想生搬硬套现成的方法总想找到更加新颖的方法	11.7	11.7	13.9	26.8	35.9
学习时喜欢钻研问题直到得出自己的见解为止	10.8	11.7	11.7	27.3	38.5
自己相信只有弄懂了以前不懂的东西才算有进步	5.6	7.8	10.0	23.8	52.8

表4—13显示，四校学生学习能力诉求较为强烈。具体表现在：

（1）77.5%的学生做完了作业会认真检查是否存在错误。

（2）68.8%的学生学习时注意把相关内容综合比较，找寻两者共同点。

（3）71.5%的学生喜欢将所学知识运用于解决日常生活问题。

（4）62.7%的学生做作业时不喜欢墨守成规套用现成方法，而是善于创新，找寻更加新颖的方法。

（5）65.8%的学生学习时喜欢深入钻研问题，直至拥有独到见解。

（6）76.6%的学生相信只有弄懂了以前不懂的东西才算进步。

上述强烈的学生学习能力诉求在学习问题导向教学中或将得以实现与提升：一是善思能力得以提升。学生主动寻疑、有疑即问、主动向同伴或教师"亮红色面信息沟通牌"求助的善思能力与行为在"自学寻疑"等环节中得以充分体现。二是创新能力得以提升。面临问题时，为解决问题，学生会竭力尝试探索新的解决问题方法。在探索中学生的创新能力得以提升。三是反思能力得以提升。反思促进步，学习问题导向教学鼓励学生不断地对问题解决方法与过程进行反思。在学习问题导向教学过程中，教师常常鼓励学生反思学习责任心有无更强大、学习感情有无更丰富、学习自主有无更合理、学习能力有无更强大、学习策略有无更丰富、学习人缘有无更融洽等。

五　学生学习策略诉求较为强烈

学习策略是学习主体自觉对问题解决进行宏观与微观统一的计划、评价、调控以追求最佳问题解决的计策或谋略等。笔者对四校学生学习策略的调查结果详见表4—14。

表4—14显示，四校学生学习策略诉求较为强烈。具体表现在：

（1）58.0%的学生即使面对不喜欢的学科，也愿意多花时间学习该学科。

（2）59.3%的学生在动手做作业前先复习当日学习的相关内容。

（3）66.6%的学生不愿意把学习时间花在机械背诵，而是更倾向于将精力用来思考。

（4）57.6%的学生面对较弱学科，愿意花更多时间来学习该学科。

（5）50.7%的学生愿意在学习数学过程中既解题又能自己设计题目。

（6）60.2%的学生把作业中错题一一记录下来，逐步纠正，直至彻底弄明白为止。

表4—14	学生学习策略的现状				（%）
具体表征	不相符	部分 不相符	无法 判断	部分 相符	相符
	1	2	3	4	5
不喜欢的学科不想多花时间	43.3	14.7	10.8	17.7	13.4
先复习当天学习的内容然后动手做作业	21.6	11.7	7.4	32.9	26.4
宁愿多花时间背诵而不愿多费精力思考	48.9	17.7	11.7	12.6	9.1
花在成绩差的科目上的时间少	39.0	18.6	10.0	16.0	16.5
学习数学过程中不仅解题有时自己还编题（自己设计题目）	29.9	20.8	14.3	19.5	15.6
经常把作业中的错题记下来然后逐步纠正不彻底弄明白决不罢休	14.7	12.1	13.0	30.3	29.9

　　上述强烈的学生学习策略诉求在学习问题导向教学中或将得以实现与满足：一是提出问题的策略得以丰富。学生的提问策略在自学寻疑、反思质疑中得以丰富。二是解决问题的策略得以丰富。解决问题的策略在同伴互帮答疑、组际间互帮解决，教师集体释疑中得以丰富。三是"问题跟踪"的策略得以丰富。学生"跟踪问题"的策略在"自我跟踪""同伴跟踪""教师跟踪""六定跟踪""跟踪考"等各种形式的"问题跟踪"中得以丰富。四是学科特色学习的策略得以丰富。学习问题导向教学侧重针对不同学科的不同特色进行具有学科特色的策略性学习。如数学提倡"语言转换"与"解（题）编（题）结合"。学生的数学学习策略便在这种具有学科特色的策略中得以丰富。

六　学生学习人缘诉求较为强烈

　　学习人缘实际是学习主体进行问题解决时与同伴间形成的一种学习关系，融洽的学习关系利于问题解决。笔者对四校学生学习策略的调查结果详见表4—15。

表4—15 显示，四校学生学习人缘诉求较为强烈。具体表现在：

（1）55.8%的学生相信帮助同学学习会使自己学习成绩更好。

（2）68.0%的学生相信帮助同学学习，可以提高自己学习成绩，因而他们乐意帮助同学。

（3）仅有15.2%的学生认为帮助别人学习会影响自己学业的进步。

表4—15   **学生学习人缘的现状**   （%）

具体表征	不相符	部分不相符	无法判断	部分相符	相符
	1	2	3	4	5
越帮助同学学习自己的学习成绩会越好	16.0	8.2	19.9	26.4	29.4
相信帮助同学学习可以提高自己的学习成绩因而自己乐意帮助同学	10.4	9.1	12.6	27.3	40.7
帮助别人学习会影响自己的进步	66.2	7.4	11.3	6.5	8.7

上述强烈的学生学习人缘诉求在学习问题导向教学中或将得以实现与满足：一是合作意识更强烈。学习问题导向教学注重学生主动提出问题之后，首先由同伴互帮答疑。互帮答疑既利于问题的解决，又利于同学合作意识的增强，同时还能帮助同学在答疑过程中深化知识与"查漏补缺"。二是同学关系更融洽，学习问题导向教学注重在整个问题解决过程中，不管是问题提出还是问题解决，均是结合学生个人表现与所在小组的整体表现进行综合评价与衡量。学习小组成员之间组成的同学关系便在"劲往一处使，心往一处想"的合作解决问题过程中发展得更加融洽。

四所学校学生的学习责任、学习感情、学习自主、学习能力、学习策略和学习人缘等方面对课堂教学改革的"诉求"较为强烈，而实施学习问题导向教学或将实现与满足这些"诉求"。这一切便奠定了学习问题导向教学在四所学校实施的学生基础。

综而述之，教师的知、情、行"失衡"彰显着改革需求，奠定了学习问题导向教学实施的教师基础；学生学习状态和心理状态的强烈"诉求"，夯实了学习问题导向教学实施的学生基础。

第 五 章

学习问题导向教学的基本结构

在阐述学习问题导向教学的理论和实践基础之后，从"文本""机制""常规"等方面详尽分析其基本结构，以使学习问题导向教学卓有成效地进行，成为本章的重要使命。

第一节　学习问题导向教学之"文本"

此处的"文本"是指经由教师个体和群体"四重备课"后形成的"教学指导书"，是学习问题导向教学的结构之一。从表面看，该结构似乎也涉及备课和撰写教案，但"四重备课"超越了"传统备课"的局限，"教学指导书"改变了传统"教案""学案"的内涵。

一　"四重备课"有超越

"四重备课"是学习问题导向教学的备课流程。其主要包括"轮流主备""集体研备""个人复备""教后诊备"。具体见图5—1①。

这些流程在一定程度上表现了对传统备课的超越。

（一）"轮流主备"挖潜、减负

"轮流主备"指同一年级同一学科备课组将一学期要完成的备课任务统一平均分配给各任课教师，由他们轮流担任主备人角色。具体操作程序如图5—1所示：各备课组组内按章节分配好每次每位主备人要备课的

---

① "四重备课"流程图由华东师范大学理解教育研究所研创。

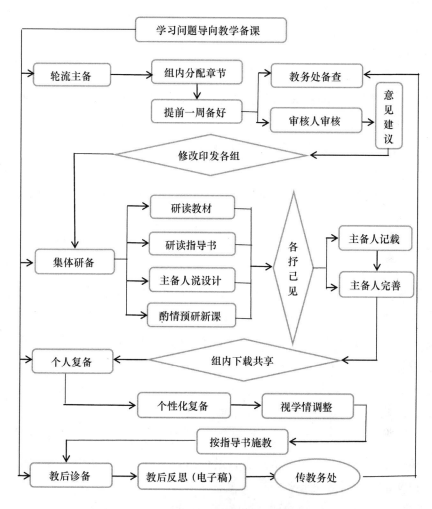

图5—1 学习问题导向教学"四重备课"

内容与范围；各主备人按要求提前一周认真备好课，将教学指导书电子稿提交审核人供其审核；审核人（一般由备课组长等教学能力和教研能力强的教师担任）提出意见与建议，经修改后印发至各组员，以待下一环节集体备课之用；每次主备人务必将备课的备份稿提交教务处以供备查。在师资力量较为充足的学校，组织教师"四重备课"相对较为方便，在师资力量贫乏的学校可以组织教师进行创新式"轮流主备"。山东 FH 学校是一所新建五年多的九年一贯制学校，小学阶段生源、师资等条件较为成熟，初中阶段生源少，师资不足，每个年级刚好两个班，语文、数学、英语三科共九名教师，每人执教一个年级两个班。针对师资紧缺的情况，FH学校采取创新式"轮流主备"：三个年级同一学科教师组成一个备课组，轮流主备，即便常有教师主备内容并非自己执教年级，但这属于曾经执教内容或即将执教内容，同样可以群策群力，发挥集体智慧的力量。

"轮流主备"对传统备课的超越主要有二点。

1. "轮流主备"更具挖潜功能

传统备课中的"集体备课"常存在"重形式，轻实效"的各种怪像：无"备"而来，中心不明确；学科带头人一人唱"独角戏"；主备教师多由教学领导者指派，行政力量强于教学研讨力量，主备教师较为抵触，应付了事，不愿资源共享；流于形式，最终集体备课结果形成统一的教学进度、内容、目标、重点、学生作业等；多数教师对集体备课成果采取"拿来主义"、不加修饰、为我所用，偶有个别教师"另眼相待"、弃之不用、"另起炉灶"。一言以蔽之，传统的"集体备课"没能很好地挖掘教师潜在的教研能力。相较而言，"轮流主备"更具挖潜功能。教师的思维方式、人生阅历、能力水平存在一定差异性，即使面临同一备课内容，解读方式与解读结果也是迥异的，"轮流主备"可以集思广益、广开言路，改变教师"独备而无友"的窘境。"轮流主备"中每位主备教师专注负责主备内容，查询丰富资料，进行深刻研究，从而提升全体教师的钻研文本能力与备课水平。

2. "轮流主备"更显减负功能

传统的"集体备课""人浮于事"现象较为严重，不仅耗时耗力，而且就某种角度而言，反而增加了教师负担：传统的"集体备课"大多实效性不高，实用价值不大，导致众多教师个体后续备课时，仍需耗费巨大精力重新认真备课。"四重备课"中的"轮流主备"减轻了教师的负担：每位轮流主备的教师都认真地准备着自己负责的内容，开启其他教师的教学智慧；其他教师也无须耗费大量时间在"集体备课"之后"从头再来"，而是结合实际学情与自身情况，结合"集体研备"的成果，有所针对地进行"二次加工"。教师实际备课负担减轻了，与之俱来，教师备课质量也提升了。

（二）"集体研备"聚智、共研

"集体研备"是在"轮流主备"基础上，针对各教师主备内容开展集体研讨同一备课内容的活动。"集体研备"基本程序如下：（1）准备阶段。主备人提前一周备好课；在集体备课前三天，主备人将主备内容的教学指导书初稿电子版上传教务处，并打印好纸质版提供给审核人审核；审核人认真阅读教材以及主备人主备的教学指导书，一天内提出修改意见并及时反馈给主备人；集体备课前，主备人根据备课组参与集体研备的人数打印好足够份数的教学指导书，交给备课组长。若条件许可，可直接采用电子版集体研备。（2）研读阶段。集体备课正式开始时，全组人员先是独立认真研读教材5—10分钟。接着独立认真研究主备人提供的教学指导书5—10分钟。（3）主说阶段。主备人当众言说主备思路，教学目标定位，重难点确定，自学提示撰写，互帮任务设计与提示，重点讲授内容，练习题精选等。（4）研讨阶段。在主备人主说完毕后，备课组成员各抒己见，探究主备方案可行性；主备人负责记录大家意见与建议。研讨阶段分为主备人分段讲述，组员集体分段研讨；或待主备人整体陈述完毕，组员集中研讨两种形式。（5）完善阶段。主备人综合集体意见与建议，及时认真地修改指导教学书电子稿，将修改后的指导教学书电子稿上传备课组群，供组员日后下载。

"集体研备"对传统备课的超越主要有二点。

1. "集体研备"更显聚智功能

"集体研备"中强有力的管理制度（如保证必要的集体备课时间、教学领导蹲点、四重备课检查与评比等），有效杜绝前述"集体备课"各种怪象与乱象（如诸位教师在主备人说完之后，众说纷纭，难以聚焦，或是"轻描淡写"只说优点，不谈不足等）。"集体研备"在强有力的管理制度保障下，更彰显聚智功能：全体备课教师对主备人认真主备的内容各抒己见，汇聚集体力量，形成智慧结晶，生成高质量的教学指导书。

2. "集体研备"更显共研特色

在"集体研备"中，教师之间形成一种相互支持、帮助、促进、和谐的"合作性同事"（collegiality）关系。在这种和谐的合作性同事关系中，每位教师都"毫不保留"地"贡献"自己的智慧，积极参与研究，共同探讨，利于教师加速专业成长。

此外，"集体研备"是"四重备课"中较为重要的一环，欲使效果最大化，需注意以下四点。（1）审核人素质要过硬。审核人起初应由专业水平高、业务能力强的教师担任，待大家对四重备课流程熟悉后，再轮流担当。无论谁担当审核人，其素质都要过硬。（2）主备人态度要认真。主备人提供的主备初稿质量要较高，不可随意从网络或教学参考书上照搬照抄，而是经过深思熟虑后认真主备的成果。（3）集体研备要深入。集体研备初期阶段，全组教师务必认真熟悉教材和主备人的备课初稿。集体研备中后期阶段，分段逐步审核学习问题导向教学各阶段（自学、互帮、释疑、群言、练习是否与教学重点一致）落实情况，研讨自学提示与合作任务的质量，知者加速的有效性与可操作性，教法与学法是否明晰等。（4）管理制度有保障。其一，各备课组在学期初制订出本学期集体备课的分工计划，确定各学科集体备课时间，每周一次，每次不少于2小时。其二，分管教学的学校领导时常蹲点各学科集体研备，抓好"四重备课"，特别是落实好集体研备。其三，学校定期与不定期组织"四重备课"的检查与评比活动。

（三）"个人复备"自主、精进

个人复备指在主备人共享教学指导书（轮流主备）与集体研讨智慧（集体研备）后，各任课教师依据本班学生实际学情对教学指导书进行"一增、二删、三改、四换"适度微调的个性化备课。

"个人复备"对传统备课的超越主要有二点。

1. "个人复备"更能发挥教师合理自主性

"四重备课"中的"个人复备"相较传统的"个人备课"而言，更利于发挥教师的合理自主性。传统的"个人备课"时常可见教师照搬照抄网络媒介上所谓优秀教案与课件，或是沿用过往的教案，或是捧着教参上课等诸多"失范"现象。教师的这些备课行为，表面看是很"自主"，但实际并非合理自主，因为这种"自主"没有兼顾学生的实际学情，没有经过教师自身的自愿、自觉、自创、自律等"合理自主性"发挥的过程。在"四重备课"中，历经"轮流主备""集体研备"之后，教师个体博众家之长，显独立个性，融学生学情，发挥合理自主性，进行主动地合乎学生学情规律性的自愿、自觉、自创、自律的"个人复备"。

2. "个人复备"更能促使教师精进

"四重备课"中的"个人复备"相较传统的"个人备课"而言，更能促使教师精进。传统的"个人备课"常存在"高付出，低效益"的现象，或是因为教学时间紧，任务重，工作量大，教师缺乏充裕时间深刻钻研，认真备课，缺乏创新精神。"四重备课"中的"个人复备"却能使教师立于集体智慧这位"巨人"之肩，结合学生的实际学情，精心钻研，认真备课；能使教师的视野更开阔，思路更广阔，方法更灵活，教学设计更优化。

（四）"教后诊备"突破、超越

教后诊备指教师依据个人复备后的教学指导书进行授课，于授课结束后对教学进行深刻反思，形成教学指导书反思稿的电子版，递交教务处存档。

"教后诊备"对传统备课的超越主要有二点。

1. "教后诊备"更能突破教师自我

相较传统的"个人备课"，"四重备课"中的"教后诊备"更能促使教师突破自我。"个人备课"中少有教师针对课堂教学，针对教案进行教学反思；偶有，也属教师个体行为，并非教师集体行径与自发行为。"四重备课"中的"教后诊备"要求教师将聚焦集体智慧成果与个人智慧结晶的教学指导书应用于课堂教学实践之后，积极寻找问题、分析问题、解决问题；在教学预设与生成的激烈碰撞中教学指导书产生何种教学效果，有无需要改进之处。"教后诊备"促使教师在反复"诊断"教学指导书的过程中，反思教学指导书，反思课堂教学，突破自我，大力提升教学实践的判断力、思考力、分析力。

2. "教后诊备"更能超越教师自我

相较传统的"个人备课"，"四重备课"中的"教后诊备"更能促使教师超越自我。具体表现如下：一是"教后诊备"敦促教师对课堂教学过程及教学目标达成等进行反思，并将反思结果积极应用于日后的课堂教学与下一轮"四重备课"环节中去。二是"教后诊备"形成的反思电子稿上交教务处，虽然刚开始，教师的"反思"非自觉行为，但从实施过程来看，不断的"诊备"促使越来越多的教师将其内化成一种自觉行为，这是教师提高业务水平、提升专业素养、超越自我的表现。

例如：山东 SY 学校初一数学 M 老师在一次教后诊备的电子版反思稿中写道："在今天这节课上，'做游戏导入'让学生先由具体数的等式过渡到含有未知数的等式即方程，再过渡到把方程放进一个具体情境中，引出今天的重点——一元一次方程的应用问题。整个课堂中问题教学贯穿始终，先是做游戏引出课题，接着通过具体情境解应用题，再让学生大胆尝试根据已知方程编应用题，通过解编结合，让学生真正做课堂的主人。自学、互帮、结对说、释疑等环节紧张有序地进行，其中在列方程解应用题时，有同学大胆提出质疑，值得肯定。是不是一定要检验？学生 Y 提出疑问，我给她释疑，过后学生 C 又问同样问题，我选择了他身边已经明白这个问题的学生 W 予以解答。现在回想，应该让 Y 回答，现学现用更好，这样才真正把问题抛给学生，由学生帮助学生。知者加速，不光是知识加速，也可以是自己任务完成了，通过给别人当小老师，帮助自己思维提升，这属于能力加速。当然，这节课也有不足，一开始做游戏环节有点浪费时间，奖励学生也占用了半分钟，再有个别环节稍微拖沓了点，导致当堂检测没有完成（估计四分钟即可），如果上述问题解决了，这节课应该会更完美。"

综上，"四重备课"在"轮流主备——集体研备——个人复备——教后诊备"的过程中不断挖掘教师的教研潜力，切实减轻教师的备课负担，聚焦集体智慧，共享共研，发挥教师合理自主性，促使教师在不断地精进中突破自我，超越自我。

二 "教学指导书"有灵性

教学指导书指学习问题导向教学中教师为顺利高效地开展以学生所提问题为导向的教学活动，结合课程标准、教学内容、学生实际学情，以课时为单位，对教学流程等进行设计与安排，用来指导课堂教学的一种实用性的教学文书。其主要包括备课时间、主备人、审核人、课题、课型、教学目标、教学重难点、教学手段、教学课时、教学过程、个人复备、备注等要素。具体结构见表 5—1 所示。

表5—1　　　　　　　　　　**教学指导书样例**

时间：_____　　主备人：_____　　审核人：_____

课　题		课型	
教学目标	1. 认知目标（要有可检测的数量标准）： 2. 感情目标：		
教学重难点	重点（与认知目标一致）： 难点：		
教学手段	多媒体投影、小黑板等		
教学课时			

教学过程	个人复备
一、感情调节（　分钟）（贯穿教学全过程） 二、互阅作业（　分钟）（可穿插"互帮"与"释疑"） 三、自学（　分钟） 　（"知者加速"提示，需要加速者出示信息沟通牌） 　1. 阅读"自学提示" 　（1）自学内容（教学重点） 　（2）自学方法…… 　2. 自学过程（快速自学后，加速者出示信息沟通牌、按照自学方法进行） 四、互帮（　分钟）（使用互帮显示板） 　1. 以小组为单位。 　2. 知者帮助未知者（解答疑问），未知者帮知者（提出疑问）；或讨论有关问题。 　3. 将有关重要内容写在互帮显示板上。 　4. 提出需要老师解答的重要问题。 五、释疑（　分钟） 　1. 讲解内容（学生提出的主要问题和教师觉得需要讲解的内容） 　2. 讲解方法 六、练习检测（　分钟） 　（围绕"重点"解两道题：模仿和变通各一道，小组互评并打分） 七、帮困（　分钟） 　（知者自己加速，或通过帮助未知者加速） 　1. 集中帮困（教师或知者负责） 　2. 分散帮困（同伴互帮） 八、反思总结（　分钟） 　1. 寻找教学缺憾 　2. 新旧内容联网 九、因人作业（最小作业量，知者加速）	提示： 1. 环节顺序可根据实际调整或取舍。 2. 各环节要预设学习时间。 3. "知者加速"贯穿始终。 备注：

"教学指导书"与一般的"教案"或"学案"相比，更有灵性，它灵活地吸收"教案"或"学案"的合理成分，创造性地确定教学目标、自学提示等环节，充分发挥教师的合理自主性。其灵性表现在以下方面。

（一）教学目标较特殊①

就较为流行的解释而言，教学目标是"预期的教学效果"。② 如果更确切地说，教学目标则是对特定时间内必须完成的教学任务的规定。以时间为据，它可划分为：长期目标，指一门学科需要教学数年（如小学阶段或中学阶段等）达成的目标（亦称宗旨，英语为 aim）；中期目标，通常指一年或半年达成的目标（亦称年度或学期目标，英语为 goal）；短期目标，主要指一个单元甚至一两堂课的目标（亦称操作目标，英语为 objective）。③ 此处的教学目标是指短期目标。学习问题导向教学的教学目标的特殊性就在于：

1. 独立思考，制定有"个性"的教学目标

在制定一堂课的教学目标时，《课程标准》或《教学大纲》中的"三维"教学目标对教师发挥着"他主性"作用。对这种"他主性"是盲目服从，将其机械地呈现在教、学案上，还是独立思考，视教学对象和内容（包括课型等）的具体情况，灵活吸收"他主性"的合理成分，创造性地确定教学目标，是教师自主性强弱的分水岭，也是教学指导书的灵性所在。

为便于说明问题，不妨选择甲乙两位教师制定的《童趣》（人教版七年级上册的一篇文言文）的教学目标，进行分析与比较。

甲教师制定的教学目标

（1）知识和能力目标

①初步了解和学习文言文的意义和方法。

②积累文言文词语。

---

① 刘天：《尊重教学过程中教师的合理自主性》，《中国教育学刊》2016 年第 4 期。
② 郑金洲：《教育通论》，华东师范大学出版社 2002 年版，第 212 页。
③ 熊川武：《反思性教学》，华东师范大学出版社 1999 年版，第 134—135 页。

③翻译文言文，把握大意。

④反复朗读，熟读背诵。

（2）过程与方法目标

①反复读，体会"趣"；

②主动译，激发"趣"；

③读议评，体认"趣"；

④熟背诵，积累"趣"；

⑤擅联想，创造"趣"；

⑥常训练，多积淀。

（3）情感、态度、价值观目标

①学会观察，体味人生，热爱生活。

②获得审美愉悦，培养审美的情趣。①

乙教师制定的教学目标

（1）培养学生的文言文诵读习惯，初步掌握学习文言文的一般方法，理解并积累文言词语，如"鞭""驱""明察秋毫""怡然自得""庞然大物"等。

（2）品味文中的童真童趣，学习用天真烂漫的童心细致观察事物，做一个富有生活情趣的人。

（3）继续培养学生自主、合作、探究的学习习惯。②

对比起来，甲教师的表述比较"全面"，严格按照课程标准要求书写，三维目标面面俱到。不过，这样的教学目标普适性虽强，但缺乏"个性"。这里的个性指教学目标既有对一般教学任务的规定，还有针对本班学生特点的特殊教学任务的规定。换言之，能紧扣所教学生的特点，满足他们特殊需要的目标才是有个性的教学目标，没有"个性"的教学目标，缺乏针对性和"具体"指导意义。之所以制定出这样的教学目标，

---

① 蔡明、王立英、张聪慧主编：《语文课程教学设计与实施》，高等教育出版社 2008 年版，第 110—111 页。

② 黄小星：《童趣教学设计（篇 2）》（http：//user. sanwen8. cn/blog/134637）。

也许有诸多原因，但教师不了解或忽略学生情况，缺乏独立思考可能是主因之一。由于甲教师没有做一堂课有所为有所不为的选择，从而没有表现出必要的自主性。

乙教师的教学目标颇有"个性"：一是用自己的语言表达教学目标，涉及多个维度的学生素养。虽没有用"三维"提法，实则将课程标准融入字里行间。二是针对学生的"需要"即学生未知的东西展开，如要求学生掌握"明察秋毫"等词，同时要求"用天真烂漫的童心观察事物"。三是通过要求学生合作与探究等培养学生情感态度与价值观。乙教师的教学目标尽管也存在些许不足，但有个性，在较多方面考虑了学生发展需要，体现了教师独立思考与自主决策。

2. 吃透实质，制定可"兑现"的教学

教学目标不仅引导方向，而且说明要做的事情（围绕教学重点与难点）。在这种意义上，教学目标越具体，任务越清晰，可操作性越强，越利于实现教学效果。

相比之下，甲教师的教学目标提出的教学任务过于繁杂笼统，仅"过程与方法"，就有读、译、析、积、联、练，大有"把天下麻雀都抓尽"之气势。再说"情感态度与价值观"要求学生"学会观察""体味人生""热爱生活""审美愉悦"等，这些目标若在一两堂课"兑现"，恐怕是"天方夜谭"。因为它们有较大伸缩性和不确定性，是永远不会过时但也无法终结的，需要学生奋斗一辈子的目标。比如体味人生，人生之漫长、人生之五味、人生之深邃，岂是一两堂课能够完成。实质上，当教完这篇文章时，学生到底"体味人生"没有，似乎谁也没有证据说"有"或"无"。这样的教学目标到底实现多少，也难以知晓。

乙教师的教学目标尽管也有"放之语文而皆准"的要求，诸如培养"诵读习惯""初步掌握""一般方法"等，但侧重点相对明确，具体到"鞭""驱"两个动词，"明察秋毫""怡然自得""庞然大物"三个成语，任务清晰许多。因此达成教学目标的可能性更大。

3. 把握边界，制定能"衡量"的教学目标

教学目标达成度是衡量教学效果的标准，应有明确的质与量。早在20世纪，西方学者就对教学目标的数量标准进行研究，认为没有数量标

准的教学目标（特别是操作性目标）缺乏边界，是不可检测的目标。用之指导教学，教学效率难以保证。对此，我国有学者持同样观点，认为操作性教学目标必须有数量标准，有说明"学生行为或结果的具体陈述……以及必须达到的效果。这些行为是在具体的教学时间结束时必须巩固的"。[①] 比如有的教学目标是"到星期五，学生要能按顺序背出每个月的名称。学生要能在 45 分钟内用提供的工具参与并组装气化器"[②]，这些目标都有具体时间和要求。

如此看来，甲乙两位教师的教学目标既没有限定时间，也没有完成任务的程度，是难以衡量教学效果的。与此不同，学习问题导向教学要求教师撰写教学目标时，发挥合理自主性，独立思考、吃透实质、把握边界，制定有"个性"、可"兑现"、能"衡量"的特殊教学目标。

（二）自学提示较清晰

实施学习问题导向教学的教师坚信"相信学生、解放自己"，"指导自学、成就学生"的道理。因此，在撰写教学指导书的时候，教师在"自学提示"处颇费心思。

1. 自学提示结构完整

完整的自学提示应包括自学内容、自学方法与自学效果。关于自学内容，教师一要明确自学范围，引导学生自学重点或难点知识；二要根据学生年龄特点，设置容量适中的自学任务，若一次自学内容太多，可分为两次，但不可搞成一问一学；三要明晰自学内容顺序，让学生清楚先自学什么内容后自学什么内容。关于自学方法，教师根据具体内容指定自学方法，教会学生标注、分析、思考、并就不懂内容拟定问题（提问）等。关于自学效果，并非每次自学都需检测，视具体情况而定，其检测形式多样化，可以书面练习，也可以口头提问等。

2. 自学提示要求清晰

清晰的自学提示，具体来说，包括下述几点。一是自学要求要具体，如自学的时长、纪律、问题反馈途径、知者加速等都要具体明确。二是

---

① 熊川武：《反思性教学》，华东师范大学出版社 1999 年版，第 136 页。
② 同上。

学法指导要清晰，围绕"读、记、思、问"四字做文章。"读"包括默读、朗读、观察、触摸；"记"包括记忆、记录、标记；"思"与"问"，主要指学生独立思考，提出具体有效的问题。三是动作指向要明确，关键指令性动词如"标注、比较、思考、概括、拟题"要具体。四是明示学习工具，借助什么工具、步骤如何要求明确。五是出示时机要恰当，学法指导在学生百思不得其解时出示效果最佳，正所谓"不愤不启，不悱不发"。

3. 自学提示操作有序

欲使自学提示操作有序，需注意一些事项。其一，自学指在教师指导下，学生按照自学提示要求进行自主学习，并非不负责任地自由学习。其二，自学提示应紧扣教学目标尤其是教学重难点设计，避免让学生做教材信息"搬运工"。其三，不要把自学提示等同于自学步骤或自学提问。其四，自学提示的出示要注意视听结合，尽可能用投影形式出示，并简要口述。其五，自学与互帮的节点要明确，在规定自学时间内先完成任务的学生不得先行讨论交流互帮，以免影响他人学习。这部分学生要养成自主加速使自己思维得到更深入发展的好习惯。

自学提示示例：《三峡》（第一课时）

默读课文，安静独立地完成自学（10分钟）

（1）对照注释疏通文义，做好批注。

（2）不理解的字词句请用"？"标出。关注"2个自、3个绝、发、奔、疾、或、漱、良"等词义。

（3）思考：文中依次写了三峡哪几个季节景色？找到标志性词语。

有疑问的亮红色面信息沟通牌向老师求助。

知者加速：完成的翻绿色面信息沟通牌，背诵课文前半部分。

（三）互帮策略较完善

实施学习问题导向教学的教师始终坚守"学生提出问题，学生互帮优先解决"的原则。因此，在撰写和应用教学指导书的时候，教师在"互帮策略"处煞费苦心。

1. 互帮策略的价值内涵

同伴间互相帮助解决彼此问题或明晰对问题的理解，这既是合作学习共同提高的具体形式，又是形成和谐人际关系的有效举措，更是保障教学效益的有效手段。为指导学生互帮环节顺利开展，教师一要培养得力的小组负责人；二要培养群体成员强烈的团结、和谐、向上精神；三要给出明确互帮目标和具体互帮内容，根据学习任务开展结对学习和小组学习；四要保证充分的互帮时间，在互帮过程中充分利用学习问题导向教学的重要学习工具之一——互帮显示板（也即小黑板）。互帮时根据学科特点，或书写，或画图，或运算，板书者不能自顾自地书写，而是尽可能给帮助对象一种更为直观的效果。

2. 互帮策略的具体表现

教学指导书上较为完善的互帮策略具体体现为下述三点。

其一，明确同伴结对与小组合作是互帮的两种重要形式。同伴结对有强强结合、弱弱结合、一强一弱结合等多种形式；小组合作指以小组为单位，组内成员共同完成教师指定的学习任务。

其二，把握适合于同伴结对的学习任务。适合于同伴间两两结对的任务可以多样化：同伴间可以相互提问，你问我答，我问你答；可以互相陈述某一指定的学习内容，你说我听，我说你听；可以相互评论，你评我论，我论你评；可以互相批阅作业；可以共同拟问题向教师提问；可以共同分析个案、练习、实验；可以互相评判对方听课笔记；可以就某一项学习活动交流意见；可以相互出"同伴跟踪卷"帮助对方"跟踪"问题，等等。

其三，思考合作任务设置的有效性。为避免当前一些常规课堂教学小组合作学习中出现的无组织、随意性强的即时性交流，更为避免问题指向不明，学生讨论泛化，明知故"论"、超越极限讨论，越难越"论"等众多"伪讨论"现象，教师势必要设置合理有效的合作任务。有效乃至高效的合作应包含紧扣教学重难点、合作的容量相对要大，合作的内容要汇聚小组成员集体智慧，学习内容深度与广度最大化等要素。为此：一方面，教师要考虑有效合作的前提必须是非合作不可。真正的学生间同伴合作有助于提高课堂教学实效，促进学生对学习内容的理解、掌握和深化，发展学生的思维能力，帮助学生形成运用学科知识分析问题与解决问题的能力。另一方面，教师要考虑开展学生合作讨论的时机。课堂上讨论时机并非越多越好，而是当遇到与教学重难点相关问题时，或遇到某些容易混淆知识点时，或问题答案存在多种可能性时，或课堂教学爆发有效生成时，教师组织学生进行有序讨论，才富有意义，才能充分发挥合作价值。

（四）释疑内容较适切

学习问题导向教学中教师释疑与常规教学中教师讲解不同，两者最大区别在于讲解是针对教材内容进行具体阐释，释疑是针对学生自学教材重难点内容所提共性问题进行具体阐释。讲解的未必是重难点内容，但释疑的一定是重难点内容；讲解的未必是共性问题，但释疑的一定是共性问题；讲解的未必是学生所需要的，但释疑的一定是学生所需的。正因为如此，教师在撰写教学指导书时对释疑非常重视，尤其是关注释疑内容的适切性。

1. 释"大"疑

"大"疑是指学生所提与"重点""难点"及相应的知识与技能等紧密相连的疑惑，"小"疑是指学生所提与"重点""难点"联系并非紧密的疑惑。教师在撰写教学指导书时，要对教材和学生情况进行充分了解与掌握，采取"抓大放小"的原则，准确预设出学生可能出现的"大"问题与"小"问题，并将重点放在如何解释学生的"大"疑方面。至于学生的"小"疑，区分为"共"疑与"独"疑，区别对待。

2. 释"共"疑

"共"疑是指大多数学生所提的疑惑，可能与重难点知识相联系，可能与重难点知识联系并不密切，也可能是多数学生容易出错、弄混淆、遗漏的知识点。因此，教师在设计与撰写教学指导书时，要特别遵循"三关注三不关注"原则，设计释疑内容：关注重点知识，关注难点知识，关注学生易错、易混、易漏的知识点；不需关注学生已经学会并且掌握的知识点，不需关注学生自学就能学会的知识点，不需关注学生怎么学也学不会的知识点。

3. 释"独"疑

"独"疑是指小部分学生所提的疑惑，可能是少部分优生"知者加速"内容上的疑惑，可能是少部分弱生的疑惑，可能是互帮智慧碰撞中的新见，也可能是旧解，可能与重难点知识紧密，但仅为小部分人发掘，可能与重难点知识不紧密，不为大多数人重视。不管如何，教师在设计、撰写、应用教学指导书时，对于学生所提的"大"疑与"共"疑，采取集中释疑；对于"小"疑与"独"疑，采取分散释疑的原则。

（五）感情调节较丰富

教学指导书青睐感情调节，并将其贯穿于学习问题导向教学的始终。

1. 课前感情调节定"情"定"调"

学习问题导向教学的课前感情调节凸显在定"情"与定"调"两方面。其一，安定学生学习情绪。课前的感情调节主要体现在课前导入环节，充分且合适的课前导入，能促使学生尽快安定学习情绪，激发学生学习兴趣。其二，奠定学科学习基调。充分且合适的课前导入，能促使师生感情更融洽，便于教师明确教学目的，启迪学生思维，奠定全科学习基调。

2. 课中感情调节激"趣"激"智"

学习问题导向教学的课中感情调节凸显在激"趣"与激"智"两方面。其一，激励学生学习兴趣。为使学习问题导向课堂教学各环节顺利展开，教师适度使用感情调节手段，正向激励学生的学习兴趣、精神状态、学习状态。例如，教师可以采取精心准备的上下课仪式、语言、动作、神态、与教学内容紧密相关的奇闻趣事、趣行趣法、灵动多样的教学方法、提供与学生动机水平吻合的适切学习任务等手段，正向激励学生精神状态与学习状态。其二，激发教师教学智慧。任何课堂教学中均会出现一些偶发教学事件，这便需要教师具有丰富的教学智慧加以处理。学习问题导向教学亦不例外，其提倡教师充分发挥感情调节作用，采取"学生整体问题当场处理，局部问题个别处理，个性问题无声处理，课上问题课下处理，特殊问题特殊处理"等不同问题不同智慧处理方式，推动学习问题导向课堂教学顺利进展。

3. 课后感情调节紧盯"问题"

学习问题导向教学的课后感情调节重点聚焦于学生"问题跟踪"。对于优生，教师要重点鼓励其进行高效"自我跟踪"，勇于思考，善于提出新问题。对于中等生，教师要重点激励学生两两结对互相监督，"同伴跟踪",共同进步,共同成长。对于弱生,教师在给予适当学习方法指导并鼓舞弱生继续努力的基础上,采取提前单独教授未学知识,让弱生提早熟习新知,在再次学习新知过程中因熟习而难度降低,赶上其他学生学习进度,提升弱生学习信心;教师也可以对小部分弱生实施"教师跟踪",真切关怀、关心、关爱学生,切实发展学生生命可能性。

简言概之,教学指导书异于常规教学中教案、学案,主要表现为四点。其一,关注点不同。教案关注教师如何教,学案关注学生如何学,教学指导书关注教师如何引导学生提出问题、分析问题、解决问题、"跟踪问题"。其二,导向不同。教案、学案是以教师预设为导向,教学指导书虽然基于教师预设,却以问题与方法为导向。其三,信息容量不同。教案、学案呈现信息容量较大且常包括一些低效或无效信息;教学指导书呈现信息量虽不大,但寓意丰厚。其四,书写详细度不同。教案、学案常常罗列较为翔实,教学指导书常常言简意赅,并蕴有大量动态生成空间。

第二节　学习问题导向教学之"机制"

机制最早源于希腊文,原指机器的构造和工作原理。学习问题导向教学的机制是指学习问题导向教学的各个要素以及要素之间的和谐动态过程。据此,学习问题导向教学的"机制"包括以学习问题为核心的基本要素,各要素之间的关系,反映这种关系和由各要素组成的动态过程,即流程。

一　学习问题导向教学的基本要素

学习问题导向教学的基本要素包括三个:学习问题、问题导向、"问题跟踪"。

（一）学习问题

学习问题指学生学习特定内容时遇到的或提出的需要回答或解释的有较为确定答案的疑惑（是 question 不是 problem）。其范围较广,可以是学习教材内容时存在的疑难,也可以是完成作业时存在的不惑,可以是小疑惑、大疑难，也可以是良构或劣构问题。问题由学生主动提出，或是在教师正确引导下提出；不排除学生提不出问题时，由教师提出问题。问题的首要解决者是学生群体，教师是问题解决的组织者与引导者，负责组织学生群体间相互解决问题，负责解决关键问题、重要问题或大多数学生的共性问题。"学习问题"的功能在于在学习过程中，培养学生充分合理地自主学习，鼓励学生提出问题、分析问题、解决问题。

（二）问题导向

问题导向，就是以问题为引领教学的方向。此处特指以学习问题为导向。首先，要确定导向的出发点。学习问题导向的出发点就是学习问题，从学习问题出发进行教学，"紧盯"学生不懂的内容，从此处执教，就是强针对、高效率的"教学起点"。其次，要树立导向的相对终点。学习问题导向教学的相对终点也是学习问题，始于问题，终于问题。再次，要坚持根本性学习问题一以贯之的原则，也即"抓大（教学重点或难点）放小（非教学重点或难点）"原则，不能平铺直叙、均衡用力。问题导向的功能在于引领学生的整体素质发展。因为学习问题存在于学生各学科学习、各素质发展等多方面，以问题为导向，便于较早形成学生的问题意识，利于发展其生命可能性。

（三）问题跟踪

"问题跟踪"中的"问题"多指习题练习中做错的题目；"跟踪"指反复纠错与更正；"问题跟踪"指学生反复纠错与更正学习过程中出现的问题的一种学习方法。"问题跟踪"的意义深远，重在"跟踪"过程中提高学生学习成绩、提升思维品质、培养良好问题意识。

"问题跟踪"的基石是"一三三策略"。"一三三策略"中"一"指每门学科只做一本（套）习题。这一套习题是教师在众多习题册中精选出的题型较全面、难易较适中、题量较适切的一套，或是教师合力精心编制的一套习题册。学生中的知者（该学科学有余力的学生）可以同时拥有另一套用于提高自我水平的加速习题册。"一三三策略"中第一个"三"指每门学科都有"试题册""解题册"和"纠错册"三册。"解题册"是专供学生解题的习题册；"试题册"是专供学生考试的习题册；"纠错册"是专供学生纠正"试题册"上标记的错题，为节省时间，方便

"跟踪",不必抄题,只需写明页码与题号即可。"试题册"与"解题册"内容相同,作用不同。"一三三策略"中第二个"三"是"三重跟踪",指"问题跟踪"的三种形式:"自我跟踪""同伴跟踪""教师跟踪"。

"问题跟踪"的前提是错题标记。错题标记指学生针对练习中做错的习题,用特殊符号在"试题册"上进行标注,以备"跟踪"之需。标记错题的符号、位置、尺寸、颜色等均需一致。错题标记,一便于学生"自我跟踪",二便于学生出"同伴跟踪卷",三便于教师归纳学生共性问题与个性问题,四便于教师监督学生"跟踪问题"情况,五便于教师检测学生"问题跟踪"效果。规范错题标记利于提高学生学习效率:学生在标记中对知识盲点进行反复"跟踪",及时将知识盲点化为知识熟点,益于巩固与提高知识水平。

"问题跟踪"的保障是有效监督。其一,教师可以组织"问题跟踪"效果监测,定期或不定期进行井然有序的"同伴跟踪考"(两两结对互相考)或单元综合考(使用单元测试问题考模板)等行之有效的措施敦促学生"问题跟踪"。其二,教师可以采取奖惩措施,奖励自觉"跟踪问题"且效率高的学生,适当惩罚被动"跟踪问题"且效率不高的学生,给予其适度警醒与鞭策。

二 学习问题导向教学各要素的关系

学习问题、问题导向、"问题跟踪"三个基本要素分别在学习问题导向教学过程中发挥着不同的重要作用。

(一)"学习问题"是核心

除具有普通教学必备的教学人员、教学资源、教学对象等特质维要素与教学管理、教学目标、教学行为、教学组织、教学评价等过程维要素外,学习问题导向教学的三大基本要素中,"学习问题"是核心要素。

1. 课堂教学的核心是"学习问题"

学习问题导向课堂教学中的六个主要环节,即自学寻疑、互帮答疑、教师释疑、群言辨疑、练习测疑、反思质疑,每个环节都"剑指""学习问题"。学生自学教材内容,发现"学习问题",提出"学习问题";同伴间互相帮助解决彼此的"学习问题";共同倾听教师对"大"的"学习问题"的集体释疑；同伴间互相帮助言说与监听对"学习问题"的理解；当堂练习检测学生对"学习问题"的理解程度；反思质疑环节亦围绕"学习问题"而展开。学习问题导向教学就是以"学习问题"为核心的课堂教学。

2. 优化作业的核心是"学习问题"

优化作业紧紧围绕学生"学习问题"展开："一三三策略"在精减学生作业习题量，减轻学生学业负担的同时，使学生"学习问题"更聚焦，更便于后续的"问题跟踪"；"三重跟踪"使不同的学生紧紧围绕属于自己的"学习问题"进行反复"跟踪"，更有针对性，不仅增强学生学业自信，还提升学生学业水平。

不管是课堂教学，抑或是优化作业，"学习问题"是核心要素源于其之于教师教学与学生学习的重要作用：对于教师教学而言，"学习问题"利于教师真正以学定教，重视学生提出问题与解决问题，有效避免"过度讲授"，兼顾学生差异性学习，发展学生学习自主性；对于学生学习而言，"学习问题"利于学生发挥学习自主性，自发提出问题、自觉分析问题、自主解决问题，培养问题解决素养，实现生命可能性的发展。

（二）问题导向是重点

就心理学意义而言，"问题"包含给定状态（问题的初始状态）、目标状态（问题结论性描述）、除障状态（间接地通过认知改变给定状态，达至目标状态）。显然，此处"问题"除障状态就是一种问题导向。学习问题导向教学的课堂教学与优化作业之"问题跟踪"都是从"问题"出发，又回归"问题"，凸显问题的导向作用。

1. 课堂教学重在以"学习问题"为导向

学习问题导向课堂教学的六个环节均有"疑"，均是以学习问题为引导教学的方向。自学寻疑指学生在自学过程中主动寻找疑问，提出问题；互帮答疑指学生互相帮助分析小问题、解决个性问题；教师释疑指教师帮助学生分析与解决共性问题与大问题；群言辨疑指学生间互相"监听"辨别彼此是否真正理解大问题；练习测疑是通过练习深层检测学生对共性问题的理解程度；反思质疑是通过反思学习内容和学习方法进一步提出新问题。每个环节顺延着学习问题，不断提出问题、分析问题、解决问题、提出新问题、分析新问题、解决新问题，周而复始。

2. "问题跟踪"重在"跟踪""学习问题"

"学习问题"不仅贯穿课堂教学始终，而且还导向课堂之外，也即"问题跟踪"重在"跟踪""学习问题"。学生针对学习过程中出现的"问题"进行反复"跟踪"，并在反复"跟踪"学习问题中深化对问题的理解，强化提出问题、分析问题、解决问题的问题意识。

（三）"问题跟踪"是关键

"问题跟踪"在对学生作业进行优化的过程中，既促进学生的学习，又促进教师的教学，充分彰显了其是学习问题导向教学的关键要素。

1. "问题跟踪"实现了作业优化

"问题跟踪"实现了作业优化，使得学习问题导向教学成为一个既关注课堂教学，又关注学生作业的相对完整的闭环。具体如图5—2所示。

（1）"问题跟踪"既"跟踪"优化的课内作业，也"跟踪"优化的课外作业。

（2）就"跟踪主体"而言，分为"自我跟踪""同伴跟踪""教师跟踪"。

（3）就"跟踪时间"而言，分为"及时跟踪""延时跟踪"。

（4）就"跟踪频率"而言，分为"常规跟踪""非常规跟踪"。

（5）"自我跟踪"多适用于优生。"自我跟踪"指学生对"试题册"（试卷或讲义）上标记的错题在"纠错册"上有计划地（如出现错误的当日、隔日、七天后）进行自我纠错。优生学习能力较强，具有积极进取、目标清晰、动力十足、基础扎实、学科平衡、同步协调、善于自控、喜欢探究、自我反思、计划周密、注重落实等学习自主性强的特点，且优生出现错题的机会和数量均较少，容易"自我跟踪"。

（6）"同伴跟踪"多适用于中等生。"同伴跟踪"指学生两两结对，通过互查互测形式，督导同伴相互"跟踪"对方问题，助其知识过关，尽早实现"自我跟踪"。"同伴跟踪"多适用于"听话""谨慎""中和""不缺智力""庞大"的中等生群体，旨在培养其互助共赢、"跟踪"与合作意识。

（7）"教师跟踪"多适用于弱生。"教师跟踪"指教师依据学生作业

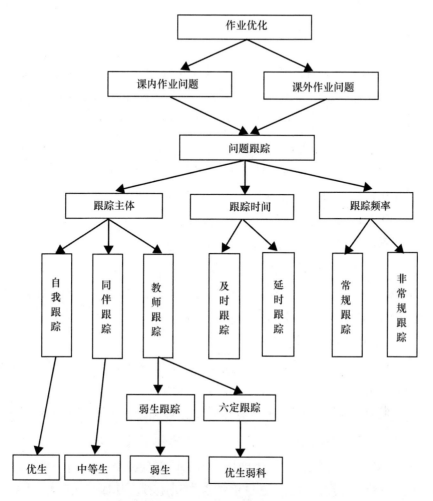

图5—2　学习问题导向教学之作业优化

问题记录表与"试题册"上错题标记，对学生进行个别指导与督促，促进学生自己解决学习问题。"教师跟踪"更适合弱生（学习能力较弱的学生），弱生虽然比重不大，但学科基础薄弱，问题数量多、难度大，学习自主性较弱，学习自信心不足，缺乏"问题跟踪"意识，不懂"问题跟踪"方法，教师给予弱生适度"跟踪"利于其全面发展。教师跟踪中的"六定跟踪"，是指定"跟踪"人员、定"跟踪"时间、定"跟踪"地点、定"跟踪"内容、定"跟踪"方法、定"跟踪"作业，适用于毕业班或非毕业班"优生弱科"学生（如会考科目）的一种特殊的"教师跟踪"形式。

2. "问题跟踪"促进了学生学习

"问题跟踪"给学生学习带来的变化主要体现在学生学习成绩提高、思维品质提升、问题意识强化三方面。首先，利于提高学生学习成绩。学习者重新看待错误，将错误视为获得情绪和认知处理策略的一个机会，积极实行错误管理训练比避免犯错误训练更能提高成绩和自我效能感。[①]反复"跟踪"问题进行针对性学习，积累旧知，扩充新知，巩固知识点，利于强化理解学习内容提高学习成绩。其次，利于提升学生思维品质。思维品质是人们在思维过程中表现出敏捷性、灵活性、深刻性、独创性、批判性等不同特性。反复"跟踪"同样错题，深挖问题，反思问题，利于提升学生思维深刻性和批判性。最后，利于强化学生问题意识。学生在不断地"分析问题——解决问题——分析问题——解决问题"的"跟踪"问题过程中不断强化问题意识。

3. "问题跟踪"提升了教师教学

问题较为准确地反映学生在学习过程中所遭遇的阻力和困难，教师监管有力地督促学生"问题跟踪"，不仅影响学生积极学习，还能促进教师有效教学。其一，问题便于教师及时发现和帮助学生纠正思维偏差，弥补学习不足，提升思维能力。其二，问题便于教师及时优化学生学习过程，帮助学生迅速找到分析问题、解决问题的方法。其三，教师有力地结合学生"跟踪"的问题与重难点知识施教。其四，教师根据学生"跟踪"的问题建立学生"问题跟踪"档案库，帮助学生更好地"跟踪"、巩固、复习、消化、吸收、理解问题。其五，学生所"跟踪"的问题是教师了解学生真实学情的第一手资料，也是教师因生而异与因材施教的主要依据。

"问题跟踪"实现了作业优化，促进了学生学习，提升了教师教学，在学习问题导向教学中无不彰显着关键性作用。

在学习问题导向教学过程中，"学习问题"、问题导向、"问题跟踪"

---

① 周益波、元乐天：《错题深加工："轻负担　高质量"教学的有效路径》，《福建教育学院学报》2011 年第 5 期。

三个基本要素之间关系非常紧密。其一，核心要素"学习问题"是问题导向的核心，也是"问题跟踪"的核心：问题导向的六个主要环节处处以"学习问题"为核心；"问题跟踪"也是以"学习问题"为核心进行反复"跟踪"。其二，重点要素"问题导向"是"学习问题"的重点，也是"问题跟踪"的重点：课堂教学六个主要环节紧紧围绕"学习问题"，并始终以"学习问题"为主线贯穿课堂教学始终；"问题跟踪"中三种主要的不同"跟踪"形式，"自我跟踪""同伴跟踪""教师跟踪"也自始至终地以问题为导向，进行反复"跟踪"。其三，关键要素"问题跟踪"是"学习问题"的关键，也是"问题导向"的关键：课堂教学六个主要环节紧紧围绕"学习问题"展开，在每个环节进行之时，都有可能在学习过程中"遗留"错题（一些错误或问题），这便需要反复的"问题跟踪"以至彻底解决。

三 学习问题导向教学的流程

在四所被调研的学校中，学习问题导向教学的流程体现在自学寻疑、互帮答疑、教师释疑、群言辨疑、练习测疑、反思质疑六个环节（详见图5—3）。

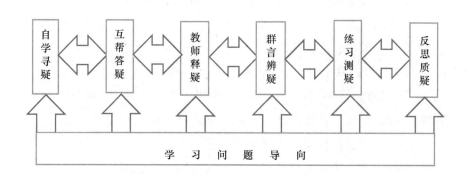

图5—3 学习问题导向教学的流程

（一）学习问题导向"导"自学寻疑

自学寻疑指在教师正确引导下，学生独立自主地学习教材重难点内容，找寻疑惑与不解，勇于提出问题。自学寻疑方向的正误、质量的优劣与学习问题导向密切相关。

1. 学习问题"导"方向

"我们今天把重点放在教育与学习过程的'自学'原则上"①，"自学，尤其是帮助下的自学，在任何教育体系中，都具有无可替代的价值"②。自学能力是个体重要能力之一，是学习型社会的根蒂，是终身教育的根基。学生自学历程就是检测学生个体问题解决能力的过程，检测结果用个体所提问题的形式间接呈现，自学所提问题水平高低与学生自学能力强弱呈正向关系。因此，自学寻疑方向的正误与学习问题导向密切相关。

2. 学习问题"导"质量

自学寻疑质量的优劣与问题导向密切相关。学起于思，思源于疑。自学寻疑关乎学生的思考深度、知识广度、探究宽度、认真程度等。其一，思考的深度。学生所提问题有无价值体现着学生自学时是否进行深刻思考，思考越深刻所提问题越有价值，思考越浅显所提问题价值越低。其二，知识的广度。何种内容已知，何种内容未知，何种内容一知半解，何种内容略知一二，学生对知识掌握的广度通过所提问题呈现得一清二楚。其三，探究的宽度。学生所提问题的数量在某种意义上折射学生探究的宽度，探究范围越宽，疑惑越多，所提问题数量越大；反之，则低。其四，认真的程度。学生自学时是否专注、独立、自主，通过学生所提问题的数量、质量、价值综合表现出来。

（二）学习问题导向"导"互帮答疑

互帮答疑指教师组织学生针对自学过程中所提问题进行同伴间相互帮助解决彼此疑问。互帮答疑需遵循"学生提出问题优先学生解决"原则，即教师先组织各小组组内成员互相解决本组内问题，再组织组际间成员互相解决其他组未解决的问题。互帮答疑中问题解决的效果与学习问题所"导向"的学生自主学习以及问题解决的过程两者密切相关。

---

① 联合国教科文组织编：《学会生存——世界教育的今天和明天》，邵瑞珍等译，教育科学出版社 1979 年版，第 219 页。

② 联合国教科文组织编：《学会生存——世界教育的今天和明天》，邵瑞珍等译，教育科学出版社 1979 年版，第 274 页。

1. 学习问题"导"自主

客观而论，就知识讲解深度与透彻度等等角度而言，学生答疑或许的确不如教师讲解到位；但从情感、态度、价值观等角度来说，学生提出问题让学生同伴互相帮助解决要比教师讲授解决问题意义更深远、更长久，因为这是学生学习充分自主的彰显。因此，在学生互帮答疑过程中，教师只需谨记"放心、放手、放下"的"三放策略"，将解决问题的时空与学习的主动权赋予学生。

2. 学习问题"导"互助

学生思维方式不一样，所提问题有异同。哲学里矛盾普遍性和特殊性辩证原理告诉我们：万事万物都是共性和个性相结合。学生所提问题也存在共性与个性相结合现象：学生都不会的问题是共性问题，有些问题甲生不会乙生会，有些问题乙生不会甲生会，这样的问题便是个性问题。此外，学生是学习者身份，思维方式与话语方式较为接近，易于正面影响同伴，引起同伴情感共鸣，因此学生互帮解决问题有时比教师讲授解决问题易于让学生群体接受与消化。再者，学生互相帮助解决对方问题，会激发学生好奇心与新鲜感，问题解决者会非常认真负责地答疑。故而，在互帮答疑环节中，学生同伴间互相帮助的合作精神极其重要。

（三）学习问题导向"导"教师释疑

教师释疑指教师针对学生未能解决且与教材重难点内容紧密相连的关键性问题（大问题）进行集体释疑。在此过程中，学生需认真倾听、做好笔记、积极思考、敢于质疑。教师释疑的问题多是关键的大问题，这点与问题导向也有着密不可分的联系。

1. 学习问题"导"重点

学生所提问题，历经互帮答疑后剩下的问题，教师无时、无力、更无必要，全部一一释疑。而是采取"抓大放小"原则，针对重点问题进行释疑。"抓大放小"利于完成教学任务。一方面，抓"大"放"小"，既得"大"又得"小"。因为重点或关键性问题解决了，其他问题迎刃而解，举一反三，一通百通。比如，部分细小的内容课堂上没有讲，学生做作业时可能遇到。也许出现两种情形：一是能力强的学生"跳起来摘果子"，自己把问题解决，收获细小知识，他们自主能力更强。二是对于教师没有讲过的内容,能力弱的学生做不出来,这是正常的,因为即使教师讲了,他们还是做不出来。另一方面,不抓"大"放"小",往往因"小"失"大"。其一,平铺直叙,面面俱到,平均使力使得重点没有解决,难点没有突破,"纲不举则目不张",一不通百不通,次要东西也得不到。正所谓"伤十指不如断其一指"。其二,主次不分,导致学生必须处处用心,容易疲倦,注意力分散,不仅学不好,而且会产生厌烦情绪。其三,盲目追求大容量,结果"欲速则不达"。

2. 学习问题"导"方法

教师围绕学习问题进行集体释疑时,也要注意方法。一是注意以"启发解疑""点拨关键",而非"系统讲解"为主。二是遵守"三讲三不讲"原则(如前所述),突出重点,分明主次,更加高效。课堂教学时间有限,应该把有限教学时间用来讲解重要的、关键的、共同的问题,若讲了不该讲的内容,既浪费有效教学时间,又导致学习效果低下。只有"三讲三不讲"才能重点突出、主次分明、更加高效。三是遵循"集中释疑与分散释疑"原则。集中释疑指教师聚焦讲解与释疑学生在自学寻疑、互帮答疑后所暴露的共性问题,教师讲解时注意启发学生思维与引导学生解决问题相结合,重点在于方法思路的调拨。分散释疑指在学生自学与互帮过程中,教师一边巡视及时了解学生自学互帮最新动态,一边及时解决个别学生或个别组的个性问题。

(四)学习问题导向"导"群言辨疑

群言辨疑指教师组织学生在小组内互相言说对大问题的理解,同伴负责"监听"与辨别对方是否真正解决问题。群言辨疑的"言说"质量和辨疑态度与学习问题导向密切相关。

1. 学习问题"导"言说

言说具有非常重要的意义。言说是"出声思考",是他人可感性很强的显性思维。课堂上教师要求学生动脑很重要,但动脑是内隐的,学生究竟有无动脑不容易立即察觉,而动口"言说"却不一样,说不明白就是没有想明白,教师或同学在"监听"中很容易发现其问题,利于及时给予有效帮助。杰弗里·卡皮克记忆研究认为"重复提取对学习具有重要促进作用……用自己的语言解释学到的知识就是一种非常理想的'提取'形式"①。"言说者"言说时需注意四点。其一，言说内容严格围绕教师设定的内容，不能跑题。其二，言说时尽量做到条理清楚、逻辑结构清晰。其三，言说语调高低适中，不能影响其他组言说。其四，言说语速快慢适中，以组内成员听得清楚、听得明白为标准。

2. 学习问题"导"态度

群言辨疑具有非常重要的意义，其有助于因慑于教师权威或担心自己没理解遭到同学轻视而装作理解的学生更深刻地理解问题，也有助于教师更全面了解学生实际学习程度。辨疑者在"监听"时需注意以下几点。其一，"监听者"在"监听""言说者"说的过程中本着对其负责的态度，不可蒙混过关。其二，当"言说者"说得丝毫不差或非常精彩时，"监听者"本着公正客观态度给予其充分肯定与鼓励。其三，当"言说者"说得牵强附会或离题万里时，"监听者"本着积极关心同学的态度给予其适当补充与适时帮助。

（五）学习问题导向"导"练习测疑

练习测疑是学习问题导向教学非常重要环节之一，指教师围绕本节课重难点知识精选习题当堂检测学生。练习测验的题量多少以及教学目标达成度都与学习问题导向密切相关。

1. 学习问题"导"题量

用来测疑的练习，其内容、时间、题量、形式、批阅等各环节无一不关系着测疑的效果。其一，测疑内容需教师围绕本节课重点知识精心设计，利于教师及时掌握教学情况进行反馈调节等。其二，测疑需安排在课堂内临近下课时分，测试时间以 3—5 分钟适宜。其三，测疑的习题量要适中，题量过度容易陷"题海战术"怪圈，题量过少起不到测疑效果。其四，练习测疑形式多样化，可以是书面形式，也可以是口头形式；可以是教师统一检测全体，也可以是教师组织学生两两间互相检测等。其五，若是书面测疑，可以在测疑结束后，教师组织学生井然有序地进行结对互相批阅。及时互相批阅可以让教师迅速了解学生对重难点知识

---

① 赵国庆、郑兰琴：《重复提取胜过细化学习——卡皮克记忆研究进展及其对教学的启示》，《中国电化教育》2012 年第 3 期。

掌握程度，以便进行教学反思调整教学。其六，课堂教学时间有限，为追求每一环节高效有序，教师可以培训学生规范互批作业的批阅责任心，如统一批阅位置、标记符号、批阅人签名与日期等。

2. 学习问题"导"目标

练习测疑不仅可以检测学生对疑问的掌握程度，还可以加深学生对问题的理解；不仅让学生全面了解自我真实学情促进深度学习，还可以让教师全面了解学生实际学情促进教师更准确地施教；更为关键的是可以检测预设的教学目标是否达成，可以促进教师进一步反思与改进教学。

（六）学习问题导向"导"反思质疑

反思质疑指教师要求学生对学习目标、学习过程、学习方法、学习习惯等进行深刻反思，特别是对作业中出现的问题进行反思，勇于提出新问题。反思与质疑的效果如何与学习问题导向密切相关。

1. 学习问题"导"反思

伯莱克认为"反思是立足于自我之外的批判性地考察自己行动与情境的一种能力。行动者使用这种能力是为了促进努力思考以专业知识而非用惯习、传统或冲动的简单作用作为基础的令人信服的行动"①。对于学生而言，反思活动在学习问题导向教学课堂里并不少见，但因教学环节紧凑性，课堂上反思多是碎片化，完整地较为全面系统地反思常发生在课外，特别是课后"问题跟踪"（包括自我跟踪、同伴跟踪、教师跟踪）。系统性反思是课堂教学延续，是学习问题导向教学极其重要的要素，是不可分割的部分。

2. 学习问题"导"质疑

学生的反思质疑主要有"对行动反思"与"行动中反思"两种。第一种反思质疑指学生在学习行动开始前和结束后对学习过程与方法进行深刻反思，并勇于质疑。实施之前，反思学习目标的制定、学习准备工作、学习过程构想等；实施之后，对当天学习活动进行回顾与总结，并认真检查作业，特别关注错题，分析错因，反复跟踪等。第二种指学生

---

① L. Valli, *Reflective Teacher Education: Cases and Critiques*, New York: State University of New York Press, 1992, p. 100.

在学习过程中思考自己是否积极主动地学习，有无进行"知者加速"继续进步等。不管是反思质疑学习内容还是反思质疑学习方法，不管是"对行动反思"与质疑还是在"行动中反思"与质疑，学生思维的深刻性、广阔性、批判性、创造性、敏捷性都将有所提升，学习策略得以自我调整，自我行为控制力得以提高。

从自学寻疑开始，历经互帮答疑、教师释疑、群言辨疑、练习测疑、反思质疑；从提出问题开始，历经分析问题、解决问题、提出新问题，以学生所提问题为导向；从作业出现问题开始，历经"自我跟踪""同伴跟踪""教师跟踪"，反复以"跟踪"问题为主线；学习问题导向教学的流程呈现两个主要特征。

第一，问题导向教学流程是以理解为中心建构的。以理解为中心建构的学习问题导向教学流程主要映射在教学世界的六个方面。教学世界是人类自为地融物质与精神于一体的、以便教学人员借助教学要素的相互作用筹划并实现生命可能性的场域。[1] 教学世界中教学人员（主要指师生）与理解对象沟通，在认知过程、感情调节、行为引导上筹划并实现生命可能性。（1）理解是发生在特定教育世界中，且和师生的"视界"（horizon）与"处境"（context）紧密相连。（2）理解主体与理解对象借助沟通达至视界融合与关系形成，实现真正的"理解对象和它与理解者之间的全部整体关系的把握"[2] 的理解。（3）理解交融于师生感情、认知、行为。（4）理解使得师生实现生命可能性。（5）理解本质是一种创造。（6）理解具有积极的价值取向。学习问题导向教学提倡两条正向积极的理解价值标准：一是一切促进师生实践接纳性的言行，即使是谎言，都属于理解（导致良好后果的行为）；二是一切不利于师生实践接纳性的言行，即便是"实话实说"，也属于误解（导致不良后果的行为）。[3]

第二，学习问题导向教学流程是"误解"与"确解"的矛盾运动。学习问题导向教学的流程实质就是要解蔽或祛蔽，向一切"误解"（包括

---

[1]　熊川武主编：《教学通论》，人民教育出版社2010年版，第49页。

[2]　殷鼎：《理解的命运》，生活·读书·新知三联书店1988年版，第32页。

[3]　熊川武、江玲：《理解教育论》，教育科学出版社2005年版，第32页。

不解、未解与错解等）进军，以增进"确解"，促使学生从蒙昧无知走向
豁然开朗。

学习问题导向教学流程是发生在特定理解教育世界中，师生彼此的
"视界"与"处境"借助沟通，以学生学习问题为导向，以理解为桥梁，
在"误解"与"确解"的矛盾过程中，不断寻疑，不断解疑，不断遮蔽，
不断解蔽，不断提出问题，不断解决问题，尽显理解创造性本质，发挥
理解积极价值取向，实现师生生命可能性。

第三节 学习问题导向教学之"常规"

学习问题导向教学的流程虽已明，但其顺利展开还需建立相应的
常规。

四所实验学校实施学习问题导向教学的常规包括组织形式的常规、
使用辅助工具的常规以及运用评价手段的常规三部分。

一 学习问题导向教学组织形式的常规

常规是指经常执行的规矩或规定。教学组织形式是指教学过程中师
生共同活动在人员、程序、时空、关系等方面的各种组合形式。我国当
前主要教学组织形式是班级授课、个别化学习、小组合作学习三种。① 学
习问题导向教学将此三者巧妙融为一体：学生个体惑者寻疑、知者继续
进步之时，取个别化学习；同伴互相答疑、辨疑、解决问题之际，采小
组合作学习；教师集体释疑学生无法解决与重难点知识紧密相连的关键
问题或共性问题之刻，施班级授课。学习问题导向教学有效利用这些教
学组织形式，便涉及学生座位安排、分组与分工、正确学习姿势、知者
加速等多项常规。下面逐一述之。

（一）"U"或"非"形座位安排

学习问题导向教学中学生座位安排异于传统"秧田形"，主要有

---

① 顾明远主编：《教育大辞典》（增订合编本·上），上海教育出版社 1998 年版，第 724
页。

"U"字形座位（见5—4左图所示）与"非"字形座位（见5—4右图所示）两种。"U"字形与"非"字形座位是以小组为单位，非常利于学生群体性共同合作学习与互相帮助解疑的座位安排法。其一，"U"或"非"形座位安排便于教师自由参与各组学习活动，及时有效帮助学生解决问题。其二，"U"或"非"形座位安排便于学生彼此间互相帮助回答对方所提问题，互相帮助辨别彼此对共性问题与个性问题的理解。其三，利于学生交际关系形成，使学生化被动学习为主动学习，更好地发挥集体智慧力量。其四，在座位设置为"U"或"非"字形学习问题导向教学课堂里"听讲式""自学式""讨论式"三种学习姿势不仅很好地保留"秧田"形座位强化学生注意力、便于教师管理纪律的优势，而且还巧妙地避免了其单一僵化的学习坐姿，从而更利于学生身心发展。

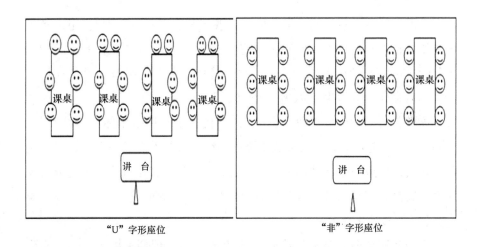

"U"字形座位　　　　　　　　　　　　"非"字形座位

图5—4　"U"字形座位与"非"字形座位

采取"U"或"非"形座位安排的常规主要有：（1）编组。班主任与科任教师及同学商量编组，每个组员一个分组学号，如一组1号，可以编成1—1。（2）就座。学生按照相应序号至对应座位就座。（3）调整。教师可以酌情依据学生在学习问题导向教学课堂中的表现酌情定期调整，同时根据学生视力等情况，整体定期轮换班级内各组座位。（4）牢记。每位学生要记住属于自己的组内学号，上课时会经常用到。

（二）合理分组与分工

学习问题导向教学流程的诸多环节是在小组中展开的，因此，建立小组活动常规非常重要。其常规包括：合理分组与组员分工两项常规。

1. 合理分组

学习问题导向教学依据"组内异质，组间同质"原则建构小组。班主任首先要弄清楚学生性别、个性特征、学业水平、能力倾向及家庭社会背景等各方面情况，征求任课教师意见，进行异质分组，每组以4到6位学生适宜。"组内异质"指每组成员尽量兼具上述各种差异性学生；"组间同质"指班集体内组际间学生能力、成绩、综合水平与素养基本一致，尽量不存在较大差异性。否则，组际间存在相对不公平竞争，容易挫伤较弱学生群体的学习积极性。

2. 组员分工

学习问题导向教学的小组成员需"各司其职，各尽其责"。组内每个成员依据特性，担任不同职责，管好自我，管好组内成员。单科成绩优异的学生可以做学科组长，负责组织、管理、调控小组该学科各项学习活动；有责任心的学生可以做"监督员"，监督小组成员学习行为规范等；能言善辩的学生可以做"发言人"，代表小组展示集体智慧结晶等。"责任到生"有效避免"大多数传统的小组学习既没有任务分工，又缺乏轮流表现，导致小组活动都是不公平参与"① 现象，让每位学生充分发挥才情与智慧，促使"善思爱问"良好组风与班风的形成。

（三）三种正确学习姿势

学习问题导向教学流程将师生置于不同的物理环境中。比如，学生自学时，教师循生而导；学生质疑时，教师立于教室前部释疑等。因此，学习问题导向教学要求学生采取三种正确的学习姿势，且每种姿势都有具体的规范。

1. 自学式规范

"自学式"指学生面向与之相对而坐的同伴，按照教师要求安静又独

---

① Kagan S. , *Cooperative Learning*, San Juan Capistrano, CA：Resources For Teacher. Inc. 1992, p. 10.

立地完成学习任务的学习行为。（1）身体行为表征为：面向与自身相对而坐的同伴，按照教师要求独立地完成学习任务；（2）学习行为表征为：独立、安静地完成学习任务。

2. 听讲式规范

"听讲式"指学生面向讲解者或发言人，双眼紧盯讲授者，边听、边记、边思考的学习行为。（1）身体行为表征为：面向讲台（或讲授者）端坐，眼睛平视讲授者；（2）学习行为表征为：边听、边记、边思考。

3. 讨论式规范

"讨论式"指学生直立面向小组讲授者，聆听同伴发言，并随时准备对同伴的发言补充或质疑的学习行为。（1）身体行为表征为：直立面向小组讲授者，聆听同伴发言；（2）学习行为表征为：做好对同伴发言补充或质疑的准备。发言轻声，说重点、说新意、说疑惑。

三种学习姿势营造了气氛热烈的学习问题导向教学课堂：独立完成学习任务时采用"自学式"；倾听教师或同学讲授时采用"听讲式"；小组合作学习时采用"讨论式"。学生要熟记每种学习姿势对身体及学习行为的各项要求，上课时同伴间相互提醒、督促、力争达至随着不同学习任务，运用自如地自动变换姿势，且牢记"宁转身体，不扭脖子"的健康原则。

（四）知者加速

学习问题导向教学提倡知道教学内容的学生（知者）不能坐等他人，而要继续前进，学习更多内容，以使自己能力得到更好发展。为此，实验学校的师生共同制定了知者加速的规范。

1. 牢记知者加速几个基本要点

对于教师而言，要把握知者加速的三个基本要点。一要将知者加速贯穿于课堂教学内外；二要体现知者加速的可操作性、实效性、计划性、系统性；三要关注各类型的知者加速。对于学生而言，要养成完成既定学习任务后，可以知识加速，也可以能力加速，关键在于形成知者加速的自觉意识。

2. 关注知识加速"三度"内容

教师可以在学习内容上为知者加速的广度、速度、深度提供平台：教师一可以提供与教学重难点内容紧密相关难度更大的学习资料、书、网站、活动；二可以鼓励优生比较专家观点，提出真知灼见；三可以适度调整作业难度，使优生作业涵盖对比、分析、阐释等较高逻辑思维水平的复杂内容；四可以鼓励学生学习更高水平、更深层的学科知识；五可以鼓励优生群体合作探究将当前教学单元相关内容应用于生活实际。

3. 鼓励知者进行多种形式加速

教师要多鼓励知者进行多种形式加速。一鼓励优生帮助中等生或弱生解决问题，进行强化知识理解、提升能力的"能力加速"；二组织优生进行个体加速（个别优生的加速）与群体（优生群体）加速相结合；三培养优生自主加速及在教师合理要求下他主加速；四组织优生进行及时加速与常时加速相结合；五组织课内加速与课外加速相结合；六组织优生同科加速与异科加速相结合，前提是学生学有余力。

二　学习问题导向教学的辅助工具的操作常规

信息沟通牌、互帮显示板、课堂激励表等辅助工具的合理应用成为学习问题导向高效课堂的助推剂。因此，实验学校在操作层面上建立了相应的常规。

（一）信息沟通牌

信息沟通牌是学习问题导向教学课堂上学生用于向教师及时、无声地传递个体问题解决情况的一种台历式（共三个面）学习辅助工具。信息沟通牌的三个面分别代表三层不同的含义：第一个面涂成红色，即"红色面"，寓意出现错误、提出问题、需要帮助、心情不佳等；第二个面涂成绿色，即"绿色面"，寓意结论正确、正在加速、没有问题、心情愉快等；第三个面涂成黄色，即"黄色面"，寓意正在思考、解决问题、任务未完、心情正常等。

信息沟通牌使用规范有以下三点：

1. 妥善保管

每个学生一个信息沟通牌，在牌上写上自己的班级、姓名、组号、组内学号等，并妥善保管，不撕、不画、不涂等。

2. 正确使用

上课伊始阶段，信息沟通牌应平放于课桌左（右）上角，若是完成任务开始知者加速，将"绿色面"朝向讲台；若是有疑问，将"红色面"朝向讲台；若不发送任何信息，则将"黄色面"朝向讲台。学习问题导向教学中，当学生遇到难题了，可以将"红色面"朝向讲台；当学生尚没有完成学习任务，但也未遇到难题或疑惑，可以将"黄色面"朝向讲台；当学生已顺利完成学习任务，开始进行井然有序的知识加速时，可以将"绿色面"朝向讲台。此外，已完成指定学习任务的"知者"，将"绿色面"朝向讲台后，可以帮助同小组将"红色面"朝向讲台的"惑者"，这属于知者加速中"能力加速"（即"知者"帮助"弱者"）部分。

3. 一牌多用

信息沟通牌除了通过涂满红、绿、黄三种不同寓意的颜色，向教师传递不同学习信息外，师生在使用过程中还可以充分挖掘其多功能用途。当堂检测时，信息沟通牌的准确出示，便于教师统计人数，了解学生学情。如当堂检测 5 道题，全对的学生将"绿色面"朝向教师；错 1 题的学生将"黄色面"朝向教师；错 2 题的学生将"红色面"朝向教师；错 3 题及更多的学生不举信息沟通牌。如此，老师立刻知晓此次当堂检测中，多少学生获优、多少获良、多少获中等的实际学情。

（二）互帮显示板

互帮显示板是学习问题导向教学课堂上学生彼此之间互相帮助解决问题时所使用的一种重要的学习辅助工具。互帮显示板的使用，有助于学生信息沟通；维持主题，集中学生注意力；便于学生暴露更多的学习问题和提出问题；方便小组向全班展示本组观点；能降低班级学习噪音，减少相互干扰；便于教师监控、督促和检测。

互帮显示板的使用规范主要有：

1. 一板多用

互帮显示板可以是规格适宜的小黑板或白板，其用途众多：可以进行成果展示，如列出关键词、作图、做题、质疑、知识网络建构等。

2. 书写有范

互帮显示板的书写过程需注意几点：一是书写时放到桌面，提高小组每位成员的参与度，让大家有说、有写、有观，也可挂在小组旁墙壁上进行书写，小组成员围聚一团；二是专人书写，定期轮换；三是展示时悬挂在小组旁边的墙壁上,有时为对比学习结果的差异,可集中讲台前。

学习问题导向教学过程中,当学生小组讨论时,采用"讨论式"学习姿势,小组成员围聚一起认真学习,执笔的学生位居中间,在互帮显示板上认真地书写问题的关键词,该组其他成员可同时轮流述说自己的观点。当教师对学生互帮显示板上显示的共性问题进行集体释疑时,或小组发言人向全班展示本组的合作学习成果时,全班各组的互帮显示板宜统一挂在教室某一边墙壁上,全体学生采用"听讲式"学习姿势,朝向该面墙壁,认真倾听讲解。

3. 保管有规

每组有专人负责保管互帮显示板,做到课前要清理干净,固定存放位置,粉(水)笔、擦布要妥善保管。

(三)课堂激励表

课堂激励表是学习问题导向教学课堂上为调控学生小组合作学习规范,激发学生提出问题、分析问题、解决问题的积极性而设置的一种评价表格。

该表的使用规范主要有:

1. 解释评价指标内涵

"课堂激励表"涵盖反应、参与、自律、负责、正确、创新等六项一级指标。教师也可依据学情,酌情删减。(1)一级指标"反应"包括进入学习状态快、使用学习工具快、作业速度快三项二级指标。(2)一级指标"参与"包括提出自学问题、聆听同学发言、积极发表意见、虚心接受指导、耐心帮助同学、代表小组安排任务六项二级指标。(3)一级指标"自律"包括遵守互批作业规范、遵守学习纪律、尊敬教师、理解同伴、提醒自己及时加速五项二级指标。(4)一级指标"负责"包括批改作业认真、编制考卷认真、做最小作业量认真、登记错题认真、纠错认真、学习材料齐全六项二级指标。(5)一级指标"正确"包括自学中能获得正确答案、讨论中能抓住要点、板书能简明且字迹工整、练习准确率高四项二级指标。(6)一级指标"创新"包括讨论中有见解、解题思路广、作业方法多、答案有个性四项二级指标。

2. 评分权重适时调整

教师在使用课堂激励表时应根据不同情况适时调整评分权重。(1)学习问题导向教学"形似"阶段，主要侧重培养学生学习问题导向学习规范，则分值可以倾向"反应"指标；小组互帮答疑时，分值可以倾向"参与"指标；同伴互阅作业或同伴"问题跟踪"时，分值可以倾向"负责"指标等；"神似"阶段则更侧重于"创新"等指标。（2）教师可以依据学生整体不同学情适度删减具体的一级指标与二级指标。（3）教师可以根据学生情况确立激励重点内容，并提高重点内容的计分权重，比如教师可以考虑弱项多分、弱生多分等措施：同样难度的问题，弱生回答正确得分是优生的两倍，利于调动弱生学习积极性。

3. 及时反馈结果

教师要注意激励的结果要及时反馈的原则。（1）及时性原则，及时计分、及时安排学生登记各组得分、及时兑现奖励。（2）奖惩结合原则，对有些行为习惯不好，反应迟钝，参与不积极，自律意识差的同学，可以及时利用"反应、参与、自律"栏，扣除小组分数，发挥小组成员互相监督作用。

此外，课堂激励表在使用过程中，还需要注意四点：一是评价激励要准确，即评价项目准确、小组分辨准确、分值判断准确；二是物质奖励与精神奖励相结合；三是过程评价与结果评价相结合；四是教师应注意除特别考察学生学习速度外，一般不要在速度上为学生或小组的学习进程评分，以免引发学生"从众行为"。

三　学习问题导向教学的评价手段的运用常规

学习问题导向教学的实施离不开各种评价手段的运用。比如，各种课型的学习问题导向教学的评价、学生学习问题导向学习行为规范评价等，这些评价手段的运用涉及诸多常规。

（一）教师教学评价的常规

学习问题导向教学的教师教学评价是个动态的过程。不同的课型有不同的评价重点和常规。具述如下。

1. 学习问题导向教学达标课评价常规

学习问题导向教学达标课是学习问题导向教学处在"形似"阶段的一种课型。

表5—2 　　　　　　　学习问题导向教学达标课评价表

时间			节次		班级	
授课人			学科		课型	
课　题						

项　目			评 价 指 标（每项5分）	分　值		
				5	3	1
学生	课前准备	学习工具	1. 学习工具摆放整齐，信息牌摆放规范，互帮显示板擦净并悬挂			
		学生状态	2. 铃声毕，能以"听讲式"静候上课			
	上下课礼仪		3. 全体面向教师，口号整齐统一			
	倾听		4. 以"听讲式"随主讲人位置及时变化			
			5. 倾听无声，及时记录他人发言要点			
			6. 质疑时举手大声发言			
	自学		7. 以"自学式"独立安静自学			
			8. 及时亮信息牌，向教师求助或加速			
	互帮		9. 组内分工明确，组织有序，全体参与			
			10. 以"讨论式"轻声交流			
			11. 任务完成后及时加速			
教师	感情调节		12. 能候课；及时根据学情运用适当方式调控课堂，营造良好的学习氛围			
	自学		13. 内容适当，方法清晰，要求明确，知者加速安排合理			
			14. 巡视课堂，并做到"三个关注"（优生弱生、自学进程、自学问题）			
	互帮（含展示）		15. 与自学界限清晰；提示明确			
			16. 指导互帮，参与讨论，关注互帮状态			
			17. 次数设置2次以内，及时、有效评价			
	释疑		18. 精讲精析，全课讲授控制18分钟内			
			19. 多用群言，力避师生一对一对话			
	检测		20. 环节具备，题量难度设置得当			
评议人				总　分		

此阶段评价的内容见表5—2所示[①]，主要关注学生和教师在学习问题导向教学中的基本行为规范。其中，学习问题导向教学中学生的常规学习行为包括课前准备、上下课礼仪、倾听、自学、互帮五个方面共十一项二级评价指标；学习问题导向教学中的教师的常规行为主要有感情调节、自学、互帮（含展示）、释疑、检测五个方面共九项二级评价指标。

2. 学习问题导向教学示范课评价常规

学习问题导向教学示范课是学习问题导向教学处在"神似"阶段的一种课型，此阶段的评价内容包括教学目标、教学内容、教学方法、教学手段、教师素养等方面，尤其侧重评价教师对教材内容处理有无遵循"抓大放小"原理，是否始终以学生学习问题为教学导向等。具体见表5—3所示。

3. 学习问题导向教学常态课评价常规

学习问题导向教学常态课是学习问题导向教学处于习惯化阶段的一种课型。此阶段的评价重点是教师实施学习问题导向教学的行为规范。其规范包括任课教师的课前准备、感情调节、互批作业、自学、互帮、释疑、群言、练习测疑、反思小结、作业十个方面共十项二级指标。具体见表5—4所示。

（二）学生学习评价的常规

学习问题导向教学的学生学习评价主要集中在课堂教学中的学习行为、优化作业之"问题跟踪"、优化作业之"三册一体"三方面。具述如下。

1. 学习问题导向课堂学习行为规范评价常规

"学习问题导向之学生课堂学习行为规范表"包括学生的课前准备、感情调节、互批作业、自学、互帮、释疑、群言、练习测疑、反思小结、作业十个方面共十项内容。该表既可用于丰富学习问题导向教学达标课中教学领导者对学生学习行为的检查与评价，也可用于学习问题导向示

[①] "学习问题导向达标课评价表""学习问题导向示范课评价表""学习问题导向常态课评价表"由华东师范大学理解教育研究所研创。

范课中检查与评价学生学习行为，还可供教师结合课堂激励表使用，它能有效帮助学生规范学习问题导向学习行为，迅速进入学习状态，增强问题意识等。具体每项见表5—5所示。

表5—3   **学习问题导向教学示范课评价表**

时　间		节次		班级			
授课人		学科		课型			
课　题							
项目	评　价　指　标（每项10分）				分值		
				10	8	6	4
教学目标	1. 教学目标明确、适切、量化，教师始终围绕目标施教。当堂检测达标率不低于75%						
教学内容	2. 坚持学习问题导向，恰当处理预设与生成						
	3. 整合教学资源，抓大放小。突出重点有抓手，突破难点有方法						
	4. 知者加速操作性强有实效，能贯穿始终						
	5. 关注弱生发展，补读帮困有方法有措施						
教学方法	6. 自学提示内容精练，方法具体；学生自学时间充足，氛围浓郁，参与度高						
	7. 互帮提示具体，"群言"有序得法。合作任务价值大，教师调控及时有效						
	8. 正确处理共性与个性问题关系，围绕重点或难点讲解。环节及时间调配合理						
教学手段	9. 课件应用合理。教辅工具使用自然恰当						
教师素养	10. 精神饱满；点评语言准确精当；板书动态生成设计合理；组织教学能力强						
教学评价							
评议人				总　分			

表5—4　　　　　　　　　学习问题导向教学常态课评价表

时　间		节次		班级	
授课人		学科		课型	
课　题					

项目	评　价　指　标（每项10分）	分值			
		10	8	6	4
课前准备	1. 提前进入教室；教学工具处于准备状态				
感情调节	2. 运用适当方式调节学生情绪，营造求学氛围				
互批作业	3. 教师提供答案；控制互批的时间；可酌情就集中的问题进行互帮和释疑				
自　学	4. 有指导教学书；指导书内有包括自学目标、自学内容、自学方法的自学提示；其中，自学目标明确，自学内容精练，自学方法具体				
互　帮	5. 巡视互帮情况；提示结束时间；组织学生互帮；使用绩效评价表记录、评价每组互帮情况				
释　疑	6. 教师提醒各组出示显示板；迅速判断并释疑大（普遍/关键）问题；对仍不懂者可在下一环节或者课后予以辅导				
群　言	7. 组织学生结对互说或小组轮流说本节课的大问题；观察学生参与情况；倾听学生言说；及时解决共性与个性问题				
练习检测	8. 提供针对性强的练习内容；为知者加速提供机会；控制练习时间；练习毕，提供答案				
反思小结	9. 指导学生将学习内容联网；学习方法评价				
作　业	10. 提供最小作业量（逐步过渡到自编作业内容），对知者提供合适的作业				
教学评价					
评议人		总　分			

表5—5　　　　　　　　学习问题导向之学生课堂学习行为规范表

时　间		节次		班级				
授课人		学科		课型				
课　题								
项　目	评　价　指　标（每项10分）					分值		
					10	8	6	4
课前准备	1. 预备铃响，听讲式端坐；学习用书、信息沟通牌、互帮显示板按要求摆放							
感情调节	2. 安静、集中注意力，分享教师的开讲智慧，心情愉悦地上课							
互批作业	3. 对照答案迅速批阅同伴作业；记录自己的问题以备跟踪；根据教师要求进行互帮							
自　学	4. 了解并按照自学提示提供的自学方法进行自学；将自己不懂的问题记录在自学材料的相应处；询问同伴以求解；自学毕，立牌							
互　帮	5. 学习组长组织互帮：请每个同学说出或显示自己的问题；请知者解答；将不能解决的问题汇总写于显示板上；书写简练、工整							
释　疑	6. 认真聆听；迅速记录教师释疑的内容；不懂者可质疑；仍存疑者要利用下一环节或者课后与老师或者同伴沟通、求教							
群　言	7. 学生在小组内言说自己对大问题的理解，请同学"监听"，帮助自己辨别是否真正解决了问题							
练习检测	8. 迅速完成作业；对照答案互批；将错题页码、题号录于问题跟踪册							
反思小结	9. 回忆学习的知识、方法；知道自己学了什么，还存在什么问题							
作　业	10. 独立完成最小作业量；学有余力者可向老师索要适合知者的作业							
教学评价								
评议人				总　分				

2. 作业优化之"问题跟踪"评价常规

"'问题跟踪'常规实施情况记录表"主要用于详细记录教师或教学领导者抽检学生对"问题跟踪"常规实施情况。记录表包括检查时间、班级、学科、检查人等信息。检查内容包括"三册一体"（解题册、试题册、纠错册）准备情况（有无分类使用、有无正确标记等）、"问题跟踪课"的执行情况（有无认真"自我跟踪""同伴跟踪"，有无科任教师抢占"跟踪课"为练习课或习题讲解课等现象）、"问题跟踪卷"的执行情况（有无"问题跟踪卷"的模板、有无定期或不定期在教师指导下用"问题跟踪卷"进行同伴间互考）、"六定跟踪"执行情况（有无严格执行，有无详细记录）、创新之处。具体各项见表5—6所示。

表5—6　　　　　　　　"问题跟踪"常规实施情况记录表

检查时间		检查班级	
检查学科		检查人	
"三册一体"准备情况			
问题跟踪课			
问题跟踪卷			
六定跟踪			
创新之处			

3. 作业优化之"三册一体"评价常规

"三册一体"（解题册、试题册、纠错册）检查记录表（见表5—7所示）。该表主要用于科任教师检查学生"三册"使用情况及学校中层领导抽查某班学生在科任教师指导下使用"三册"的情况等。记录表除涵盖检查班级、时间、学科、检查人等具体信息，还包含3个检查项目共10项具体指标。每一项具体指标既指向学生学习习惯的规范养成，又指向学生"问题跟踪"的意识养成。解题册共四项具体指标：作业有无筛选和分层，这点可以反观教师是否"一刀切"让所有学生做同样作业；学生作业是否及时完成，有无及时规范批阅，是否及时用红笔订正，这三点可以反观教师是否培养学生良好学习习惯。试题册也有四项具体指标：

学生有无任何做题记录，错题标记与解题册是否一一对应，有无反复"跟踪"的标记，标记符号是否统一规范，这四点可以反观学生有无养成良好学习习惯，以及是否认真"跟踪问题"。纠错册包括错题反复"跟踪"纠错与有无教师检查记录两项指标。

表5—7　　　　　　　　"三册一体"常规检查记录表

班级_____　检查时间_____　检查人_____

检查项目	具体指标	学　科								
		语文	数学	英语	思品	历史	地理	生物	物理	化学
解题册	1. 作业有筛选，有分层									
	2. 学生作业及时完成									
	3. 及时规范批阅									
	4. 学生及时红笔订正									
试题册	5. 无任何做题记录									
	6. 错题标记与解题册对应									
	7. 有反复跟踪的标记									
	8. 标记符号统一规范									
纠错册	9. 反复跟踪错题									
	10. 有教师的检查记录									
总体情况	（注：含三册封面信息填写情况）									

　　学习问题导向教学非常关注学生学习中出现的问题或疑惑。对教师的达标课、示范课、常态课进行行为规范评定；对学生的课堂学习行为、优化作业之"问题跟踪"、优化作业之"三册一体"进行常规评价，可以很好地敦促学生增强提出问题、分析问题、解决问题等问题解决素养。

第 六 章

学习问题导向教学的实施过程

学习问题导向教学研究的理论旨趣与实践价值最终要借助实施过程来体现。由于学习问题导向教学是在特定时空中进行的，因此，本章主要着笔于从宏观与微观两个角度聚焦学习问题导向教学的实施过程。

第一节　学习问题导向教学实施的宏观过程

学习问题导向教学实施的主体是师生，其乃"萧何"，在一定程度上关乎实施过程的成败。因此，从宏观角度来说，学习问题导向教学的实施过程是培育师生的过程，也是建设相应环境文化的过程。

一　培养学生"问题解决"素养

学生"问题解决"素养主要包括提出问题、解决问题、"跟踪问题"三种能力。培养学生"问题解决"素养，从培养学生提问能力开始。

（一）培养学生提问能力

学习问题导向教学非常重视培养学生的提问能力。学生有了提问能力，就能处处寻找问题源以应提问、时时形成问题域以策提问。此外，提出问题还是解决问题的前提。在实施学习问题导向教学的学校，教师通常采用以下办法来培养学生的提问能力。

1. 培养学生掌握提问的角度

在教学中，学生出现提不出问题，或所提问题大而杂，或所提问题浅而无边等情况是屡见不鲜的，这与学生不知提问的角度有直接关系。

因此，针对学生实际学情，教师要引导学生学会根据不同学科确定提问的角度。

对于语文、英语、思品、历史、地理等文科学科，教师通过营造问题情境，引导学生从行文思路处提问；从事件起因、过程、结果、意义、影响处提问；从正面对观点赞同与评价处提问；从反面对观点否定与怀疑处提问；从提出建设性建议处提问等。以语文学科为例：（1）通过对作者行文思路进行思考，提出"作者行文思路是什么""这样行文有何好处"等问题；（2）通过对作者所写内容进行思考，提出"作者为什么选具有暖色调的景而不选冷色调的景来写呢"等问题；（3）通过作者所写事件进行思考，提出"作者所写之事能突出主人翁什么品质"等问题；（4）通过作者描述的景与叙述的事思考，提出"作者通过文本表达什么样情感"等问题；（5）通过思考关键词、重点句、总领句、总结句、过渡句等，提出"关键词（句）的含义、手法、情感"等问题；（6）通过思考"一切景语皆情语"提出"作者笔下景想要诉说何种情"等问题。

对于数学、物理、化学、生物等理科学科，教师通过营造问题情境，引导学生关注日常生活实际，从日常生活经验与知识矛盾处提问；从实验条件变化处提问；从因果溯源处提问；从类比联想处提问等。以数学学科为例：（1）用自然语言与数学公式转换的方式提出问题；（2）用自然语言与图像转换的方式提出问题；（3）用归纳法提出问题；（4）用类比法提出问题；（5）通过改变一些条件属性提出问题；（6）省略课本例题或习题部分条件或求证部分来猜测结论；（7）强化已知条件来猜测结论发生何样变化；（8）组合不同层面不同条件来猜测能否得出相同结论；（9）将已知问题尝试采取不同表达方式，观察能否找到同类问题核心以及彼此之间相互联系，从不同形式中把握事物之间本质等来质疑提问。

2. 训练学生掌握提问的类型

就问句形式、内容、要求及目标而言，提问类型一般存在下述六种。为使行文具有统一性，本书选取笔者观察的一节语文课中学生所提问题为例。①

---

① 2016年5月23日，江苏QHKM中学七（3）班W老师执教《沁园春·雪》一课。

一是判断性提问。典型问句有"对不对""是不是"等。这种问句对学生思维活动要求不高，其目标是要求学生判断是与非，如"'欲与天公试比高'一句中作者是不是将群山自比""上阕写景是否有想象成分在里面"。学生对所学内容多问几个"对不对""是不是"，利于加深对知识的了解与熟识。

二是叙述性提问。典型问句有"是什么""何谓"等。这种问句要求学生对所学内容做出比较完整且准确地叙述性回应，如"'还看今朝'表达诗人什么感情""'引无数英雄竞折腰'中'引'有什么作用"。学生对所学内容经常询问"是什么""何谓"，有助于加深对知识的理解与记忆。

三是诊断性提问。典型问句有"困难在哪里""疑惑在何处"等。这种问句对学生思维程度要求一般，其追求目标是能真实反映学生思维轨迹及思考问题时的心理状态，如"我的疑惑是下阕里'惜'表达赞美还是讽刺之情"。学生对所学知识多深究"困难"与"疑惑"利于教师及时诊断学生的思维轨迹，助其解疑。

四是述理性提问。典型句型有"为什么""缘何"等。这种问句对学生思维程度要求一般，要求学生讲得清道理、说得明理由，如"上阕作者为什么要写自己虚拟的景""上阕为什么要写红日和白雪相映的景"。学生经常追问"为什么""缘何"利于掌握知识背后错综复杂的脉络关系，以及培养"知其然知其所以然"的学习品质。

五是发散性提问。典型句型有"还有什么不同想法""还有哪些可能性"等。这种问句对学生思维程度要求较高，要求学生发散性思维，尽可能追求具有独创性见解，此类问题在理科类学科或文科文本多义解读中较为常见，如"'惜'除了可惜之意，还有其他意思吗？惜中有贬吗？惜中有褒吗？惜中寓志吗"。学生尽可能提出创新性见解，追求非唯一性答案，以利于发展发散性思维。

六是求异性提问。典型句型有"有什么不一样的看法与见解"，这种问句对学生思维程度要求较高，要求学生对既定答案进行质疑或反驳，如"我觉得用'略输''稍逊''只识'评论中国古代杰出帝王将相，显得作者过于自高自大，不知这样理解对不对"。学生提出求异性问题，便于从正反两维度加以比较，辨清是非，提升思维质量。

3. 训练学生掌握提问的方法

学习问题导向教学以学生所提问题为引导方向，鼓励与支持学生提出问题、分析问题、解决问题。学生系统全面提出问题主要集中体现在思考最为充分，提问空间最大的"自学寻疑"环节。在这个环节，教师要求学生掌握已知，发现未知，寻找疑惑，提出问题。为此，教师在引导学生认真"读"、深入"思"、巧妙"记"的基础上，训练学生掌握提问的方法。

首先，训练学生设问，自问自答。"设问"不仅指"无疑而问，自问自答，以引起读者注意和思考问题的一种修辞手法"，还指"设置问题"。"设问"是一种"有疑而问"，以"自问自答"为主，以"自问他答"为辅，旨在提升学生集中思维的一种提问方法。教师可以引导学生在知识关键处问重点、问难点；在知识内在联系处设问，建立和加深理解新概念；在知识相似易混处设问，通过分析比较，弄清知识间联系与区别；在探索规律中设问，通过观察、比较、判断和推理，促进积极思维，加强知识理解。

其次，训练学生反问，反向设问。"反问"不仅指"用疑问的形式表达确定的意思，以加重语气的一种修辞手法"，还指从事物的反方向角度来思考问题，设置问题。"反问"是一种"只问不答，答在问中"，也即人们可以从反问中领略反问者的答案与意图，旨在提升学生逆向思维的一种提问方法。教师引导学生从知识的概念、结论处反问；从学习过程中反问；从重点、难点和问题中反问。

再次，训练学生追问，深层设问。"追问"是一种"打破砂锅问到底"地追根究底似的反复多次询问，旨在深化学生深层思维的提问方法。教师可以引导学生在原有问题上进行反复追问，问层次、问拓展、问外延；也可以在原有提问已经得到解答处进行反复追问，问实质、问深度、问内涵。

最后，建立具有学生个性的"问题卡"。"问题卡"是学生专用作记录自己的问题的卡片。"问题卡"的使用，便于学生收集问题，强化提问意识，以及寻找问题之间的各种联系。教师要引导学生正确使用"问题卡"，可以采取"随想、随记、随问"的措施："随想"是触动思维灵感而引发各种问题；"随记"是记录稍纵即逝的灵感带来的问题；"随问"是随时、随地、借机向同伴与教师发问、求助、寻解。

（二）训练学生解决问题能力

学习问题导向教学遵循解决问题的原则是"学生提出问题，学生解决问题"，即问题取之于生，解之于生，问题的原始提出者、直接分析者、最终解决者都是学生自己。学生自学寻疑提出问题后，先是学生内部互帮答疑加以解决，后是在教师引导下解决问题。因此，训练学生解决问题能力时，教师循序而行。

1. 引导学生自我解决问题

学生提出问题后，教师引导学生尝试凭借已掌握知识与既定能力，借助学习工具书与辅助学习资料，采取想象、联想、猜想、假设等方法大胆试误，尝试自我解决问题。此环节，教师可从两方面培训学生。

首先，借助资料。教师引导学生充分合理地利用一切有助于问题解决的相关学习资料，多是工具书，或辅助性学习资料。例如，在英语阅读过程中，学生常因英文词汇量薄弱，而陷入阅读窘境。教师引导学生合理利用英语词典，查词根、查词缀、查词义、查相关义等。

其次，大胆试误。面对学生所提问题，教师还要鼓励学生采取想象、联想、猜想、假设等方法大胆试误。试误过程本身因探索而彰显迷人，若试误成功则既解决学生问题，又增强学生学习自信心与荣耀感；若试误不成功虽没解决学生问题，但刺激学生敢于挑战难题的勇气与攻克难题的信心。

2. 指导学生组内解决问题

学生自我解决问题后会留存部分个体无法独立解决的问题。此时，教师应充分发挥学生学习小组彼此合作互相帮助的学习团体价值与作用，指导学生组内解决问题。此环节，教师可以先培训学生"互助解决"，再引导学生留存"共"疑。

首先，互助解决。"互助解决"既能促使学生强化知识的理解，又能让学生在"互帮答疑"中体验成就感。互助解决常常是采取同伴结对方式，如，每组1—6，2—5，3—4两两结对（1号是该组该学科的相对优生，2 号是次优生；6 号是该学科的相对弱生，5 号是次弱生；3 号与 4 号是中等生）互相帮助。虽然互助解决中常常是优生帮助中等生与弱生解决问题，但，时常也会发生弱生在受助过程中触动中等生或优生深层思考的情景。

其次，留存"共"疑。学生个体思维方式、知识面、理解力等具有差异性，致使学生个体无法独立解决的问题有相同也有不同，同时为同伴间互相帮助答疑提供了可能性。因受思维方式局限，历经"互助解决"后，总会存有组内成员均无法解决的小组"共同疑问"。对此，教师引导学生"留存共疑"，可将"共疑"写在互帮显示板上，留待"组际解决"。

3. 协调学生组际解决问题

"组内解决"后会出现两种情况，一是基本解决所有问题，二是留有小组团体无法解决的问题。针对后一种情况，组与组之间共同问题交由教师集中释疑；组与组之间不同问题，应由教师发挥"学生问题学生解决"原则，组织组际间互相解决。此环节，教师先培训学生"组际解决"，再引导学生留存"大"疑。

首先，组际解决。组际解决问题不仅能充分调动学生解决问题的积极性，还能增强学生的团队合作精神。面对各自小组的"共疑"，组际间可以交叉解决。教师正确引导学生将每组的"共疑"书写在互帮显示板上，悬挂在班级内明显位置，组织组际间有序互助解决。此外，在教学过程中，教师还可用该方式帮助小组发现问题。如，数学课上，每组将关键问题的答案呈现在互帮显示板上，教师可引导组际间互相"纠错"，发现彼此问题，然后帮助对方解决问题。

其次，留存"大"疑。历经"组际解决"后，所有学生为解决"共疑"，群策群力。由于知识面欠缺、逻辑思维力度不够，自我解决、组内解决、组际解决的问题多是一些小而碎、浅显易解的问题，至于与学科重难点知识紧密相连的关键性的"大"疑问，学生自身难以解决，需要教师出场进行引导性释疑。

4. 组织学生"群言辨疑"

历经自我解决、组内解决、组际解决等几个解决问题阶段（从完整意义上来说，还包括教师释疑阶段，但因论域保留限制，特将教师释疑阶段略去），大问题、主要问题、共性问题，学生是否真正得以解决，这便需要群言辨疑、练习测疑、反思新疑来检测与巩固。

群言辨疑指教师组织学生在小组范围内互相言说对大问题的理解，让同伴彼此"监听"与辨别是否真正解决问题。在这个环节里，教师对学生的培训主要存在下列两个方面。

一是"己言他辨"。首先，教师要告知学生"学习金字塔"的启示是验证学生弄懂和掌握知识的手段就是能否将所学有理有序地说出来，让学生明其"言说"疑问的作用。其次，教师要正确引导学生熟悉"结对互说"的步骤。第一步：各自独立熟读学习内容，自查有无问题。第二步：一问一答（优生帮弱生时，可以是优生说完后，弱生复述）。第三步：质疑解答（提出自己在自学中存在的困惑，请同伴解答）。第四步：将不能解答或答案不一致的问题记载下来。第五步：在组内阐述互说的结果（尤其要提出存在的未知问题）。最后，教师要正确引导学生熟悉"组内轮说"的步骤。第一步：各自独立熟读学习内容，记载发言的关键词。第二步：在组长的组织下依次发言（从第二位发言起，只说不同点和补充）。第三步：在抒发性轮说中，小组成员发表自己的见解，并进行有理有据的辩说。第四步：书记员记载组员的发言要点或关键词。第五步：全组达成一致意见后，发言人做好代表全组发言的准备。

二是"他言己辨"。首先，教师要让学生知晓"助人者人恒助之"。帮助他人"辨疑"的同时，还能深化自己对问题的更深层理解。其次，教师要让学生明晓"辨疑"的规则：安静听，不插话，待言毕，再指疑。

此外，在组织学生群言辨疑时，教师应仔细观察学生"说疑"与"辨疑"的参与情况，及时解决学生尚未解决的各种问题。

5. 组织学生"练习测疑"

"练习测疑"是教师围绕教学重难点设置具有针对性的适量练习，旨在检测学生能否合理运用当堂所学内容独立解决先前待解决的问题。群言辨疑是从言说层面检测学生是否解决问题，练习测疑主要通过书面形式检测学生解决问题效果以及评判教学目标达成度。此环节，教师可从两方面培训学生。

一是"练习查疑"。首先，教师要让学生明了"练习测疑"之于学生问题解决素养发展的重要性。其次，教师要鼓励学生以认真的态度来测疑：包括不依据参考资料获得答案，认真快速地书写答案等。再次，教师要引导学生如何处理检测所存在的"疑"，反复"跟踪"，加以彻底解决。

二是"互批查疑"。学生当堂练习检测，若能及时反馈，既便于教师了解学情，又便于学生及时"跟踪"，及时解决。因此，教师组织学生认真规范地"互批"练习帮助同学互相"查疑"显得尤为重要。

6. 组织学生"反思新疑"

课堂上，教师还应给予学生一定反思时空，指导学生进行知识建网与自我评价学习方法，让学生在回忆、建构、评价等反思过程中提出新疑问。此环节，教师可从两个方面培训学生。

一是"反思过程"。真正学习是"提出问题——分析问题——解决问题——提出新问题——分析新问题——解决新问题"的周而复始的过程，是问题不断产生，不断解决，新问题层出不穷的过程。问题解决之后，教师要引导学生对问题解决的过程进行反思，反思问题解决过程中，哪个环节有碍解决，为什么会存在"障碍"，如何消除"障碍"，以此引导学生在反思中提出新疑。

二是"反思方法"。教师只有引导学生带着问题进课堂，带着更深刻问题深入课堂，带着新问题走出课堂，才能真正培养学生问题素养。问题解决之后，教师要引导学生对问题解决的方法进行反思，反思问题解决过程中，何种方法最利于问题解决，何种方法不利于问题解决，判别解决问题方法的优劣，以此引导学生在反思中提出新疑。

（三）提高学生"跟踪问题"能力

学生解决问题之后，教师还要提高学生"跟踪问题"能力，深化学生对问题的理解，强化学生的问题解决意识。

1. 培训学生"跟踪问题"的行为规范

学生掌握"问题跟踪"的行为规范是其提高"问题跟踪"能力的保障。因此，教师通常在此花大力气，以求万全。

第一，让学生知晓"问题跟踪"的四个步骤。步骤一：正确标记。

教师不厌其烦地反复规范学生正确使用"三册"（解题册、试题册、纠错册）以及正确标记。步骤二：第一次"跟踪"。在同伴答疑与教师释疑后，学生于当日订正"解题册"上的错题，用红笔在"解题册"上标注正确答案及解题过程，客观题写明理由。步骤三：第二次"跟踪"。即一天后，对照"试题册"上标记的错题符号，学生有针对性地在"纠错册"上"跟踪"错题，不用抄原题，只需写明错题所在页码与题号，关键要写清楚思维过程与解题步骤。步骤四：第三次"跟踪"。即依据艾宾浩斯遗忘曲线，在错题出现三天后，继续在"纠错册"上进行"跟踪"。

第二，针对"问题跟踪"中的"失范"行为再度培训。笔者在调查过程中发现，学生对"问题跟踪"规范的掌握并非一蹴而就，许多学生还存在不同程度的"失范"现象。如：解题册"失范"，即同学互批解题册不及时，解题对错与否没有标记，批阅时间与批阅者姓名没有标记等。再如：试题册"失范"，即部分试题册上存在未有错题标记符号和反复标记符号，错题标记与解题册上错题不一致，或漏标，或错标等。对此，教师再次对学生进行培训，使学生非常熟练地合乎规范地进行"问题跟踪"。

2. 让学生运用多种"问题跟踪"的形式

学生的身心特点决定了其难以对单一的"问题跟踪"形式产生兴趣，因而学生常常出现"三天打鱼两天晒网"的情况。为了改变这种状态，教师结合学生身心特点探索了多种"问题跟踪"的形式供学生使用。

第一，开设"问题跟踪课"集中跟踪。"问题跟踪课"是实验学校教师开发的专用于解决学生当日及之前出现的各种学业问题的课，其目的在于督促学生有疑必纠、有错必改，培养学生主动发现问题与解决问题的能力。实验学校的校情与生情各不相同，"问题跟踪课"的开设也各具特色：江苏省 QHKM 中学将周一至周五每天早读课设置为"问题跟踪课"；山东省 SY、ZJ、FH、GC 四所学校将每周周一、周三、周五下午最后一节课设置为"问题跟踪课"，并列入课表。

学生在上"问题跟踪课"时，教师对学生提出了明确要求。一是不做家庭作业或教师布置的作业，只做"解题册"与"试题册"上标记的错题；二是按照自己制定的课程规划有计划、有步骤地开展"问题跟踪";三是根据自己的情况选择具体的"问题跟踪"方式,如,同伴互说、结对互查、说给教师听等。

第二,开展"问题跟踪考"检测跟踪。"问题跟踪考"指将学生所"跟踪"的问题设置成相应考题,去检测学生"问题跟踪"的效果。"问题跟踪考"主要有"同伴问题跟踪考"与"单元测试跟踪考"两种形式。

先谈"同伴问题跟踪考"。它是指学生间两两互相结为同伴,将对方所"跟踪"的问题,制成"同伴跟踪卷"(见图6—1所示),交由对方考试,检测对方"问题跟踪"的效果。"同伴问题跟踪考"是以知识过关为主,以督导同伴,互助共赢为目的,多适用于"中等生"。

_____年级_____科同伴跟踪卷

命题(阅卷人)_____被测人_____成绩_____ _____年_____月_____日

一、选择题(5 * 6 = 30分)

题1:_____,选_____,理由:_____。

题2:_____,选_____,理由:_____。

题3:_____,选_____,理由:_____。

二、解答题(2 * 10 = 20分)

题4:_____,_____。

题5:_____,_____。

图6—1 同伴问题跟踪卷

运用"同伴问题跟踪考"时,教师要求学生做到四方面。一是同伴跟踪卷因学科而异,不同学科有不同"同伴跟踪卷"模板①,"同伴问题跟踪考"时,学生不要用错模板,而是要合理准确地使用模板出题。二是学生要将"同伴问题跟踪考"固定化与常态化,养成"同伴问题跟踪考"习惯。三是学生中的"知者"可以互相结对,针对"知者加速册"

① 各学科教师依据本学科特色(如语文、英语有阅读理解,数学有计算题,物理、化学、生物有实验题,思品、历史有主观问答题等)设置不同学科"同伴跟踪卷"模板,供日常学习学生同伴互相检测"问题跟踪"时使用。

上错题进行知者"同伴问题跟踪考"。四是"同伴问题跟踪考"形式自由，学生可以全部使用或局部使用"同伴问题跟踪"模板；也可以直接在白纸上标明"试题册"所标记的错题页码与题号，检测对方；还可以在课前课后、教室内外、因时因地进行"同伴问题跟踪考"。

再谈"单元测试跟踪考"。它是一种特殊的单元考，指单元考试时，教师指导学生将同伴试题册上错题按照考卷模板进行命题，用以检测学生单元学习的情况。"单元测试跟踪考"卷的制作方式与"同伴问题跟踪"类似，命题模板可参考"同伴问题跟踪考"模板。

教师指导学生编制"单元测试跟踪考"卷时，要求学生注意三点：一是可以暂时让优生代替弱生命制试卷，再逐步放手让弱生慢慢学会命制；二是"单元测试跟踪考"前夕，学生应在教师指导下，提前准确地将对应班级学生试卷命制好，以便统一检测；三是考完"单元测试跟踪考"之后，学生将试卷收齐，交由教师统一阅卷，最终获得的成绩与教师命题考试同等对待。

综上，学生的"问题解决"素养在提出问题的能力、解决问题的能力、"跟踪问题"的能力不断提升中得以有效培养。

二　教师形成"学习问题导向"的自觉

教师形成"学习问题导向"的自觉有四点：一是养成"学习问题导向"的意识；二是灵活处理学生所提问题；三是教师集体释疑重点问题；四是深化学生反复"跟踪问题"。形成"学习问题导向"的自觉，始于养成"学习问题导向"的意识。

（一）养成"学习问题导向"的意识

教师欲养成"学习问题导向"的意识，既离不开学校的助推，更离不开教师自身的探索。

1. 外铄源于学校勇于担当与指导

养成"学习问题导向"意识的主体虽是教师，但学校要勇于担当与指导。学校可以从下述两个方面，有力助推教师养成"学习问题导向"意识。

其一，提供优质培训，赋予智力与动力支持。优质培训包括专家引领的教师培训和在行动中引领教师自身养成"学习问题导向"意识的多样化校本培训。一方面，专家引领的教师培训可以为教师教学行为转变提供巨大的智力与动力支持。专家们的教育思想观念是在参与教育教学实践或实验基础上，历经自觉地理性反思，形成判断、推理的理论系统；理性的思想观念同时又接受实践的检验而得以证明、修正、完善和发展。专家们教育思想观念的形成既是对传统教育思想的继承与借鉴，更是一种批判与创新。"如近年来，熊川武教授的'理解教学与自然分材教学法'[①] 实验在全国很多中小学得以推广，很多教师通过现场聆听熊教授的讲座以及与熊教授的讨论、座谈等成长起来。"[②] 另一方面，包括微型研讨、微型培训、世界咖啡[③]等多种不同形式的多样化、互动性强的关于"学习问题导向"的校本培训可以引导教师养成"学习问题导向"意识。具有学校特色的校本培训是源于各校不同发展需求，由各校自发组织与规划，旨在满足该校每位教师工作需要的校内培训活动，因而更具针对性和实效性。

改进教学评价，给予导向与信念支持。学校对教师教学工作评价时，宜切实注重从"学生学习问题导向"的角度予以关注，给予教师养成"学习问题"意识的导向与强大的信念支持。其一，评价内容丰富化。传统的教学评价多以学生学业成绩与升学率作为单一评价内容，评价内容还可以更全面、更丰富。从教师角度看，可以增加教授智慧、质性敬业、学习问题导向等相关评价内容；从学生角度看，可以增加学生参与课堂自主学习、自主解决问题的时间、频率、效率、质量等内容。其二，评

---

① "自然分材教学法"应为"自然分材教学"，指"教师让教学任务随学生的差异自然分化，并引导学生针对自己存在的学习问题进行研究的一种教学理论与实践策略"。（杜军：《化教育理论为实践智慧——华东师范大学理解教育研究所的社会担当》，《中国教育报》2015年11月13日第7版）

② 林振华、刘红：《教师培训效果的有效性探索——关注教师个人教育观念的形成》，《基础教育》2009年第3期。此处，"理解教学"应为"理解教育"。

③ 世界咖啡是学习型组织一种重要的交流工具，其主要精神就是"跨界"，不同专业背景、不同职务、不同部门的一群人，针对数个主题，发表各自见解，相互碰撞意见，激发出意想不到的创新点子。广东省深圳市兰著学校阳湘玲副校长在纪念理解教育与自然分材教学实施15周年2015年自然分材教学全国年会——"深化自分教学经验交流会"曾做《世界咖啡——兰著学校创造集体智慧的微培训》报告。

价主体多元化。教学评价的主体除学校教学领导者外，还可以多元化，可以是其他教师、学生或家长。如自然分材教学改革实施学校均采取让教师参与"实施自然分材教学"和"以讲授法为主的常规教学"对比检测，借以消除教师对实际教学中"完成讲授任务即完成教学任务""追求课堂教学大容量"等误解。其三，评价方法多样化。评价方法多样化虽然在操作过程层面显得较为复杂，但评价结果更具客观性和真实性。其四，评价功能导向化。教师合理自主观、全面敬业观、注重学生学习问题的教学任务观、合理的教学容量观等教学评价对教师"学习问题导向"的教学行为起充分合理的导向作用。其五，评价类型倾向化。教学评价宜倾向于过程评价。"过程"是相对于"结果"而言，更具有导向性。教学评价注重教师引导学生自主提出问题与解决问题的过程，既能关注教师合理自主性的发挥，又能更好地发展学生合理自主性。

2. 内发源于教师自身积极探索与解决

养成"学习问题导向"的意识离不开教师对教学实践的深层观照，需要教师在教学实践中敏锐地发现，清醒地正视，自觉地解决与"学习问题导向"相关的教学问题。

敏锐地发现问题是前提。其一，教师要善于在学生学习问题导向的学习中发现问题。学生学习中出现的问题，如课上不会自学、合作、互帮，课下不懂"问题跟踪"等，都与教师有着不可分割的联系：学生有无自学平台在于教师有无给予意识；学生有无自学能力在于教师是否长期坚持培养；学生有无掌握自学方法在于教师是否准确引导等。其二，教师要善于在课堂教学中发现问题。学生自学、合作、探究等活动为何会耗时长、效率低，学生是否习惯教师越俎代庖，包办一切，把知识嚼碎嚼烂再一勺勺地"喂"至嘴边，这些问题均需教师探索。其三，教师要善于从自身找问题。课堂讲授容量与教学效率成何种关系，习题车轮战原因何在，有无围绕重难点设计作业，这些问题亟待教师去敏锐地发现。

清醒地正视问题是关键。面对教学问题，分析越到位，解决越透彻，越利于养成"学习问题导向"的意识。教师要保持正视教学问题的清醒，科学地分析，深入地研究，弄清问题性质，找准问题症结，努力从根本上解决教学问题。其一，紧紧抓住根本性问题。教师的教学问题繁多，有大小之分，主次之别。教师正视教学问题时宜抓主放次，努力找到破解问题的主攻方向。其二，深入分析根本性原因。面对纷繁复杂的教学问题，教师要冷眼静观，从教学问题偶然性中揭示问题必然性，从教学问题繁杂性中把握规律性本质，从教学问题萌芽状态中发现问题倾向性，正确判断教学问题本质，准确分析教学问题根源，找准解决教学问题关键节点。

自觉地解决问题是保障。发现、正视、解决教学问题的过程就是教学行为与合理教学观念匹配的历程，就是养成"学习问题导向"意识的进程。教师应树立强烈的问题意识，倾听学生内心真实声音，以培养学生问题解决意识为己任，切实解决种种教学问题。其一，教师要坚持以解决教学问题为教学工作导向。教师时刻围绕问题工作，想方设法竭尽全力将问题化解在萌芽状态中，千方百计将问题解决在职责范围内。教师要善于尽早抓大放小，从日常教学中发现教学问题存在的倾向性、苗头性、潜在性，坚决及时解决，防患于未然。其二，教师要不断提高解决问题的勇气。即使在解决问题过程中邂逅苦难，教师也应为学生做好勇于闯难关的榜样，力争破解一个又一个问题。其三，教师要认真汲取其他教师解决问题的智慧，带着问题多向其他教师请教，教师间彼此学习解决问题的良药妙方。教师还要多从教学改革实践中获得思想启迪，从改革经验中吸收丰厚营养，努力找寻真正解决问题的好办法。其四，教师要持续增强解决教学问题的本领。教师应时刻紧盯问题，多学习，努力提高发现问题、分析问题、解决问题的能力。教师还要善于从个性问题中寻找共性问题，实现发现问题——洞悉问题——解决问题的转换，并把学习与思考解决问题的成果充分应用到解决实际问题过程中。

（二）灵活处理学生所提问题

教师养成"学习问题导向"的意识，形成"学习问题导向"的自觉，离不开在学习问题导向教学过程中灵活处理学生所提的各种问题。面对学生所提问题，教师处理方式主要有"不处理""冷处理""热处理"三种方式。

1. 不处理：置之不理学生所提任何问题

面对学生所提问题，部分教师不管问题数量多少、质量高低，直接采取"不予以处理"的态度：或是做个"讲神"一讲到底，对学生所提问题置之不理；或是按照预设问题组织学生参与教学活动，对学生所提问题充耳不闻。

教师缘何对学生所提问题不闻不问，细究源于下述四点。其一，教师没有处理学生所提问题的意识与准备，允许学生提问仅仅是为应付学校教学领导者的常规检查。其二，教师认为学生所提问题不涉及重难点知识，没有必要处理。其三，教师认为学生问题多又乱、大且杂，处理起来，程序烦琐，且教学时间紧凑，若处理学生所提问题势必扰乱正常教学秩序。其四，教师不够自信，认为自己处理不好学生所提问题，索性不如不处理。

不处理学生所提问题会给学生学习带来一些负面影响：导致学生失去提问兴趣、失去该门课程学习热情、失去学习信心；没有得到教师客观性评价，学生提问能力难提升，问题意识难提高，创新思维难发展。此外，不处理学生所提问题也会给教师专业成长带来负面影响：教师没能第一时间了解学生真实疑惑，无法准确因学定教；教师许可学生提问，却不处理，学生的自主形同虚设，教师自主凌驾于学生自主之上，是过度自主、是不合理的"野性自主"。

2. 冷处理：避重就轻应对学生所提问题

面对学生提出的大量问题，部分教师进行"冷处理"，避重就轻，筛选出易回答问题，进行简单解决。教师只好、只会、只能"冷处理"学生所提问题，源于三点。一是为应付学校对教师的考核，避免教学领导者"一味鼓励学生提问，却不会处理问题"的尴尬质问。二是为防止部分学生质疑"为什么教师不理会所提问题"。三是教师知识结构水平不高，处理问题能力待提升，无法面对思维活跃的学生所提众多问题，只有窘迫地从学生所提的诸多问题中筛选出容易回答的问题进行处理。

冷处理学生所提问题，并不利于师生彼此发展。对学生发展而言，所提问题没有充分解决使得部分学生仍处于知识蒙昧状态；使得勇于提出难题的学生易生挫败感，降低自我效能感，难以独立自主学习。对教师发展而言，教师驾驭学生所提问题能力有待进一步提高；"亲其师，信其道"的融洽师生关系也会因学生所提问题没有得到及时有效解决遭遇挑战。

3. 热处理：及时高效处理学生所提问题

面对学生所提大量问题，正确处理方式是"热处理"，即教师将学生所提问题进行及时高效的反馈，给学生一个较满意的交代。具体可分为三个步骤：步骤一，将所提问题进行分类，一类是与本节课无关的问题，一类是与本节课重难点紧密相连的问题；步骤二，面对与本节重难点无关的问题，教师以肯定学生勇于提问为主，同时教会学生提出高质量问题的有效方法；步骤三，面对与本节重难点相关的问题，教师采取适度奖励政策鼓励学生提出价值高的问题。同时，教师将相关问题进行归纳总结，凝练出一或两个围绕本节课重难点知识的核心问题。学生所提与本节课重点知识紧密相连且极具价值的问题，若得以很好解决，利于学生掌握重难点知识；若没有得以很好处理，既挫伤学生主动提问的激情，又无法提升学生问题意识。

热处理是目前处理学生所提问题比较稳妥的方式，是因为下述三点。一是学生渴望所提问题得到教师及时有效地解决；二是学生所提问题若能得到及时有效地反馈，利于调动学生学习积极性，增强学生问题意识；三是丰富知识结构、较强综合分析能力、多样处理问题手段利于教师及时处理学生所提问题，且在"热处理"过程中，教师上述专业能力又能得以提升。

4. 案例分析：五节《沁园春·雪》同课异构①中观教师处理问题

同课异构一【七（3）班 W 老师执教】

（1）"略输、稍逊"为什么要批判他们？还看今朝表达作者什么感情？

（2）"望长城内外"中"望"字有什么表达效果，能换成"看"吗？为什么？

---

① 2016 年 5 月 23、24 日，笔者在江苏 QHKM 中学七年级观摩五位语文教师执教《沁园春·雪》一课。案例中出现的问题全部是学生自学寻疑时所提出。

（3）"引"有什么作用，有没有连接上下文？

（4）"山舞银蛇"中"山"不是静物吗？为什么用"舞"字？

（5）"惜"在这里是什么意思？是赞美还是讽刺？

（6）上阕写景，是否有想象成分？作者为什么要写虚拟的景呢？

（7）为什么要写红日和白雪相映的景？

（8）"欲与天公试比高"作者是不是将群山自比？

（9）下阕完全没有写雪，却写了五个历史人物，为何要写下阕？

（10）"还看今朝"表达诗人什么感情？

同课异构二【七（4）班 Z 老师执教】

（1）这首词哪些句子为想象？

（2）环境描写意在渲染什么？

（3）"俱往矣。数风流人物，还看今朝"赞赏哪些人？

（4）为什么题目是雪，下阕却写人物？

（5）古代帝王与今天的人相比写出了什么？

（6）以"略输""稍逊""只识"评论中国古代杰出帝王将相，未免显得作者有些过于自高自大，如何理解？

同课异构三【七（5）班 Y 老师执教】

（1）分明写雪，为什么要写"山舞银蛇，原驰蜡象"？是让原本静止的山和高原变成动态？

（2）"须晴日，看红妆素裹，分外妖娆"，作者为什么要写想象片段？

（3）题目是雪，下阕却评价古代历史人物，和"雪"的题目不相符合，两者有何联系？

（4）作者只写秦皇、汉武、唐宗、宋祖、成吉思汗五位皇帝，为什么不评价别人？评价他们有什么作用？

（5）"俱往矣。数风流人物，还看今朝"中"风流人物"是否指作者本人？

（6）这首词表达作者怎样情感？

同课异构四【七（6）班 C 老师执教】

（1）雪景与下阕有何关系？

（2）"惜"的含义有几层？

（3）"千里冰封，万里雪飘"是互文吗？

（4）写古代英雄的作用是什么？

（5）这首词究竟想表达什么情感？

（6）"引无数英雄竞折腰"这句话是什么意思？

同课异构五【七（8）班 W 老师执教】

老师未呈现学生自学时所提各种问题。

上述五节《沁园春·雪》同课异构展示学生所提问题广而全：既涉及内容，又涉及框架；既涉及作者情感，又涉及写作手法；既涉及关键词，又涉及过渡句；既涉及写景手法，又涉及各种修辞……足见学生思考问题范围广、视角全、有深度、有内涵。综合所观所感，五节同课异构中教师处理学生所提问题方式大致可分为三类。

第一类，不处理，主要是"同课异构四"与"同课异构五"。C 老师在展示学生自学寻疑环节所提问题后，虽然言语表述为我们将学生所提问题归纳为两个大问题"一是学习上阕，赏析诗歌写法，品悟诗歌意境；二是学习下阕，评英雄，悟诗情"。仔细深究，这两点不是问题，而是教师引导学生阅读文本解读诗词的角度与方法。教师实际没有解决学生所提问题，而是按照备课时预设进行教学，学生所提问题形成摆设。W 老师在学生自学寻疑后，未展示、分析、归纳学生所提问题，而是迅速将PPT 画面切换至预设的文本分析，直接让学生思考"这首词上阕如何写雪景？下阕如何评论英雄"两个问题。接着对上阕写景部分每进行三句分析一下；后又带领学生分析下阕"'江山如此多娇'难怪会'引无数英雄竞折腰'？到底有哪些英雄为之倾倒"；最后又将《沁园春·雪》与《减字木兰花·广昌路上》就内容与写法上异同相比较。纵观整个教学流程，两位教师基本都是围绕备课时预设问题进行教学，却置课堂中的生成学生自学寻疑所提问题于不顾。或是没时间处理，或是不知如何处理，或是教师认为按预设处理文本更易完成讲授任务，或是考虑到若过多重视课堂学生生成的问题，而完不成讲授任务，会不会影响自己名誉，学校声誉……重重顾虑带给 C 老师与 W 老师的就是"不处理"方式。

第二类，冷处理，主要是"同课异构二"。在引导学生自学寻疑提问之后，Z 老师先是解决一个自认非常重要的问题"作者为我们描绘了怎样的北国风光"；后是引导学生从该句的修辞手法、表现手法、核心词汇作用等角度边朗读边赏析；接着提醒学生从品悟"惜"字内涵解决"以'略输''稍逊''只识'来评论中国古代杰出的帝王将相，未免显得作者有些过于自高自大，如何理解"这一问题。至于学生所提其他问题，教师并没有完全解决，也没有归纳概括出核心问题或关键性问题加以解决。或是因为其知识水平有限，误判教学内容主次；或是因为遵循方便易操作原则，选择易解决问题，舍弃难解决问题；或是遵循省时省力原则，解决关键问题往往耗时较长，投入精力较多，且学生未必能真正理解。Z 老师没有"抓大放小"，没有找准问题主次，仅处理众多问题中的两个，并没有处理其他较为重要的问题。

第三类，热处理，主要是"同课异构一"与"同课异构三"。W 老师是一名教学经验非常丰富，勇敢冲在教学改革第一线的校内语文学科带头人。首先，W 老师从学生所提众多问题中精心筛选出 10 个高价值问题，在班级内展示，并对提出这 10 个问题的学生予以充分鼓励与肯定。其次，他围绕 10 个问题，紧扣本节课重点凝练出一个关键性问题"在风雪弥漫的北国，诗人登高望远，诗兴勃发，在恢宏的气势里，在壮美的意境中，你能感受诗人怎样的情怀"。整节课基本围绕这一核心问题进行研习，既赏析上阕具有壮美意境之景，又探究下阕褒贬兼有、惋惜与嘲讽兼具的豪迈之情。整节课教学流程如行云流水，学生所提问题在赏析与探究中得以巧妙解决。Y 老师将精心筛选出的 6 个问题概括为"请抓住过渡句分析本首词上阕描写雪景，下阕却在评价古代历史人物，是不是没有扣题创作？为什么"以及"这首词抒发词人什么样的思想感情"两个问题，并引导学生来解决。Y 老师是一位成长迅速的年轻教师，课堂上处理问题能力较强，点拨学生时分寸把捏恰如其分。热处理学生所提问题对教师的素质与能力要求较高：教师教学责任感要强，能帮助学生解决其所提各种问题；教师问题意识要强，能勇于正视学生所提问题，能敏锐地意识到学生所提问题的价值，迅速凝练，总结归纳出核心问题；教师教学素养要强，能灵活巧妙地运用核心问题帮助学生解决其所提重要问题。

可见，在上述三种处理学生所提问题的方式中，"热处理"方式最为高效，最能及时"回应"学生所提问题，最能有效维护学生提问的兴趣。

（三）教师集体释疑"大"问题

教师灵活处理学生所提问题之后，还要本着"先学生解决，后教师解决，先解决'小'问题，再解决'大'问题"的顺序引导学生积极解决问题。由于学生的知识面欠缺、逻辑思维力度不够，自我解决、组内解决、组际解决只能解决一些小而碎、浅显易解的问题，至于与学科重难点知识紧密相连的关键的、深刻的、共性的"大"问题，学生自身难以解决，还是需要教师进行集体释疑。关于此点内容，前文已详细论述，此处不再一一赘述。

（四）深化学生反复"跟踪问题"

教师形成"学习问题导向"的自觉，还充分体现在深化学生反复"跟踪问题"的举措上。教师引导学生将"问题跟踪"内化于心，外化于行，离不开深化学生反复"跟踪问题"之重要举措——"问题跟踪点对点抽测"。下文以2016年4月5日与2016年12月13—16日笔者对山东SY、ZJ、FH、GC四所学校七年级与八年级部分学科进行"点对点抽测"为例（见表6—1与表6—2所示）。

1. "点对点"抽测促"问题跟踪"

"点对点抽测"是教师每次依据研究需要有针对性地选择部分学生的"三册"，精选具有代表性习题，单独命制"问题跟踪卷"，依据"习题纠错率""复答正确率""共性题正确率"等信息掌握学生实际"跟踪问题"程度，并用实际数据促使学生反复"跟踪问题"的一种检测形式。

首先，"点对点抽测"的操作程序规范。其一，教师命题。每次"点对点抽测"试卷可以依据各科"问题跟踪考"与"问题跟踪卷"模板微调。表6—1所显示"点对点抽测"运用的是"数学问题跟踪考"模板。出题范围可以是"试题册"上反复标记的错题，或是"试题册"上未做标记，却是重难点知识，学生初次又做对的习题。表6—1显示的本次"点对点抽测"共15题。前十题以学生做错的试题为主，后5题是学生首次做正确的试题。题量以一节课时间为宜。其二，抽测程序。教师收集被测学生"三册"——命制"点对点抽测"试卷——召集被测学生携带学习用品至指定地点统一测试——引导学生规范互相批阅。其三，成绩分析。如表6—1所示，成绩分析包括年级、学校、抽测人数、纠错率、纠错率各档学生人数、复答正确率、复答正确率低于纠错率人数等各种信息。通过成绩分析，教师能较为详细地了解被测学生"问题跟踪"的整体情况以及重难点知识掌握程度等。

表6—1　　山东四校数学问题跟踪点对点抽测成绩分析　　2016年4月5日

年级	学校	抽测人数	纠错率			纠错各档学生数					复答正确率			复答正确率低于纠错率人数
			最高	最低	平均	90%以上	75%—89%	60%—74%	30%—59%	29%以下	最高	最低	平均	
七年级数学	SY	22	100%	22%	82%	9	7	2	3	1	100%	50%	85%	10
	ZJ	21	100%	20%	66%	3	6	4	7	1	100%	20%	64%	12
	FH	19	100%	30%	73%	5	3	8	3	0	100%	40%	75%	7
	GC	6	83%	26%	50%	0	1	1	2	2	74%	0%	54%	2
八年级数学	SY	28	100%	20%	72%	8	10	4	4	2	100%	20%	76%	5
	ZJ	19	80%	20%	50%	1	3	12	2	2	90%	20%	55%	7
	FH	18	100%	20%	71%	5	2	8	2	1	100%	40%	70%	8
	GC	14	100%	20%	56%	2	4	6	2	100%	14%	48%	11	

注：GC学校七年级有14名被测者属同一教师执教，且教学进度滞后于其余三校及本校该年级该科其他教师。故而这14名学生单独参与另一份"点对点抽测"，数据不在此表内。

其次，"点对点抽测"的使用范围较广。其一，适用科目范围。"点对点抽测"基本适用各学科，表6—2显示抽测的是数学、生物、物理、历史四门学科。部分学科如语文、英语、思品等文科学科因主观题较多，出卷与阅卷的程序稍显复杂。其二，适用学生范围。依据不同抽测目的，选择不同被测学生。表6—1的"点对点抽测"主要测试班级中等学生"问题跟踪"情况，所以本次抽测学生是每个班级每个小组3号。教师若想知道优生"问题跟踪"情况，则可以选抽每组1号学生，如表6—2抽测对象是每组1号学生；教师若想了解弱生"问题跟踪"情况，则可以选抽每组6号学生。表6—1是研究者对四所实施学习问题导向教学的七、八年级学生进行数学学科"问题跟踪点对点抽测"的成绩分析表，但实际因教师需要可以针对不同学生进行不同学科"点对点抽测"。

2. "错题纠错率"促"问题跟踪"

"错题纠错率"是被测学生对抽测卷上呈现的首次做错试题的应答反映，"错题纠错率"越高代表"问题跟踪"情况越好，知识点掌握越牢固；"错题纠错率"越低说明"问题跟踪"情况越糟，知识盲点越多。就一般情况而言，纠错率为100%说明该生"问题跟踪"效果优秀，曾经做错的习题基本全部掌握；80%—99%说明该生"问题跟踪"效果良好，曾经做错的习题基本掌握大部分；60%—79%说明该生"问题跟踪"效果中等，曾经做错的习题基本掌握部分；低于60%说明该生"问题跟踪"效果较差，曾经做错的习题基本未能掌握，存在的知识盲点较多，需要加大"问题跟踪"力度。

表6—1清晰显示七、八年级中等学生数学学科"跟踪问题"整体情况。（1）七年级数学"点对点抽测"中，除GC学校，其余三校最高纠错率均为100%；纠错率最低是ZJ学校20%；平均纠错率最高是SY学校82%，最低是GC学校50%；纠错率在90%的人数SY学校最多。（2）八年级数学"点对点抽测"中，除ZJ学校，其余三校最高纠错率均为100%；四校最低纠错率都是20%，说明部分中等生没有认真"跟踪问题"；平均纠错率最高是SY学校72%，最低是ZJ学校50%；纠错率在75%以上的人数SY学校最多，人数最少为ZJ学校和GC学校；四所学校均存在纠错率低于29%的学生，说明四校中等生均存在未认真"跟踪问题"的现象。

表6—2 山东四校"问题跟踪对点抽测"成绩分析 2016年12月13—16日

年级	学校	抽测人数	纠错正确率			纠错正确率各档学生人数					共性题正确率			复答题正确率		
			最高	最低	平均	90%以上	75%—89%	60%—74%	30%—59%	29%以下	最高	最低	平均	最高	最低	平均
七数学	FH	12	90%	38%	66%	1	4	3	4	0	100%	0	47%	100%	0	52%
	SY	22	100%	47%	79%	4	12	3	3	0	100%	33%	80%	100%	0	85%
	GC	18	100%	45%	80%	6	8	3	1	0	100%	33%	81%	无	无	无
	ZJ	18	96%	3%	67%	2	3	9	3	1	100%	0	82%	100%	0	58%
七生物	FH	12	95%	53%	78%	2	3	3	1	0	100%	33%	65%	100%	27%	82%
	SY	22	100%	53%	78%	3	13	5	1	0	100%	33%	79%	100%	0	80%
	GC	18	95%	55%	85%	8	6	3	1	0	100%	0	80%	100%	0	84%
	ZJ	18	93%	49%	77%	2	9	5	2	0	100%	7%	65%	100%	0	44%
八物理	FH	11	90%	49%	69%	1	3	4	3	0	100%	33%	76%	100%	50%	75%
	SY	23	96%	50%	77%	4	11	6	2	0	100%	33%	80%	100%	5%	80%
	GC	18	100%	53%	82%	6	7	4	1	0	100%	33%	83%	100%	0	86%
	ZJ	19	91%	25%	65%	1	5	7	4	2	100%	0	69%	100%	33%	78%
八历史	FH	11	93%	59%	72%	1	3	6	1	0	100%	33%	64%	100%	40%	83%
	SY	23	96%	65%	82%	4	14	5	0	0	100%	50%	76%	100%	0	81%
	GC	18	100%	65%	84%	5	11	2	0	0	100%	67%	93%	100%	58%	84%
	ZJ	19	89%	39%	78%	0	16	2	1	0	100%	67%	84%	100%	0	83%

3. "复答正确率"促"问题跟踪"

复答正确率指学生首次作业做对的习题，再考该题时的正确率，主要考察学生首次作业认真程度。复答题针对学生"已会"知识（即首次做正确的习题），复答正确率越高说明学生对该知识点掌握越牢固；复答正确率越低，说明学生对该知识点掌握并不牢固。就一般情况而言，复答正确率为100%说明该生作业效果优秀，初次便掌握该知识点；80%—99%说明该生作业效果良好，首次能掌握该知识点大部分内容；60%—79%说明该生作业效果中等，首次接触的知识点基本能掌握；低于60%说明该生作业效果较差，首次接触的知识点基本未能掌握，存在知识盲点较多，后续"跟踪"与弥补知识盲点的力度需加强。

表6—1清晰显示七、八年级中等学生数学学科"复答正确率"整体情况。（1）七年级数学"点对点抽测"中，除GC学校，其余三校最高"复答正确率"都是100%；"复答正确率"最低是GC学校0；平均"复答正确率"最高是SY学校85%，最低是GC学校54%。（2）八年级数学"点对点抽测"中，除ZJ学校，其余三校最高"复答正确率"都是100%；四校最低"复答正确率"是GC学校14%；平均"复答正确率"最高是SY学校76%，最低是GC学校48%。

就理论而言，"复答正确率"应高于"错题纠错率"。然而，表6—1却显示：（1）七年级数学，除ZJ学校，其余三校的平均"复答正确率"略高于平均"错题纠错率"。（2）八年级数学，SY和ZJ两校的平均"复答正确率"均略高于平均"错题纠错率"；FH和GC两校的平均"复答正确率"竟然低于平均"错题纠错率"。造成"复答正确率"低于"错题纠错率"的原因可能有两点：一是个别学生的初始作业比较低效，或是胡乱完成任务，或是照抄其他同学，总之是应付了事；二是学生身心特点，偶有遗忘现象属于正常，如10道复答题，遗忘1题或2题属正常现象，但若遗忘5题或6题，便属于非正常现象。

4. "共性题正确率"促"问题跟踪"

共性题正确率指学生回答共性题的正确百分比，主要考察学生对重点知识的掌握程度。教师在命制"点对点问题跟踪抽测"时，可以围绕本学科重难点知识，适时、适量命制一些共性且多数学生易错的习题，及时了解学生对共性重要知识点掌握程度，便于教师更好地反思与调整教学，也便于教师更好地敦促学生反复"跟踪"共性问题。

表6—2显示本次调研四所学校被测学生的四门学科"共性题正确率"。（1）最高"共性题正确率"。本次抽测显示四所学校四科最高"共性题正确率"都是100%。数据仅供参考，并不能说明该生完全掌握重难点知识。一方面，因为此次出题范围仅限于期中考试之后一个月所学内容，题量有限，七年级数学10题，七年级生物、八年级物理与历史学科均为20题，且每一学科共性题仅占15%—30%。另一方面，或许"共性题正确率"为100%的学生已经掌握重要知识点，无论教师怎么出变式题，其都能轻松自如地应付。（2）最低"共性题正确率"。除历史学科，其余三科最低"共性题正确率"都是0。造成"共性题正确率"为0的原因可能有两种：一种情况是这些共性题属于学生复答题，学生在第一次做这些习题时侥幸做对成分居多，实则并没真正理解该知识点，再做此题时便漏洞百出；另一种情况是这些共性题属于学生错题，学生"跟踪"不及时，不到位，导致共性题正确率低。（3）平均"共性题正确率"。就一般情况而言，"共性题正确率"为85%以上说明该生对重难点知识把握较为到位；70%—84%说明该生对重难点知识把握良好；低于70%说明该生对重难点知识把握一般；低于50%说明该生对重难点知识理解与掌握存在一定障碍，重难点知识已成为其知识盲点。

综上，教师的"学习问题导向"的自觉在培养"学习问题导向"意识、灵活处理学生所提问题、集体释疑重点问题、深化学生反复"跟踪问题"等过程中得以有效形成。

三　营造"善思爱问"的环境文化

学习问题导向教学的实施效果与营造"善思爱问"的环境文化密不可分。基于此，实验学校的师生在以下两个方面展开了环境文化的建设行动。

（一）建设"善思爱问"班级文化

班级文化，"班级群体文化"的简称①，指以班级为单位，由全体成

---

① 顾明远主编：《教育大辞典》（增订合编本·上），上海教育出版社1998年版，第51页。

员在长期教育教学活动中创造与形成的物质文化与精神文化的总和，是教师和学生教学的潜在观念和内隐（默默遵循）规则。"善思爱问"的班级文化是指以班级为单位，由全体成员在长期学习问题导向教学活动中创造与形成的物质文化与精神文化的总和，是教师和学生进行学习问题导向教学的潜在观念和内隐规则。它不仅对学生成长与成材起着极其重要的作用，还对学习问题导向教学产生积极的作用。在实验学校中，"善思爱问"班级文化建设的内容主要有下列五点。

1. 建设蕴含"善思爱问"意味的班级教学空间

建设蕴含"善思爱问"意味的班级教学空间，有利于培养学生"善思爱问"素养和顺利开展学习问题导向教学。依据教学空间显性状态，建设蕴含"善思爱问"意味的教学空间主要聚焦于学生座位安排①与辅助教学区设置两方面。为使论点更明确，论证更丰实，这里仅以 FH 学校七（1）班 R 老师执教的班级设置"善思爱问"辅助教学区为例说明。

其一，确定辅助教学区主题为"善思爱问"。R 老师深知"学生在学校里从书本以外的生活中学到的东西，可能比从书本里学到的东西还要多"②，且知晓图书角、植物角、墙贴图片、标语等教室内部辅助教学区文化布置既凝聚班集体文化精神，又能给予学生鼓舞、激励、促进等积极暗示作用。因此，在建班之初，就充分发挥学生合理自主性，组织学生对班级的辅助教学区进行设置。第一步：R 老师先让每个小组自发拟定一个主题。每组的学生在组长带领下纷纷热火朝天地讨论起来，最终，七（1）班 5 个小组 29 名学生形成 5 个主题：文明卫生、勤学奋进、善思爱问、健康活力、团结拼搏。第二步：面对 5 个主题，R 老师在肯定各组主题的积极性基础上，向同学充分阐述学习问题导向教学的内涵，并要求学生结合日常学习行为，采取投票制在 5 个主题中确定一个主题。经过 29 名学生认真地投票选举，最后"善思爱问"以 27 票高居"榜首"，成为 FH 学校七（1）班班级文化主题，更成为班级辅助教学区的主题。

---

① 　具体内容详见第五章第三节。

② 　李学农：《中学班级文化建设》，南京师范大学出版社 1999 年版，第 2 页。

其二，凸显辅助教学区主题为"善思爱问"。确定"善思爱问"主题之后，RMJ教师进一步组织学生围绕这一主题收集相关资料。最终，学生们收集了诸多关于"善思爱问"的资料，班委会的同学们进行精挑细选，分别布置在教室的辅助教学区内。图6—2"今天你在哪一步"仅是七（1）班"善思爱问"墙贴的一角，该墙贴时刻提醒学生每天都要反思学习，反思每门课程学习达至"我不会做、我不能做、我想做、我该怎么做、我会尽量做、我能做、我会做、我做到了"八个台阶中哪一级，以便进一步改进与提升学习。

图6—2 今天你在哪一步

2. 培养"善思爱问"的小组良好组风

"善思爱问"的优良班风源于良好的"善思爱问"组风，因此实验学校的教师非常注重培养学生学习小组"善思爱问"的良好组风。具体从下述四个角度培养。

一是合理分组。将班级内善于思考、善于发问、善于解疑的同学均衡分配至每个小组，以期在小组学习或活动开展过程中，起到正面积极影响作用。

二是以小组为单位开展"善思爱问"的各种活动设计，激发学生热情参与活动设计，强化"善思爱问"的意识，养成"善思爱问"的组风。

三是各科任课教师在各学科教学过程中，多多给予学生思考提问的平台与时空，特别是鼓励学生勇于"亮红色面信息沟通牌"，敢于向同伴或教师提问与求助。

四是教师要合理正确使用"课堂激励表"，对于学习过程中出现的"讨论中有新见解，解题思路比较广，作业习题中解题方法多"的同学，以组为单位，在"课堂激励表"创新一栏给予高分，加以充分肯定，以此激励学生"善思爱问"。

3. 开展具有"善思爱问"特点的小组活动设计

教师经常以组为单位组织学生进行各种活动设计，特别是具有"善思爱问"特点的活动设计，能有效促进学生"善思爱问"。在活动设计过程中，每位组员均需动脑筋思考方案前因后果、具体做法、必要性、可行性等，从而发展思维缜密性；组员共同分析与解决设计过程中各种问题，从而发展学生积极性与凝聚力，提升问题意识。为便于说明问题，下文以 GC 学校七（2）班 Z 老师组织学生开展的一次具有"善思爱问"特点的小组活动设计为例。

实施学习问题导向教学不久后的一次班会课，Z 老师组织七（2）班的 6 个组学生设计班级公约。首先，Z 老师将 6 组学生分为两大组：1、3、5 组为"善思"类小组，围绕"善思"分别提出设计班级公约的理念与做法；2、4、6 组为"爱问"类小组，围绕"爱问"分别提出设计班级公约的理念与做法。其次，Z 老师组织"善思"类的 3 个小组形成一份"善思"类班级公约（见图 6—3 之右所示），组织"爱问"类的 3 个小组形成一份"爱问"类班级公约（见图 6—3 之左所示）。

4. 明确"善思爱问"的小组奋斗目标

实施学习问题导向教学的班级各小组在教师引导下普遍将"善思爱问"作为所有组员的奋斗目标。

首先，组长带领组员充分意识到思考与提问的重要性，向更合理的学习实践接近，努力学会学习（learning how to learn）。当组员不愿思考或提问时，组长要"动之以情，晓之以理"让组员感受到思考与提问之于学习的必要性；当组员不会思考或提问时，组长可以"以身作则""以身示范""手把手"教会组员思考与提问的方法，等等。

图6—3 "善思爱问"班级公约

其次，组长带领组员了解与掌握"思"与"问"的对象、途径与方法等，并在实际的学习问题导向教学的课堂教学以及活动过程中，积极践行"思"与"问"的各种方法，并在努力践行中，尽力养成善思考，爱提问的好习惯。

再次，组长带领组员将"善思爱问"奋斗目标落实到具体课堂学习中。自学寻疑时，积极思考，勇于提出问题；互帮答疑时，积极思考，帮助同学回答所提问题；教师释疑时，认真倾听，敢于质疑；群言辨疑时，仔细监听，辨别同伴是否真理解；练习测疑时，充分展示对问题的见解，检测知识盲点；反思质疑时，深刻反思学习方法与学习内容；"问题跟踪"时，积极提出新问题。

最后，组长积极带领组员将"善思爱问"进行到课余活动中。

5. 实施"善思爱问"的小组量化管理

量化管理又称管理的数量统计方法，即运用数理统计的原理和方法，对各项管理工作进行数据收集、整理和分析，从而做出科学的判断和决策，以保证管理取得最优化成效的一种方法。[1] 四所学校的部分教师探索

① 阮承发：《中小学管理学》，苏州大学出版社1994年版，第48页。

将"善思爱问"作为主要元素，纳入小组的量化管理中。小组是班级基本元素，建立"善思爱问"小组量化管理，可以使学生在"组荣我荣，组辱我辱"的学习中，更富有目标与效果、反馈与反思、改进与提高，既利于小组管理，又利于班级管理。为便于说明问题，下文以 SY 学校七（4）班 L 老师采用的"善思爱问"小组量化管理措施为例。

　　LYY 教师为鼓励每位学生积极地"善思爱问"，在班级内张贴"善思爱问"的"梦想积分榜"（见图 6—4 左所示）与"小组晋级榜"（见图 6—4 右所示）。（1）"梦想积分榜"是鼓励每个学生不断提出问题，不断解决问题，不断努力，为自己而战，为梦想而战。从底层 100 分至顶层 1000 分，每 100 分一个级别，学生个体每达至 100 分，可实现一个相应梦想。依据学生在学习问题导向教学课堂上的表现，结合课堂激励表，适度加分，如敢于"亮红牌"，并且所提问题得到任课教师嘉奖，则会加 5 分至 15 分不等。（2）"小组晋级榜"是激励每组成员，集体抱团，不断提出问题，不断解决问题，努力前行，为小组而战，为晋级而战。一学期 20 周，每一周各小组在学习问题导向教学过程中的表现得分在表格上标注得非常清晰。每组在这一学期进退步情况，量化分数，一目了然。（3）L 老师的"善思爱问"小组量化管理措施是结合个人计分与小组计分两个标准。当学生善于思考，喜好提问，各方面表现不错时，教师给予一定分值奖励个体与团体，鞭策个体勤于思考、善于提问，激发个体为团体"一荣俱荣"而战。当学生各方面表现欠佳时，教师扣除相应分值，提醒个体奋进努力，督促组内其他成员监管该生，切忌因个体"一辱皆辱"，激发组内成员齐上阵，共协助，努力前进。

　　（二）建设"善思爱问"校园文化

　　作为一种环境教育力量，"善思爱问"校园文化主要体现在"善思爱问"校园物质文化建设、"善思爱问"校园精神文化建设、"善思爱问"校园制度文化建设三方面。

　　1. 建设"善思爱问"校园物质文化

　　"善思爱问"校园物质文化是"善思爱问"校园文化重要组成部分，是以校园里的物质作为重要载体，传递学校追求"善思爱问"的精神理念与价值，是"善思爱问"精神文化与制度文化存在的物化外显、发展

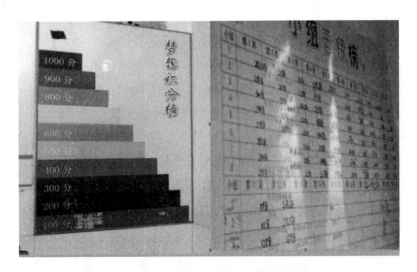

图6—4　"善思爱问"小组量化管理

的物质保证。

　　作为学习问题导向教学宏观过程中的元素之一，"善思爱问"的物质文化是学校潜在的课堂、隐形的教育资源，对师生开展学习问题导向教学起着潜移默化的作用。下面以 SY 学校建设"善思爱问"校园物质文化中的"校园文化长廊"与"校园墙壁文化"为例予以说明。

　　其一，SY 学校"善思爱问"的校园文化长廊。"对学生真正有价值的东西，是他周围的生活和环境"①，可见，有着"善思爱问"寓意的"物"作为影响主体的存在体，承载着重要的美化环境和人文价值作用。"善思爱问"的校园文化长廊（见图6—5所示）是 SY 学校全体师生在学习问题导向教学实践中共同认可的教育因素。另外，"善思爱问"的校园文化长廊反过来也于无形中陶冶着 SY 学校师生的情操，激发全体师生积极努力，奋发向上。SY 学校的 Z 老师说："我们学校建立'善思爱问'的校园文化长廊，就是给学生营造一种'善思爱问'的文化氛围，其目的是在'善思爱问'的正确教育规律引导下，在艺术性、文化性、人文性浑然天成中，培养学生与历史对话，与国学对话，与名人对话，与艺

---

　　① 李言成：《校园物质文化建设与学生健康人格培养——论校园环境育人》，《理论观察》2013 年第 11 期。

术对话，从而增强学生的知识积淀，激发学生善于思考，勤于发问的浓厚兴趣，促进学生身心健康发展。事实证明，这是学校非常智慧的举措。因为在我执教的三个班生物课上，我明显感觉学生越来越善于思考，越来越爱好提问。"

图6—5　SY学校"善思爱问"的校园文化长廊一角

其二，SY学校"善思爱问"的校园墙壁文化。美国著名专栏作家门肯曾说："文化本身既不是教育，也不是立法，它是一种氛围，一种遗产。"无论是校园文化长廊还是校园墙壁文化（见图6—6所示），SY学校都竭力将静态的"物"演绎成会"说话"的物，向学生传递着"善思爱问"的思想，努力让学生在良好的"善思爱问"校园物质文化氛围中茁壮快乐地成长。SY学校七（1）班的Z同学说："每天都要在教室外的走廊里经过好多次，每次看到墙壁上贴的'勤学勤思、勤能补拙、勤钻勤问、坚持到底、贵在坚持、就能胜利'等字样，我就不断地提醒自己，我这节课勤思了吗，勤问了吗。当我失败低徊不前时，墙壁上那'让梦想灿烂开花'的标语总能无形中给我巨大的鼓舞，让我又满血复活。"

2. 建设"善思爱问"校园精神文化

"善思爱问"的校园精神文化又被称作"善思爱问"的"学校精神"，是"善思爱问"校园文化建设的核心。SY学校"善思爱问"校园

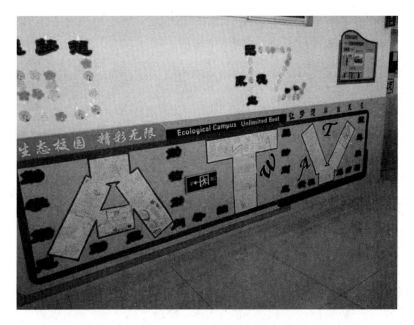

图6—6　SY学校"善思爱问"的校园墙壁文化一角

精神文化具体体现在"善思爱问"的校风、教风、学风、班风四方面。

其一，SY学校"善思爱问"的校风建设。"善思爱问"的校风是SY学校的风气，体现在SY学校各类人员的精神面貌上，体现在学校里的各种事物和环境中。SY学校深知"善思爱问"校风对于实施学习问题导向教学的师生具有深刻的凝聚力、感染力、向心力等作用，努力排斥师生不符合"善思爱问"环境氛围的心理与行为，尽力巩固师生集体感受力，激发师生内在积极向上力，催化师生心理健康积极发展。SY学校积极促进"善思爱问"校风建设的举措有树立"善思爱问"的师生典型，通过开展"善思爱问"等各项活动给予师生正确引导。SY学校"善思爱问"校风的建设给SY学校带来了巨大变化。一次区教研活动在SY学校召开，DM学校的一位教学领导者慨叹道："良好的校风既是教育和管理的成果之一，又在教育和管理上具有特殊作用，它有一股巨大的同化力、促进力和约束力，是一种精神力量和优良传统。显然，SY学校在建设'善思爱问'的校风上取得了一定进展。从随机的课堂观察来看，多数师生脸上洋溢着一种善于思考与喜爱提问的精神面貌。"

其二，SY学校"善思爱问"的教风建设。SY学校"善思爱问"的教风凝聚在学习问题导向教学实践过程中的精神动力、态度作风等方面，SY学校通过全体教师意志与行动，逐渐将"善思爱问"固化，最终形成正向影响学生成长与学校深远发展的"善思爱问"的传统和风格。SY学校积极促进"善思爱问"教风建设的举措有开展"善思爱问"争先创优活动，激励教师迅速成长为学习问题导向教学的骨干教师和学科带头人；鼓励教师深刻理解"善思爱问"教风的内涵，将其贯穿教学活动每个环节，督促学生勤于思考，善于提问，促进"善思爱问"学风形成，等等。SY学校"善思爱问"教风的建设给SY学校带来了可喜变化。SY学校的一位教学领导者由衷地赞叹道："'善思爱问'的教风是我们SY学校的精神旗帜，它对学生起到熏陶、激励和潜移默化的教育作用。现在，明显感觉到我们的教师更善于思考与钻研教材，我们的学生更善于思考与提出问题。"

其三，SY学校"善思爱问"的学风建设。SY学校"善思爱问"的学风是学生群体在长期学习问题导向教学过程中形成的学习行为等各方面表现折射出的整体学习态度和学习方法。SY学校诸多教师积极促进"善思爱问"学风建设的举措有：明确建设学生"善思爱问"学风的主要目标，努力树立学生"善思爱问"的学习观、人生观、价值观；在教学活动中进行"善思爱问"相关理想信念的教育；以学生学习问题为导向组织丰富多彩的学科活动和社会实践激发学生"善思爱问"的求知欲，等等。SY学校"善思爱问"学风如同"善思爱问"校风、教风一般对SY学校的发展、教师素养的提升、学生学习成长均起着极其重要的作用。W老师是在一所学校支教近三年刚返回SY学校的数学教师。他对于SY学校学生的学风，还停留在三年前的记忆里。因此，当他将SY学校学生现在的学风与三年前的学风进行对比，发自肺腑地赞扬道："现在的学生与以前的学生相比，明显地更爱思考，更爱提问。刚开始，我还不太适应呢，我还在想，学生小脑袋瓜究竟是如何想的，怎么里面藏着那么多的'问号'。最初，我以为是我运气好，碰到两个班的学生都是爱思考的。后来，去别的班级听课，研讨，发现多数班级的大部分学生都喜欢动脑筋，想问题，提问题。"

其四，SY学校"善思爱问"的班风建设。"善思爱问"的班风是由班级全体成员共同营造的一种反映班级整体"勤于动脑"的精神风貌与"善于发问"的个性特点的集体氛围，代表班级内隐品格和外显形象，引领班级发展方向。SY学校多数班级都树立了"善思爱问"的班风。仅以笔者调研时重点"蹲点"的七（3）班为例。SY学校七（3）班的全体学生在班主任与各科任课教师带领下，从如下几个方面建设"善思爱问"的班风：各位科任教师力争当好"善思爱问"的表率，对学生形成耳濡目染作用；教师充分发挥学生干部"善思爱问"的带头与监督作用，促进学生间相互影响，促使学生形成"善思爱问"的自觉意识；利用一切机会努力培养学生形成良好的"善思爱问"习惯；努力建立课内外"善思爱问"的良好学习氛围；带领学生积极开展各项班级活动，促进"善思爱问"班风建设。"善思爱问"的班风不仅提高了七（3）班全体学生的学业成绩，而且还大大提升了学生整体"动脑""动口""动手"的"三动"能力。犹记得，最初，笔者去七（3）班调研时，发现C同学经常趴在桌上连睡半天，不管什么课都不听，同学都叫不醒，各任课教师对他也多是睁一只眼闭一只眼。同组的同学悄悄告诉笔者他是一名体育特长生。时隔3个月，待笔者再去SY学校七（3）班调研时，发现C同学像变了个人似的：课上不再"一趴到底"睡得个昏天黑地，而是积极参与小组的各科各项活动。遇到不懂的问题，也能主动"亮红色面信息沟通牌"，求助于知者和教师。C同学主动和笔者说："我发现上课时全班同学都在'热火朝天'地'忙碌着'，有的同学发表意见、有的同学辩论、有的同学书写小黑板、有的同学认真记笔记，唯独我好像挺'潇洒'的，却又显得格格不入，大家都在认真思考问题、解决问题，我想我还是加入他们的队伍吧。"与此同时，七（3）班的班主任X老师也充分肯定了"善思爱问"的班风建设给C等学生带来了"质"的飞跃。

3. 建设"善思爱问"校园制度文化

"善思爱问"校园制度文化指学习问题导向教学的实施学校依据学习问题导向的教学工作任务和内部管理需求，构建"善思爱问"管理机制，将学校学习问题导向的相关教学工作纳入科学规范轨道，实现学校"善思爱问"管理工作良性循环，调动师生积极思考，勤于发问，促进师生全面发展。下面分别以四所实验学校在校园制度文化四个方面的举措，略谈其对学习问题导向教学的引领与激励作用。

其一，SY 学校"善思爱问"优秀小组的评选制度。SY 学校为了鼓励全体学生"善思爱问"勤学奋进的好品质，每个月每个班根据当月学生在日常学习问题导向的学习活动中各种"善思爱问"的表现，本着公平、公正、公开的原则，每个班评选一个优秀的"善思爱问"小组，进行全校表彰，颁发奖状与奖品，以资鼓励。J 老师说："优秀小组的评选制度，总体而言，非常利于全体学生'善思爱问'。只要多努力，多思考，多提问，多解决，每个学习小组都有可能获得这项殊荣。获得过'优秀小组'的成员在班级内的确能起到表率作用，为继续维持荣誉称号，而一直不懈努力；未取得荣誉称号的小组，为了荣誉而战，也会奋力拼搏。"

其二，GC 学校"知者加速"学生的三方签约制度。GC 学校为了鼓励学生多思考，多提问，特别是鼓励优生"继续进步"，不"坐等他人"，特别针对"知者加速"的学生制定了"三方签约制度"。校方、学生、家长，三者共同签约，一式三份。条约上明文规定，作为"知者"应尽的责任与可享的权利；作为校方为了"知者"发展应提供利于其发展的相应平台，并在实现后，应兑现相应诺言；作为家长为了"知者"的发展，应给予必要的家庭督促等义务。一位签约的家长说道："自从签了什么条约后，感觉俺家娃变了个样，以前成绩虽然还不错，但是在家学习总是拖拖拉拉，不积极，需要我们催好几遍，才慢慢吞吞地，不高兴地去做。现在不用俺和他娘去催，娃自个儿主动去学习。"

其三，FH 学校"教师参与考试"的教学激励措施。FH 学校为确保"善思爱问"制度的优质生成与高效执行，定期固定一个主题，组织教师参与相关考试，激励教师对教学"勤思与勤问"，以至内化于心，外化于行，并在实际教学中鼓励学生"勤思与勤问"。诚如，FH 学校 Z 老师所言"刚开始挺烦这样的考试，觉得一点不人性化。后来慢慢习惯了，发现教师参与考试，挺好的，一方面可以深化自己对学习问题导向教学的更深层理解，利于提高自己的教学质量；另一方面，我们参与考试，更能换位思考学生的处境，在教学中也更能施以恰当的教师感情，设身处地为学生着想，为学生的成长与发展而考虑，从而在课堂上多多给予学生思考与发问的平台与时空"。

其四，ZJ 学校"善思爱问"教学论文的评选制度。ZJ 学校为鼓励教师能及时总结学习问题导向教学实践的宝贵经验和优秀成果，促进本校教师学习问题导向的教学质量与专业水平的提升，学生"善思爱问"品质的提升，每学期开展一次优秀"学习问题导向"教育教学论文评审活动。教育论文主要范围是以"善思爱问"为论域，包括教师在备课方面的思考及实践，在课堂教学中的实践及探索，在作业优化方面的探索，以及教师感情在学生"善思爱问"教育教学活动中的重要作用等。论文的形式要求、写作要求、格式要求等严格按照期刊发表论文的标准，并且所有论文采取匿名评审制，按照本校教师数量，设立一定比例的一二三等奖，并予以适度奖金，以资鼓励。ZJ 学校的 S 校长不无感慨地说："自从学校设立'善思爱问'教学论文的评选制度以来，我们 ZJ 的教师比以前更善于深刻反思教学，从教学深处'发问'，与更深层教学进行积极'对话'。这点可以从 ZJ 教师发表论文的数量以及成功申报课题的数量有较大幅度提升得到证明。"

四所学校较为注重以质量为制度核心，以激励为制度导向，以发展为制度目标，以规范为制度坐标，以校本为制度基础，以成长为制度指引，形成并实施"善思爱问"制度文化管理机制，引领师生生命成长可能性的发展。

概言之，"善思爱问"的班级文化建设，以及涵盖"善思爱问"物质文化、精神文化、制度文化的校园文化建设，其宗旨均是提供学生发展"问题解决"核心素养的平台，培养学生提出问题、分析问题、解决问题的问题意识。

第二节 学习问题导向教学实施的微观过程

学习问题导向教学的微观过程是师生在不同课型中所表现出来的提出、分析和解决学习中问题的过程。当然，无论课型有何不同，作为一种反映学习问题导向教学的实践形态，总有一个相同逻辑框架。其框架如图 6—7 所示。

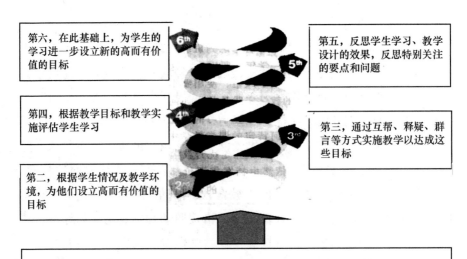

第六，在此基础上，为学生的学习进一步设立新的高而有价值的目标

第五，反思学生学习、教学设计的效果，反思特别关注的要点和问题

第四，根据教学目标和教学实施评估学生学习

第三，通过互帮、释疑、群言等方式实施教学以达成这些目标

第二，根据学生情况及教学环境，为他们设立高而有价值的目标

第一，了解学情，通过自学摸清学生现有知识水平，找出学习中的问题

图6—7　学习问题导向教学的逻辑框架

图6—7说明：学习问题导向教学的逻辑框架由六部分构成。第一，教师的教学始于依据真实学情"以学定教"，其本质是从学生的不知或未知（问题）处定教。第二，教师基于特定学习情境了解学生已有知识基础，面对新知会出现哪些个性和共性问题等，设立价值较高的教学目标。第三，针对学生问题，教师采用互帮、释疑、群言等手段实施教学以达成教学目标。第四，依据教学目标与教学实施情况，对学生学习是否达至学习目标进行正确评估。第五，教师对学生学习情况、教学设计效果及其他需要特别关注的要点和问题进行反思。第六，通过反思，教师获得学生最新学习情况，奠定下一步教学设计新基础。

图中的两个螺旋形状意味着学习问题导向教学是一个复杂螺旋上升过程，无论是学生的发现、分析和解决问题的状态，还是教师制定教学目标、选择教学方法和方法的适切度都处在积极变化中。

当然，肯定学习问题导向教学的逻辑框架的共同性，并不否认不同课型的学习问题导向教学的特殊性。正是这些特殊性，构成了学习问题导向教学微观过程的多样性。下面以新授课、实验课和复习课为例，展示学习问题导向教学的微观过程。

一　新授课的学习问题导向教学过程示例

新授课是传授新知识、新技能的课，分为概念新授课和命题新授课。学习问题导向教学的新授课除了遵循上述的逻辑线索之外，还有自己的"个性化"过程。

首先，教师导入自学寻疑环节，让学生主动"提出"问题，借此掌握学生实际学情，以学定教，为其量身定制学习目标；接着，教师引导学生开展互帮、释疑、群言等活动分析、解决学习中的问题，尽力达成学习目标；最后，教师引导学生知识建网，反思学习，并为学生设置更高学习目标。下面以七年级一节语文新授课为例说明之。

七年级语文《济南的冬天》*

【教学目标】

认知目标：95％的学生能说出济南冬天的特点

　　　　　90％的学生能赏析文章优美的语言

　　　　　90％的学生能恰当运用文中描写景物的方法进行片段描写

感情目标：感悟自然的美与家乡的美

【教学重点】理解及运用多种景物描写手法描写济南冬天"温情"的特点

【教学难点】运用文中描写景物的方法进行家乡景物的片段描写

【教学时间】一课时

【教学工具】多媒体、互帮显示板（小黑板）、信息沟通牌

【教学过程】

上课仪式：

师：上课！同学们好！（鞠躬）

生：理解老师！勤学奋进！（鞠躬）

1. 感情先行

师：著名作家老舍在《济南的秋天》一文中写道："上帝把夏天的艺

_____

＊ SY 学校 S 老师在学校会议报告厅上展示课。

术赐给了瑞士，把春天赐给西湖，秋和冬赐给了济南。"今天，我们一起走进老舍的《济南的冬天》来领略它那奇妙的魅力。

2. 学习问题导向第一循环

（1）自学探究

师：请听读课文，在文中找出你认为最能体现济南冬天特点的词语，注意下面两条自学指导。

自学指导：①在文中圈出关键词语，并结合文章具体内容阐述理由。
②用波浪线画出你认为最美妙的句子。

五位学生每人朗读一个自然段。

生：朗读第一自然段。（教师板书"真得"一词）

生：朗读第二自然段。

生：朗读第三自然段。（教师板书"着落"一词）

生：朗读第四自然段。

生：朗读第五自然段。（教师板书"贮蓄"一词）

生：（自学式学习姿势，静听、勾画、标注）

（2）教师释疑

师：我们几位同学声音都很响亮，且很有感情，但有三个字词的读音需要注意。首先，这是一个多音字，应该念"zhēn děi"（真得），济南真得算个宝地。第二个也是一个多音字，心中便觉得有了着落（zhuó luò）。

生：zháo luò。（教师板书 děi，zhuó）

师：着落（zhuó luò）。还有一个，贮（zhù）蓄，对，zhù 蓄，把终年贮蓄的绿色全拿出来了。（板书 zhù）

（3）小组合作

师：每个小组只能精挑细选一个最能体现济南冬天特点的词语，写在互帮显示板上，请学科组长负责。

生：（讨论式学习姿势，小组合作互帮）

师：5 个小组选择"温情"这个词语，1 个小组是"慈善"，2 个小组是"响晴"，1 个小组是"暖和"。我们先请唯一的一个"慈善"，6 组同学先来陈述理由，你们为什么认为这个词最能体现济南冬天特点。

生：文中有许多词意思是相近的，比如"响晴"和"温情"，而我觉得"慈善"能够代表这两个词意思。

师："温情"的5个小组有反对意见吗？

生：我认为它是通过北平的风、伦敦的雾和热带的日光进行对比，衬托出济南冬天温情的特点。

师："慈善"一词为什么不可以呢？

生：我感觉"慈善"不太全面。

师："慈善"是一个拟人化词语，一般用来形容人。济南的冬天是慈善的，是源于它的温情。这边组还有选"响晴"与"暖和"，这两个词和"温情"意思有什么区别？

生：相同。（听讲式学习姿势）

师：相近，但课文中用了"温情"，我觉得"响晴""暖和"这些词都不错。总而言之，济南的冬天是温暖的、不冷的。

（依据教师评价及赋分，一生负责在黑板上的"课堂激励表"给各组加上不同分数）

4. 学习问题导向教学第二循环

（1）自学探究

师：济南的冬天是温情的，老舍笔下济南的冬天，更是美妙的。那山、那水、那阳光、那薄雪都给人一种美的享受。请我们同学到文中去寻找美点，赏析语言，分析写景的方法。

自学指导：①模仿或参考示例赏析在自学中标出的最美妙句子。

②文章语言赏析可以从多个角度思考，如巧用修辞、用词精妙、色彩美感、紧扣特点描写景物、运用恰当的空间顺序、动静结合、虚实结合、融情于景等。

③知者加速：运用上述方法赏析《济南的秋天》优美语言。

示例："山坡上……叫你希望看见一点更美的山的肌肤。"

示例1：巧用修辞，融情于景。运用比喻和拟人的修辞，描绘雪色与草色相间的美景，表达作者的喜爱与赞美之情。

示例2：用词精妙。"穿"字既准确表现雪覆盖草的状态，又引起比喻"一件带水纹的花衣"。

示例3：动静结合，把静态的山写活了。

示例4：虚实结合。"叫你希望看见一点更美的山的肌肤"让读者想象春天来临，山花烂漫的景象。

示例5：穿花衣的小山突出济南冬天温晴的特点。

生：（自学式学习姿势：安静自学）

师：（组间巡视，及时"帮困"）

（2）合作互帮

互帮要求：①以组为单位，交流自学成果，知者帮助未知者。

②注意运用以上提示的赏析语言方法组织语言表达。

③归纳本组同学所掌握的描写景物方法。

④在互帮显示板上写好发言关键词。

图6—8　学生在教师指导下合作互帮

生：（讨论式学习姿势，轮流言说、相互讨论、认真板书）

师：（教师巡视，及时了解学情）

生：（完成任务的小组代表拿着互帮显示板上讲台，准备展示成果）

师：成果展示，小组数多，时间紧张，机会有限，我们首先把发言机会交给最先走上讲台的 3 个小组。

生：我们组赏析的是第二节中"这一圈小山在冬天……这儿准保暖和"。这句话运用比喻手法，把古城比作小摇篮，写出山景的小巧秀美，表现这里和谐安适，表达作者喜爱和赞美之情。

师：通过赏析这句话，你们组掌握哪几种写景手法？

生：比喻与拟人。

师：刚才你说这句话表达作者喜爱之情，对，还要把感情融入进去。有没有和这个小组选一样的句子？没有，是吗？没有，那第二个小组发言。

生："古老的济南……也许是唐代的名手画的吧。"此段主要运用比喻和拟人的手法。拟人主要体现在"卧"；比喻体现在把古老的济南的城和小村庄比作小水墨画，生动地写出了城和小村庄的美和秀气。

师：美和秀气。通过这句话赏析，你们组有没有掌握景物描写的什么方法？

生：比喻和拟人。

师：大家都比较熟悉修辞。关键是比喻恰当，紧扣特点。好，第三个小组发言。

生：我们组赏析的是第四节"等到快日落的时候……微微露出点粉色"。这一句中"微黄"和"粉色"是色彩描写，两种颜色相照应，色彩十分美丽。"害羞"是运用拟人手法把山腰上的薄雪比作少女，突出雪色的娇美和小山的秀丽。

师：回答得非常好，加上 3 分。这边这个小组写了 3 点，这是哪个小组，你们有代表发言吗？

生：我们赏析的是第 6 小节"天儿越晴……在水里照个影儿呢"。这句巧用比拟的修辞，使水富有人的情感，从侧面说明济南的冬天是温情的。

师：水不会结冰。

生：是不会结冰、上冻的。此外，这句中的色彩美感是天儿越晴、水藻越绿，就凭这绿的精神，因为这里头有水。

师：水天相映。

生：还有就是这句紧扣特点，"况且那些长枝的垂柳还要在水里照个影儿呢"这句话写出长枝垂柳的柔美。

师：柔美，也是济南的冬天秀美的特点。很好，那我们其他小组说得也很好。这一组单独列了一个"忍"字还有一个"照"字，哪位代表发言？

生：从"忍"字看出水的可爱，从"照"字看出水很清澈。作者把水写活了，让水有了柔美的灵性，同时也表现垂柳的柔美。

师：非常好，水有了灵性，这边小组也是写水的，看一看板书内容，你们小组谁来发言？

生：人格化的水藻、水和垂柳楚楚可爱，用不忍的雪水，不仅有生命质感，还有一副和善心肠。

师：非常精彩，生命质感，充满生机，有一副慈善心肠，多情的，温柔的水。我觉得他们小组啊，虽然上台晚了点，但他们写得非常棒，探讨得很有价值。

师：老舍笔下济南的冬天这么美，得益于"温情"特点，得益于老舍的美丽语言。其实，我发现老舍也只是用修辞、色彩美感等这些常规写景方法，是不是？

（3）**当堂检测**

师：我觉得赏析别人语言不过瘾。同学们，我们的家乡 XZ 也很美丽，很有特色。我们能不能挑战一下，用刚才学到的景物描写方法，以"XZ 的秋天"或"XZ 的冬天"为题，写一个80—100字的片段作文。

检测要求：①通过景物描写体现 XZ 秋天或冬天的特点。

②恰当运用多种方法描写景物，力求生动形象。

③小组交流，择优推荐全班交流。

知者加速：模仿老舍《济南的冬天》或《济南的秋天》中语言修改自己的片断作文。

生：（自学式学习姿势，独立安静地创作）

师：（教师认真巡视，及时帮困）

完成片段写作任务后，教师组织学生进行组内热烈交流，每组负责推荐一篇优秀片段。

　　师：我们这次只是写片段，不是写一篇作文，只需找到一个景，选好一个点即可。如果大家有兴趣，课后可以将其完善，扩写成一篇优美文章。下面我们开始展示各组推荐的优秀作品。

图6—9　SF 教师正在"帮困"

　　生：我写的题目是《XZ 的秋天》，在一朵朵傲放于枝头的菊花中，我的家乡 XZ 迎来了美丽的秋天。秋，在许多人眼中是凄凉的，但我却不这么认为。秋是凄美的，更是美丽的，特别是 XZ 的秋天。你看，那打着旋啊，飘落的树叶，金黄金黄的，好像是被镀上一层金，光彩夺人。在秋光照耀下，让人有些不敢直视，它们像一个个旋转的小精灵，在空中表演够了，就落到树根，等到来年秋天再次展现自己曼妙的身材与柔美的舞姿。

　　生：（热烈鼓掌）

　　师：从他的作文片段中，我感受到 XZ 秋天的落叶之美。

　　生：《XZ 的冬天》。XZ 的冬天冷冷的，但不失生机；静静的，却不乏乐趣。就以 YL 湖为例，在 YL 湖湖畔，总会有许多欢乐与美丽的事物吸引着你，让你不由得驻足观赏和玩乐。虽是冬天，但这里的树叶、树木却傲寒于天寒地冻之中，松柏青青不畏寒冷，水面萧萧不忍结冰。四处都是美的事物，令人赞美，令人陶醉在这冬日之中。如果说大人们的乐趣是观赏，那么打冰则是孩子们的乐趣……

生：（再次热烈掌声）

师：你们组说一下推荐理由，为什么推荐这位同学作品？

生：这篇作品有很多对仗很工整的句子，而且写了大人们的乐趣和孩子的乐趣。

师：对仗工整，体现了 XZ 冬天不同乐趣。

生：《XZ 的秋天》。XZ 的秋天十分美丽，枯叶如同翅膀硬了的小鸟离开母亲的怀抱。秋天的 YL 湖越发妖娆，湖水清澈见底，波光粼粼，乱山回合 YL，松树坚忍依旧，空有黄河玉带，倚栏目送飞鸿。

生：（掌声更加激烈）

师：你的文采真棒！

（4）知识建网

师：通过几位同学的精彩展示，我相信在座的已经基本掌握本节课所学内容，下面来回顾本节课的收获。

生：我们运用拟人或比喻的修辞手法可以让文章更生动。

师：有一个收获也是可以的。

生：我觉得写文章可以通过各个方面多层次突出文章重点，可以通过描写景物，还可以适当写一下人们的活动，或者是自己的感受。

师：真好，你的大脑里充满智慧。

生：描绘一幅什么样画面，写出事物什么样特点，再抒发一下情感。

师：很好，非常独到的见解，写文章要融入情感。今天这节课同学们不知不觉在三个方面有了收获：一是初步掌握描写景物的方法，刚才已经有同学不但用修辞手法，且很多同学的语句非常优美，用词很精炼；二是同学的听说读写能力普遍得到提高；三是我们认识美，感受美，情感得到熏陶。感谢同学们给予老师以美的享受。

（5）因人作业

师：最后布置作业，大家根据能力按要求完成。

最小作业量：根据课堂所学知识进一步完善作文片段。

知者加速：比较《济南的冬天》和《济南的秋天》在内容与写法上的异同。

下课仪式：

师：今天这节课就到这，下课！同学们再见！（鞠躬）

生：理解自己！塑造人生！老师再见！（鞠躬）

这节语文新授课凸显四个特点。

其一，"学习问题"导向。首先，自学探究环节让学生寻找能概括济南冬天的词语，利用"慈善""暖和""温暖"等词变相"提出"学生问题：知道词语意思相近，但没能准确把握相近词语间的区别及使用范围。其次，教师在释疑环节中"抓大放小"，仅就学生共同容易出错的3个共性词语着重解析，如在教师统一纠正"着落（zhuó luò）"一词读音后，学生依然习惯性读"zháo luò"，教师又纠正一遍。再次，小组合作学习环节遵循"学生问题，优先学生解决"原则，充分发挥学生集体智慧，共同解决问题。又次，当堂检测环节，有效结合语文学科特色，紧扣重点、设置巧妙、题量适中，在学生"活学活用"过程中检测教学目标达成度。还有，在知识建网环节中，教师引导学生反思本节课所学重难点内容，培养学生反思意识。最后，因人作业环节充分体现学习问题导向教学"弱生上进，优生更优，全体学生共发展"的目标。纵观整节课，教师是课堂教学有效组织者，给予学生自主学习时空，引导学生提出问题、分析问题、解决问题。在这个过程中，学生主动参与，乐于探究，勤于提问，善于答疑，在一定程度上实现了生命元素的更新。

其二，重点明确。本节课重点"理解及运用多种景物描写手法描写济南冬天'温情'的特点"非常明确，且贯穿于整节课。一是进入重点快。教师让学生在朗读与听读过程中寻找能概括济南冬天的词语，直入重点。二是研习重点透。课堂中自学探究、教师释疑、小组合作、合作互帮、当堂检测、知识建网，每个环节均紧扣重点"理解与应用写景手法"。三是练习重点精。当堂检测精选练习，围绕本节课"写景手法"写一段80—100字的写景片段。既有每个学生都要完成的共性作业，又有知者加速的个性作业，能充分检测本节课教学目标的达成效果。四是胸怀重点明。教师开门见山，直入主题，环环紧扣重点，围绕重点练习习题。这一切源于教师将重点牢记于心，并外化为实际教学行为。

其三，感情调节。本节课感情调节比较到位。一是上下课仪式中的激励性问候，将理解理念融入问候语中：学生理解教师做到勤学奋进，理解自己做到塑造人生；教师理解学生，理解自我，更好地实施教学。二是感情先行。教师用作家老舍在《济南的秋天》中的一句话作为导入，激起学生对济南冬天美的向往，开启文本解读之旅。三是感情调节。教师巧用感情营造融洽的师生关系，并在点评时用客观平实的话语充分激起学生巨大的学习热情。

其四，注重学生能力的全面发展。作为一门语言与文学的综合性学科，语文学科重在培养学生各项能力。在本节课中，学生的听、说、读、写能力的发展均有所体现。一是听的能力发展。教师鼓励学生听同学朗读课文，听小组成员言说赏析与朗诵"杰作"等。二是说的能力。教师采取对同伴说，对教师说，组内说，班内说等各种说的形式鼓励学生开口说。三是读的能力，教师鼓励学生"阅读"课文，深挖文本，用高度凝练的一个词概括济南冬天的特点；鼓励学生"朗诵"课文，朗读自己创作的作品等。四是写的能力。阅读与写作是输入与输出的关系，教师不仅注重学生文本输入过程，更注重学生文本输出过程，用写片段作文方式检测学生文本解读的效果。

二　实验课的学习问题导向教学过程示例

实验课是培养学生动手能力与综合素质的一种课型。长期以来，许多教师和学生对实验课存在一定误解。认为：考试中实验分值比率不高，实验器材贵重，学生动手操作效率慢、易毁坏器材，不如减少实际操作次数，多多"教会"学生实验步骤与结果即可等。这些误解使一些教师在上实验课时出现了诸多问题。比如，在备课环节，有的教师为完成实验课教学计划，只重视从知识与实验课操作过程方面去准备……主要是为了顺利指导学生操作过程，顺利地回答学生有可能提出的一系列问题，实质上就是从知识准备的角度去备课。① 在上课时，有的教师从实验目的到实验原理，从实验内容到实验工具，从实验步骤到布置作业逐一详细

① 付艳平、韩德复、王光野：《实验课传统教学与管理的缺陷》，《长春师范学院学报（自然科学版）》2010 年第 4 期。

讲解；学生坐在座位上，聆听教师关于实验的系列讲解，师生间无任何互动，教学变成纯粹"填鸭式"，等等。

　　学习问题导向教学实验课尝试消除师生对实验课的种种误解，改变过往实验课教师"详细讲"与学生"认真听"的"过度讲授"局面，从学生问题出发，让每位学生切实"动"起来。下面以七年级一节生物实验课为例予以说明。

七年级生物《细胞的结构和功能》（实验课）[①]

【教学目标】

认知目标：70% 的学生学会制作临时装片并使用显微镜观察

　　　　　　50% 的学生能绘制出植物细胞结构图

感情目标：90% 的学生能规范使用显微镜观察植物细胞

【教学重点】学会制作临时装片并使用显微镜观察

【教学难点】学会制作临时装片并使用显微镜观察

【教学工具】多媒体、互帮显示板、信息沟通牌、洋葱、显微镜、载玻片、盖玻片、镊子、滴管、纱布、吸水纸、清水、稀碘液等实验器具

【教学课时】一课时

【教学过程】

（一）情感调节

展示罗伯特·胡克观察到的软木细胞，激发学生观察细胞的兴趣。

（二）独立自学

学生自学 10 分钟，认真观察植物细胞的结构实验

1. 复习评分标准，用横线"——"画出评价的关键词，在不理解处作标记。

2. 阅读课本 P26 下方相关链接，了解生物绘图方法。

3. 完成者亮绿色面信息沟通牌，有疑问者请亮红色面信息沟通牌。

4. 知者加速：熟记评价标准中实验步骤。

―――――――

① ZJ 学校 W 老师执教。

（三）教师提示实验要求

1. 实验前先检查器具。

2. 手捏边缘擦玻片，擦好的盖玻片斜靠在载玻片边上。（如图6—10所示）

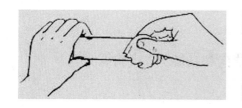

图6—10 演示图

3. "撕"前先画"井"字。

4. "展"好的薄膜轻轻压到水滴中。

5. 染好后用吸水纸把多余染液吸干净。

6. 观察时注意"边看边画"。

（四）互帮过关

两两结伴为一组，进行分组实验，每人15分钟，每组30分钟。

1. 起立操作，按照标准规范地完成实验。选择视野中你最满意的一个细胞，绘制在课本P26第一个方框中。

2. 单号先做，双号监督打分（在实验标准评价表上标出错误，得出分值）。

3. 互换角色。

4. 知者加速：分析总结失分原因，写在评分标准表格后面（见表6—4所示观察植物细胞的结构评价标准表）。

（五）教师释疑

1. 展示显微镜下观察到的洋葱表皮细胞图。

2. 展示正确的绘图示例。

（六）互帮总结

1. 对桌互说，指出对方失分原因。

2. 分析总结实验中容易出现错误的操作，将要点写在互帮显示板上。

3. 起立交流，组长组织，2 号板书并发言。

4. 知者加速：总结改进措施，写在表格后面。

（七）课后追踪

表 6—3   课后追踪

追踪对象	追踪措施
得分未满 85 分	由结伴的同学检查背诵实验操作步骤
实验未完成者	在结伴同学的监督下重新操作实验

注意：组长记录需要追踪的同学名单并监督追踪情况。

表 6—4   观察植物细胞的结构评价标准

实验步骤		分值	评价标准	得分
1. 准备 （5 分）	器具检查	5	根据实验要求，进行材料器具是否齐全检查	
			未检查直接做实验本项不得分	
2. 制作临时装片 （25 分）	擦拭玻片	5	用洁净的纱布把载玻片和盖玻片擦干净	
			未擦拭干净扣 2 分；无擦片过程本项不得分	
	滴加清水	5	用滴管在载玻片中央滴一滴清水	
			清水滴于载玻片边缘等处扣 2 分	
	撕取表皮	5	把洋葱鳞片叶向外折断，或用刀片切取一块洋葱鳞片叶或用刀片在洋葱鳞片叶上划"井"字（大约 $0.5cm^2$），用镊子撕取洋葱鳞片叶的内表皮	
			若未采取折断等措施或撕取表皮大小欠合适，扣 2 分	
	展平标本	5	用镊子把撕取的表皮浸入载玻片上的水滴中，并展平	
			展平方法不当或未展平，扣 3 分	
	盖盖玻片	5	用镊子夹起盖玻片，让盖玻片的一侧先接触载玻片上的水滴，然后缓缓放平	
			若有气泡产生扣 2 分	

实验步骤		分值	评价标准	得分
3. 染色 (5分)	碘液染色	5	在盖玻片的一侧滴加碘液,另一侧用吸水纸吸引,使染液浸润到标本的全部	
			染液未浸润标本全部扣2分;只滴加碘液,未用吸水纸吸引,扣4分	
4. 观察 (35分)	取镜安放	1	将实验桌上的显微镜放置在实验台略偏左的位置,且镜臂朝向自己,镜座距实验台边缘约7厘米	
			未进行此项操作,本项不得分	
	调试对光	4	转动粗准焦螺旋,使镜筒上升;转动转换器,使低倍物镜对准通光孔;转动遮光器,使最大的光圈对准通光孔;左眼注视目镜,用手转动反光镜,直到看到明亮的视野	
			以上各项操作中,一项不规范,扣1分。无明亮视野本项不得分	
	观察标本	15	把玻片标本放在载物台上,用压片夹压住;移动玻片使其正对通光孔的中心;从侧面注视物镜,转动粗准焦螺旋,使镜筒下降至接近装片约2毫米处;左眼注视目镜,反方向转动粗准焦螺旋,使镜筒缓缓上升,直至发现物像。必要时可转动细准焦螺旋	
			以上各项操作,一项操作不规范,扣2分,一项错误操作扣3分	
		15	物像清晰	
			物像不清晰,扣5分,视野中无物像,本项不得分	
5. 绘图 (20分)	绘制简图	10	用铅笔正确绘出细胞各部分结构,并用铅笔细点的稀疏程度表示视野中的明暗程度	
			以上各项,绘错一项扣2分;不用细点表示较暗部分,扣5分。不用铅笔绘图本项不得分	
	标注名称	10	字尽量标注在右侧,用尺引水平的指示线,然后注字,名称标注正确	
			以上各项,缺一项或错一项扣2分	

续表

实验步骤		分值	评价标准	得分
6. 实验态度习惯（10 分）	整理存放	5	实验结束时，先提升镜筒后取下装片；转动转换器，将两个物镜偏到通光孔两旁；将镜筒降到最低，反光镜竖立存放；显微镜外表用纱布擦拭，镜头用擦镜纸擦拭；放回原处	
			以上各项，一项操作不规范，扣 1 分	
		5	整理仪器及实验桌卫生、合理存放废品等	
			整理欠到位，扣 3 分；未整理本项不得分	
总分（100 分）				

本节实验课巧妙灵活地运用了学习问题导向教学模式，具体表现为如下几点。

首先，以学生自学"植物细胞结构实验"提出问题开启课堂教学，将学生实际学习问题作为施教起点，真正做到"以学定教"。其次，整节课始终以学习问题为导向。"独立自学"环节让学生发现问题、提出问题；"教师释疑""同伴互帮过关""同伴互帮总结"等环节是帮助学生共同解决问题；"课后追踪"环节是"咬定学生问题不放松""不解问题终不还"。再次，每位学生扮演数种角色，既是实验观察者与评价者，又是实验实际操作者，生生都能积极参与实验活动。最后，每位学生在既动脑又动手的亲自操作实验过程中将实验各项评价标准牢记于心，很好地培养了学生各项能力。

三　复习课的学习问题导向教学过程示例

复习课是以温习学习过的教材知识内容为主的课。教学实践中的多数复习课可大致分为"知识回顾""习题讲评""题海战术"三种类型。"知识回顾"型指教师归纳、总结、串讲重点、难点、考点等相关知识的复习课；"习题讲评"型指教师反复讲评与重点、难点知识相关的各种习题的复习课。"题海战术"型指让学生进行大量练习与微型考试的复习课。这些复习课仍然是以教师"满堂灌"和学生大题量的盲目练为特点。

与此不同，学习问题导向教学是学生在教师指导下，梳理以往的学习内容和自己尚存在的学习问题，并采取合适的方式解决学习中的问题。因而它能够帮助学生从根本上提高学习效能。

由于复习课在学习问题导向教学中的特殊价值，实验学校的教师将学习问题导向教学中的复习课提炼出以下五大模型。详见图6—11至图6—15。

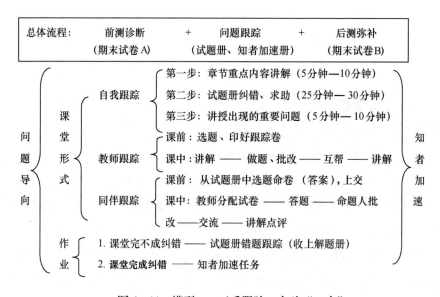

图6—11　模型一：三重跟踪＋突破"一本"

第一步：独立构建知识结构图（课前或课中）
第二步：课堂交流，完善结构图（15分钟）
第三步：学生讲解，教师补充点拨（10分钟）
第四步：学生完善结构图，脱稿互说（5分钟）
第五步：练习检测（15分钟）
★重点关注构图的层次性、完整性以及知识间联系

图6—12　模型二：知识框架建构＋练习检测

问题导向

第一步：准备好答案（印刷，每生一份，待发）+知者加速题

第二步：学生答题（35分钟或80分钟）；教师巡视发现共性错题

第三步：限时内完成的学生，自取答案，红笔批改，而后加速

第四步：教师重点讲授共性错题（10分钟或20分钟）

第五步：课后作业，自主、讨论、订正错题（跟踪课或习课）

图6—13　模型三：检测/考试

问题导向

第一步：师批、互批、自批

第二步：对照答案，自主修改，标出问题

第三步：组内组际互帮，提出共性问题

第四步：释疑共性问题，精讲重点难点

第五步：助教帮困，跟踪验收

知者加速

图6—14　模型四：试卷讲评课

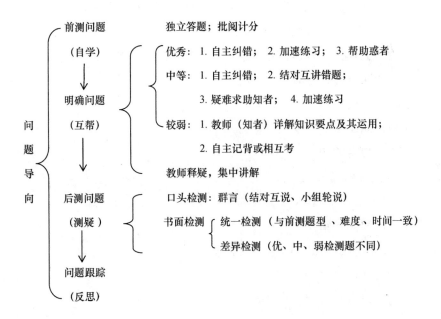

问题导向

前测问题（自学）　独立答题；批阅计分

明确问题（互帮）
　　优秀：1. 自主纠错；2. 加速练习；3. 帮助惑者
　　中等：1. 自主纠错；2. 结对互讲错题；
　　　　　3. 疑难求助知者；4. 加速练习
　　较弱：1. 教师（知者）详解知识要点及其运用；
　　　　　2. 自主记背或相互考
　　教师释疑，集中讲解

后测问题（测疑）
　　口头检测：群言（结对互说、小组轮说）
　　书面检测　统一检测（与前测题型、难度、时间一致）
　　　　　　　差异检测（优、中、弱检测题不同）

问题跟踪（反思）

图6—15　模型五：测＋帮＋测

学习问题导向教学视域下的五种复习课模型，力争让每位学生依据实际学情积极参与复习。其中，模型一、模型三、模型四适用于各学科，模型五主要适用英语、数学学科，模型二更适合思品、历史、地理、生物等学科，其他学科亦可以用。限于篇幅，下面仅以模型五的运用为例予以说明。

七年级数学《一元一次方程》（复习课）*

【教学目标】

90% 以上的学生能熟练掌握并灵活应用等式的两条基本性质

80% 以上的学生能熟练掌握与辨识应用方程的有关概念

80% 以上的学生能熟练掌握一元一次方程解法，并会列方程解决实际问题

80% 以上的学生对本章知识能有总体认识，对数学建模思想有较深刻认识

【教学重点】一元一次方程的解法、列方程解应用题

【教学难点】列方程解应用题

【教学工具】多媒体、互帮显示板、信息沟通牌等

【教学课时】一课时

【教学过程】

（一）明确目标

（二）自主前测

1. 独立做学案前测

2. 知者加速：《优 +》P56 T1

（三）同伴互阅

1. 互相批阅，每题 10 分，百分制

2. 教师统计各分数段人数

3. 知者加速：《优 +》P56 T2

---

* 山东 SY 学校 W 老师执教。

（四）组内互帮

1. 组长组织，相互解决组内成员小问题

2. 将组内解决不了的大问题写在互帮显示板上

3. 知者加速：（1）继续改错（2）《优+》P56 T2 知识整理

（五）教师释疑（重要知识点+前测学生写在互帮显示板上共性问题）

1. 一元一次方程的概念：一个未知数；幂指数为1；等式；整式

2. 等式性质：易错点——性质2除法中 $C \neq 0$

3. 方程解法：去分母；去括号；移项；合并同类项；系数化成1

4. 学生易错点：漏乘；括号

（六）教师总结

1. 知识建网

2. 解一元一次方程一般步骤

（七）学生后测

（八）同伴互阅

（九）课堂小结

由上可知，复习课与新授课相比区别较大：就教学目标而言，复习课侧重于巩固、消化旧知；就教学内容而言，复习课容量较大；就教学策略而言，复习课重总结，讲求知识的整合、应用和拓展；就教师作用而言，复习课上教师主要起激发、定向、建构、点拨、检查等作用，更多地让学生复习巩固、暴露问题、解决疑难；就学情状况而言，复习课面临的学生认知起点差异大，应重点围绕学情差异，以学习问题为导向，进行教学设计。这一节《一元一次方程》突破传统复习课"知识回顾""习题讲评""题海战术"的僵化模式，自始至终地以学习问题为引导复习方向，较为完整地呈现模型五的基本流程。本节课后，笔者和授课教师 WDF 共同盘点本节复习课效果，对学生前测和后测成绩进行了统计分析（见表6—5所示）。

表6—5显示，这节课学生前测平均成绩为66.13分，后测平均成绩为80.35分。需说明的是，后测试题题量和前测保持一致，但难度有所提升。从成绩分数段来看，这节复习课的效果和质量较高：前测成绩优秀

(90—100 分）者只有 3 人，中上（80—89 分）者 8 人，中等（70—79 分）者 6 人，20 人较弱（69 分以下）；后测中，成绩优秀者高达 11 人，中上 12 人，中等 8 人，6 人较弱；各等级（除"较弱"类）人数都有较大上升。

表6—5　　　　　《一元一次方程》复习课前后测成绩比较

项目	平均分	90—100 分	80—89 分	70—79 分	60—69 分	60 分以下
前测	66.13	3 人	8 人	6 人	5 人	15 人
后测	80.35	11 人	12 人	8 人	0 人	6 人

其实，学习问题导向教学研究的理论旨趣与实践价值远非仅此，限于学习问题导向教学是发生在特定时空，本章只好将笔墨聚焦于学习问题导向教学实施的宏观过程与微观过程。

第 七 章

学习问题导向教学的实施
成效与面临挑战

反思是一面镜子，清楚地映照成败得失，能使我们更长足地前行与发展。反思学习问题导向教学实施的成效与挑战，能使课堂教学改革走向更深处。

第一节　学习问题导向教学的实施成效

山东四所学校实施学习问题导向教学 18 个月之后，取得了一定成效：知识教学成绩提高了、学生问题解决素养增强了、教师教学效能提升了。

一　知识教学成绩提高

实施学习问题导向教学的四所学校（SY、ZJ、GC 、FH）生源质量基本处于该区中下等。该区共有八所九年一贯制学校。在另外的四所学校中，一所国际学校，一所双语学校，还有两所重点中学。前面两所为特色学校，录取该区少部分优秀生源；两所重点中学录取该区绝大部分优秀生源。实施学习问题导向教学的四所学校只能按区域录取剩下的中下等生源。较长时间以来，四所学校的学生考试成绩常常守在低端，即到项目实施前的 2015 年，学生成绩等级还是没有大幅提升。

为利于理解计量，在分析具体数据之前，先对统计方法进行简单说明。每逢大型考试，如每学期期中与期末考试，区教研室组织联合考试，流水阅卷，统一评价。集中阅卷完毕后，依据 A 等人数占全部参考学生的 15%，B 等 20%，C 等 30%，D 等 20%，E 等 15% 的比例，筛选出各等级人数，计算出各学校各学科各等级人数百分比，进行校际间横向与纵向比较。区教研室为计量与评价方便，计算各等级百分比率时，常将计算 B 等人数时包括 A 等人数，计算 C 等人数时包括 A 等和 B 等，以此类推，也即 A 等 15%，B 等 35%，C 等 65%，D 等 85%，E 等 100%，本节诸图表皆取此计量法。

2015 年 9 月上旬，GX 区教研室组织全区七年级新生参加语文、数学、英语统一摸底考试，各校 A、B、C 等级数据参见表 7—1 所示。表 7—1 所示 SY 学校、ZJ 学校、GC 学校、FH 学校七年级学生的语文、数学、英语三科成绩在八所学校中处于中下水平；GC 和 FH 两所学校语文、数学、英语三科的 A 率和 B 率直抵教学质量低下的"红线"（A 率＜3%，B 率＜15%）；SY 与 ZJ 两所学校三科成绩相对较高，但与其他四所学校比较，仍然相距甚远。

表 7—1　　　　2015 年山东省 W 市 GX 区七年级摸底考试等级分析　　（单位:%）

学科	等级	校1	校2	SY	ZJ	GC	FH	国际	双语
语文	A	25.8	20.9	11.6	11.3	4.5	8.3	58.3	23.3
	B	48.9	42.3	32.9	28.5	14.3	28.3	77.8	36.7
	C	80.0	74.8	65.1	58.8	34.8	48.3	97.2	80.0
数学	A	24.4	18.6	14.6	7.7	1.8	3.3	30.6	26.7
	B	55.1	40.6	34.9	21.2	8.9	20.0	75.0	60.0
	C	83.1	71.9	62.8	50.7	40.2	46.7	94.4	70.0
英语	A	19.1	21.2	10.6	8.8	0.0	6.7	52.8	23.3
	B	45.8	44.3	31.6	22.3	0.0	13.3	80.6	56.7
	C	80.9	72.2	64.5	49.3	39.3	46.7	100.0	76.7
参考总人数		225	345	301	274	112	60	36	30

注：各学校各学科各等级百分比数据均来自山东省 W 市 GX 区教研室。

正是在这样的"弱态"基础上，四所学校全面努力实施学习问题导向教学。历经一年两学期之后，七年级多数学科学生成绩 A、B、C 各等级均有不同程度提升，详见图 7—1 所示。下面对四校学生成绩的变化逐一分析。

2015—2016学年两学期（期中/末）考试GX区四校七年级各学科等级情况统计　　2016.7.6

（单位：%）

学校	项目	语文			数学			英语			生物			思品			历史			地理		
		A率15%	B率35%	C率65%	A率15%	B率35%	C率65%	A率15%	B率35%	C率65%	A率15%	B率35%	C率65%	A率15%	B率35%	C率65%	A率15%	B率35%	C率65%	A率15%	B率35%	C率65%
GC学校	测1	1.9	10.5	31.4	1.9	2.9	29.5	0	4.8	35.2	5.7	13.3	39	7.6	28.6	40	4.8	7.6	21.9	5.7	10.5	31.4
	测2	4.8	17.1	39	2.9	4.8	30.5	1	4.8	41.9	7.6	21.9	63.8	34.3	59	87.6	4.8	20	45.7	4.8	10.5	37.1
	测3	1	9.5	46.7	4.8	10.5	41	2.9	9.5	49.5	11.4	25.7	69.5	23.8	44.8	70.5	5.7	13.3	41.9	2.9	10.5	46.7
	测2-测1	2.9	6.6	7.6	2.9	1.9	1.9	1.9	0	6.7	5.7	12.4	30.5	26.7	30.4	47.6	0.9	12.4	20	-0.9	0	5.7
	测3-测1	-0.9	-1	15.3	-1.9	7.6	11.5	2.9	4.7	14.3	3.8	3.8	5.7	16.2	16.2	30.5	0.9	5.7	23.8	-2.8	0	15.3
	测3-测2	-0.38	-7.6	7.7	1.9	5.7	10.5	1.9	4.7	7.6	3.8	-3.8	-17.1	-10.5	-14.2	-17.1	-1.9	-6.7	-3.8	-1.9	0	9.6
SY学校	测1	10.4	35.7	69.6	9.6	28.9	57.1	10.7	28.2	62.1	10.7	26.4	55	17.2	23.6	55	16.4	32.5	64.6	8.6	23.6	55
	测2	10	26	64	15.6	35.6	65.6	10.4	28	66	10.4	32	64.8	13.6	37.6	66.8	11.6	33.6	70.4	11.6	33.6	64.4
	测3	9.6	28.8	62	17.6	35.2	62	8.4	25.2	66	8.4	29.2	62.4	13.6	39.6	67.2	12.8	38.8	70.4	9.2	29.2	59.2
	测2-测1	-0.4	-9.7	-5.6	2.7	6.7	8.5	-0.3	-0.2	3.9	-0.3	5.6	9.8	8.3	14	6.1	-5	8.7	5.8	3	10	9.4
	测3-测1	-0.8	-6.9	-7.6	4.7	6.3	-3.6	-2.3	2.8	3.9	-2.3	2.8	7.4	4.7	4.7	6.5	-1.1	6.3	5.8	0.6	5.6	4.2
	测3-测2	-0.4	2.8	-2	-0.4	-0.4	-3.6	-2	-2.8	0	-2	-2.8	-2.4	-3.6	2	0.4	-3.6	-2.4	0	-2.4	-4.4	-5.2
ZJ学校	测1	8.1	25.5	53.7	7.7	22.8	52.5	6.9	26.3	52.9	3.5	16.4	47.5	8.9	24.7	54.4	4.6	20.1	53.3	8.9	24.3	52.5
	测2	8.2	27	57.4	5.5	18.8	49.6	8.2	27	53.5	9.8	27.3	57.4	10.2	28.9	60.6	4.3	12.1	45.7	4.3	15.2	46.1
	测3	7.4	25.4	53.9	5.4	21.1	56	9.8	28.9	54.7	-3.4	-0.6	3.3	4.7	22.7	51.6	4.7	15.2	45.3	4.7	15.2	44.1
	测2-测1	0.1	1.5	3.7	-2.2	-4	-2.9	-0.7	0.7	0.6	6.3	10.9	9.9	1.3	4.2	6.2	-1.9	-8	-7.6	-4.6	-10.2	-6.4
	测3-测1	-0.7	-0.1	0.2	-2.2	-1.7	-1.7	2.9	2.6	1.8	2.9	10.3	3.3	-4.2	-0.6	-2.8	0.1	-4.9	-8	-4.2	-9.1	-8.4
	测3-测2	-0.8	-1.6	-3.5	0.8	-1.8	6.4	6.3	1.9	1.2	-5.5	-6.2	6.6	-5.5	-6.2	-9	7	3.1	-0.4	0.4	1.1	-2
FH学校	测1	8.8	15.8	40.4	3.6	8.8	31.6	3.5	8.8	43.9	3.5	8.8	29.8	1.8	10.5	31.6	1.8	8.8	36.8	1.8	12.3	47.4
	测2	5.4	10.7	42.7	8.9	16.1	41.1	0	7.1	39.3	0	10.7	37.5	3.6	19.6	33.9	5.4	25	64.3	5.4	12.5	48.2
	测3	5.4	32.1	50	3.6	14.3	39.3	-3.5	-1.7	21.4	-3.5	-7	33.9	3.6	10.7	25	10.7	12.7	50	10.7	21.4	50
	测3-测1	-3.4	-5.1	9.6	5.4	7.3	9.6	-3.5	-1.6	-4.6	-3.5	1.9	4.1	1.8	9.1	2.3	3.7	16.2	27.5	3.6	9.1	0.8
	测3-测1	-3.4	16.3	7.3	7.1	5.5	7.7	-3.5	-5.2	-22.5	-1.8	1.9	-6.6	1.8	0.2	-6.6	-1.6	3.9	13.2	8.9	9.1	2.6
	测3-测2	0	21.4	-2.3	5.3	-1.8	-1.8	-3.6	-3.5	-17.9	-3.6	-8.9	-8.9	-8.9	-8.9	-8.9	-5.3	-12.3	-14.3	5.3	8.9	1.8

图7—1 两学期四校七年级七科整体变化

（一）GC 学校成绩提升分析

GC 学校学生学习成绩提升较快，详见表 7—2 所示。

表7—2　　　　　　　　　GC 学校两学期成绩变化分析　　　　　（单位：%）

学科	等级	测 1	测 2	测 3	测 2—测 1	测 3—测 1	测 3—测 2
语文	A	1.9	4.8	1.0	+2.9	−0.9	−3.8
	B	10.5	17.1	9.5	+6.6	−1.0	−7.6
	C	31.4	39.0	46.7	+7.6	+15.3	+7.7
数学	A	1.9	2.9	4.8	+1.0	+2.9	+1.9
	B	2.9	4.8	10.5	+1.9	+7.6	+5.7
	C	29.5	30.5	41.0	+1.0	+11.5	+10.5
英语	A	0	1.0	2.9	+1.0	+2.9	+1.9
	B	4.8	4.8	9.5	0	+4.7	+4.7
	C	35.2	41.9	49.5	+6.7	+14.3	+7.6
生物	A	5.7	7.6	11.4	+1.9	+5.7	+3.8
	B	13.3	21.9	25.7	+8.6	+12.4	+3.8
	C	39.0	63.8	69.5	+24.8	+30.5	+5.7
思品	A	7.6	34.3	23.8	+26.7	+16.2	−10.5
	B	28.6	59.0	44.8	+30.4	+16.2	−14.2
	C	40.0	87.6	70.5	+47.6	+30.5	−17.1
历史	A	4.8	4.8	5.7	0	+0.9	+0.9
	B	7.6	20.0	13.3	+12.4	+5.7	−6.7
	C	21.9	45.7	41.9	+23.8	+20.0	−3.8
地理	A	5.7	4.8	2.9	−0.9	−2.8	−1.9
	B	10.5	10.5	10.5	0	0	0
	C	31.4	37.1	46.7	+5.7	+15.3	+9.6

注：（1）各学校各学科各等级百分比数据均来自山东省 W 市 GX 区教研室。

（2）测 1 指七年级上学期期末考试；测 2 指七年级下学期期中考试；测 3 指七年级下学期期末考试；测 2—测 1 指七年级下学期期中考试与七年级上学期期末考试成绩的比较；测 3—测 1 指七年级两学期期末考试成绩的比较；测 3—测 2 指七年级下学期期末与期中考试成绩的比较。

（3）等级 A 指15%的比例；等级 B 指包括 A 等级的15%与 B 等级的20%，计35%；等级 C 指包括 A 等级的15%、B 等级的20%、C 等级的30%，计65%；等级 D 与等级 E 未计算在内。

（4）"＋"表示某学科某等级相比较呈进步状态；"－"表示某学科某等级相比较呈退步状态。

（5）没有选择七年级上学期期中考试数据，是因为刚开始实施学习问题导向教学两个多月，教师教学观念、教学行为、学生学习行为、学习习惯的变化是量变到质变的复杂过程，短时间内知识教学成绩及学生问题解决素养难以很快提升。

（1）数学、英语、生物三科成绩提升显著，其各等级比率呈递增状态。仅就测3（七年级下学期期末考试）与测1（七年级上学期期末考试）比较，数学、英语、生物三门学科的C率增长幅度均超过10%，其中生物C率增长幅度竟超过30%。

（2）思品、历史两科成绩提升幅度较大。相较测1（七年级上学期期末考试），测2与测3（七年级下学期期中、期末考试），思品与历史两门学科各等级比率始终处于不断递增状态。

（3）语文、地理两科成绩略有提升。在两学期三次重要考试中，语文、地理两门学科A率与B率没有明显增长，C率略微递增。

GC学校七年级七门学科知识教学成绩在三次统考中"全面丰收"。七年级级部主任M老师分析GC学校取得成绩的原因可能源自三点：第一，数学、英语、生物学科大幅提升，或许是三科教师充分发挥班主任与级部主任优势，对学习问题导向教学各环节领悟较为准确，把握较为到位的缘故。第二，思品、历史两门学科有了较大幅度提升，特别是思品学科，A率突破其他学校其他学科B率的"传奇"，这与思品学科Z老师的感情先行有很大关系。Z老师与学生的感情非常好，能充分理解学生，魅力大，能"hold"住学生。学生特别爱上思品课，即使是最弱的学生在她的课上也喜欢争相发言，勇于表达观点。第三，语文、地理学科只是缓慢提升，可能有两个原因，一是因为语文是"慢"学科，需要长期积累与积淀；二是因为地理对于七年级学生而言，属于一门崭新学科，需要识记、记忆、理解的知识点较多。

（二）SY学校成绩提升分析

SY学校学生学习成绩提升较快，详见表7—3所示。

表7—3　　　　　　　　SY学校两学期成绩变化分析　　　　（单位:%）

学科	等级	测1	测2	测3	测2 - 测1	测3 - 测1	测3 - 测2
语文	A	10.4	10.0	9.6	-0.4	-0.8	-0.4
	B	35.7	26.0	28.8	-9.7	-6.9	+2.8
	C	69.6	64.0	62.0	-5.6	-7.6	-2.0

续表

学科	等级	测1	测2	测3	测2 - 测1	测3 - 测1	测3 - 测2
数学	A	12.9	15.6	17.6	+2.7	+4.7	+2.0
	B	28.9	35.6	35.2	+6.7	+6.3	-0.4
	C	57.1	65.6	62.0	+8.5	+4.9	-3.6
英语	A	7.5	5.6	6.4	-1.9	-1.1	+0.8
	B	28.2	28.0	25.2	-0.2	-3.0	-2.8
	C	62.1	66.0	66.0	+3.9	+3.9	0
生物	A	10.7	10.4	8.4	-0.3	-2.3	-2.0
	B	26.4	32.0	29.2	+5.6	+2.8	-2.8
	C	55.0	64.8	62.4	+9.8	+7.4	-2.4
思品	A	8.9	17.2	13.6	+8.3	+4.7	-3.6
	B	23.6	37.6	39.6	+14.0	+16.0	+2.0
	C	60.7	66.8	67.2	+6.1	+6.5	+0.4
历史	A	13.9	16.4	12.8	+2.5	-1.1	-3.6
	B	32.5	41.2	38.8	+8.7	+6.3	-2.4
	C	64.6	70.4	70.4	+5.8	+5.8	0
地理	A	8.6	11.6	9.2	+3.0	+0.6	-2.4
	B	23.6	33.6	29.2	+10.0	+5.6	-4.4
	C	55.0	64.4	59.2	+9.4	+4.2	-5.2

注：（1）（2）（3）（4）（5）同表7—2注释。

从表7—3可知：

（1）数学、思品、地理三科成绩大幅度提升。将测2（七年级下学期期中考试）、测3（七年级下学期期末考试）分别与测1（七年级上学期期末考试）相比较，数学、思品、地理三科各等级比率始终处于不断递增状态。

（2）生物、历史两科成绩较高提升。生物与历史两门学科A率基本保持不变，B率与C率的增长幅度基本保持在5%—10%。

（3）英语学科成绩提升较弱。在七年级上学期期末、七年级下学期期中、期末三次考试中，英语学科C率分别为62.1%、66.0%、66.0%，基本达至八所学校平均65%的标准。

SY 学校七年级七门学科知识教学成绩在三次统考中总体呈上升趋势，部分学科取得喜人成绩，个别学科基本维持现状。七年级级部主任 W 老师分析 SY 学校分析成绩时总结道："其一，数学、思品、历史三门学科在七年级下学期期中考试（测2）与期末考试（测3）中，A、B、C 各等级比率百分比均超过区八所学校学生平均15%、35%、65% 的标准。其二，对比测1，测2与测3各等级比率均有不同涨幅。测2涨幅大于测3涨幅导致测3与测2比较时，大部分学科存在约3%的微幅下降。其三，语文学科成绩有所下降，A 率下降速度较慢，分别下降0.4%、0.8%、0.4%，基本维持原先百分比；B 率下降速度较快，分别为9.7%、6.9%、略微上升2.8%；C 率下降速度分别为5.6%、7.6%、2.0%。"

（三）ZJ 学校成绩提升分析

ZJ 学校学生学习成绩提升较快，详见表7—4 所示。

表7—4　　　　　　　ZJ 学校两学期成绩变化分析　　　　　（单位:%）

学科	等级	测1	测2	测3	测2－测1	测3－测1	测3－测2
语文	A	8.1	8.2	7.4	+0.1	−0.7	−0.8
	B	25.5	27.0	25.4	+1.5	−0.1	−1.6
	C	53.7	57.4	53.9	+3.7	+0.2	−3.5
数学	A	7.7	2.3	5.5	−5.4	−2.2	+3.2
	B	22.8	18.8	21.1	−4.0	−1.7	+2.3
	C	52.5	49.6	56.0	−2.9	+3.5	+6.4
英语	A	8.9	8.2	8.2	−0.7	−0.7	0
	B	26.3	27.0	28.9	+0.7	+2.6	+1.9
	C	52.9	53.5	54.7	+0.6	+1.8	+1.2
生物	A	6.9	3.5	9.8	−3.4	+2.9	+6.3
	B	17.0	16.4	27.3	−0.6	+10.3	+10.9
	C	47.5	50.8	57.4	+3.3	+9.9	+6.6
思品	A	8.9	10.2	4.7	+1.3	−4.2	−5.5
	B	24.7	28.9	22.7	+4.2	−2.0	−6.2
	C	54.4	60.6	51.6	+6.2	−2.8	−9.0

续表

学科	等级	测1	测2	测3	测2－测1	测3－测1	测3－测2
历史	A	4.6	2.7	4.7	－1.9	＋0.1	＋2.0
	B	20.1	12.1	15.2	－8.0	－4.9	＋3.1
	C	53.3	45.7	45.3	－7.6	－8.0	－0.4
地理	A	8.9	4.3	4.7	－4.6	－4.2	＋0.4
	B	24.3	14.1	15.2	－10.2	－9.1	＋1.1
	C	52.5	46.1	44.1	－6.4	－8.4	－2.0

注：（1）（2）（3）（4）（5）同表7—2注释。

ZJ学校在四所学校中综合实力仅次于SY学校，其七年级实施学习问题导向教学后各方面表现皆处于四校之首。ZJ学校取得的成绩有目共睹，在GX区教研室组织的四校学习问题导向教学交流会上，ZJ学校进行过多次经验介绍：S老师曾作"'自学'优化"的经验交流；M老师曾作"英语课前零批改作业"经验介绍；W老师曾作"语文跟踪课的实施策略分析"汇报；Z老师分享过"自学中如何引导学生提出疑问"的经验；七年级生物组作为备课组团体，曾作过"依靠团队力量解决学习问题导向教学中的问题"经验总结等。更有甚者，Z老师历经全区教研室精心选拔，作为GX区生物学科唯一代表为W市生物研讨提供一节学习问题导向教学的高质量生物课，获得专家一致好评。在这样的背景下，七年级级部主任S老师分析ZJ学校成绩时，说道："三次成绩呈现的各科增长数据不高，可能存在下述两个原因。一是因为我们学校综合实力整体不算太弱，知识教学成绩整体上升空间不及GC学校。二是因为我们学校自七年级上学期期中考试各科便取得相对较为优异的成绩，而本次四校综合衡量知识教学成绩增长幅度是以七年级上学期期末考试成绩为对比数据，参照比不同，所以表7—4中测1、测2、测3相互比较数据显示并非全部呈现'＋'状态，而有一半多呈现'－'状态。即便是和七年级上学期期末考试成绩相比，比较起点较高，但可以看出，老师和同学们进步还是较为明显，七门学科中多数学科还是有不同程度提升。"

（四）FH学校成绩提升分析

FH学校学生学习成绩提升较快，详见表7—5所示。

表 7—5 **FH 学校两学期成绩变化分析** （单位：%）

学科	等级	测1	测2	测3	测2－测1	测3－测1	测3－测2
语文	A	8.8	5.4	5.4	－3.4	－3.4	.0
	B	15.8	10.7	32.1	－5.1	＋16.3	＋21.4
	C	40.4	42.7	50.0	＋2.3	＋9.6	＋7.3
数学	A	1.8	3.6	8.9	＋1.8	＋7.1	＋5.3
	B	8.8	16.1	14.3	＋7.3	＋5.5	－1.8
	C	31.6	41.1	39.3	＋9.5	＋7.7	－1.8
英语	A	1.8	3.6	0	＋1.8	－1.8	－3.6
	B	8.8	7.1	3.6	－1.7	－5.2	－3.5
	C	43.9	39.3	21.4	－4.6	－22.5	－17.9
生物	A	3.5	0	0	－3.5	－3.5	0
	B	8.8	1.8	10.7	－7.0	＋1.9	＋8.9
	C	29.8	37.5	33.9	＋7.7	＋4.1	－3.6
思品	A	1.8	3.6	3.6	＋1.8	＋1.8	0
	B	10.5	19.6	10.7	＋9.1	＋0.2	－8.9
	C	31.6	33.9	25.0	＋2.3	－6.6	－8.9
历史	A	7.0	10.7	5.4	＋3.7	－1.6	－5.3
	B	8.8	25.0	12.7	＋16.2	＋3.9	－12.3
	C	36.8	64.3	50.0	＋27.5	＋13.2	－14.3
地理	A	1.8	5.4	10.7	＋3.6	＋8.9	＋5.3
	B	12.3	12.5	21.4	＋0.2	＋9.1	＋8.9
	C	47.4	48.2	50.0	＋0.8	＋2.6	＋1.8

注：（1）（2）（3）（4）（5）同表 7—2 注释。

从表 7—5 可知：

（1）地理学科成绩始终处于不断递增状态。在两学期三次统考中，地理学科 A 率增长幅度分别为 3.6%、8.9%、5.3%；B 率增长幅度分别为 0.2%、9.1%、8.9%；C 率增长幅度分别为 0.8%、2.6%、1.8%。

（2）数学、思品、历史三科成绩有较高提升。相较测 1（七年级上学期期末考试），测 2 与测 3（七年级下学期期中、期末考试），数学、思品、历史三科各等级比率基本处于不断递增状态。

（3）语文学科成绩基本维持现状。在三次统考中，语文学科的 A 率基本维持现状，B 率与 C 率略有提升。

四所学校整体实力在全区八所学校中处于中下水平，FH 学校又是四所学校中最弱一所。FH 学校班级少，学生少，成绩弱，七门学科多数学科"触碰"教学质量底线，即 A 率小于 3%，B 率小于 15%。教导主任 S 老师如此分析 FH 学校的成绩："实施学习问题导向教学一年多，我们学校多数学科知识教学成绩有所提升，但幅度不大。个别学科因为教师身孕中途替换为外校教师，直接导致各等级比例急剧下降，如英语学科：比较'测 2－测 1''测 3－测 1''测 3－测 2'，A 率分别增长 1.8%、降低 1.8%，降低 3.6%，最后一次测 3 中 A 率竟 0；B 率下降幅度分别为 1.7%、5.2%、3.5%；C 率下降幅度分别为 4.6%、22.5%、17.9%。再如生物学科：比较'测 2－测 1''测 3－测 1''测 3－测 2'，A 率分别下降 3.5%、3.5%、0；B 率分别下降 7.0%、上升 1.9%、上升 8.9%；C 率分别上升 7.7%、上升 4.1%、下降 3.6%。"

（五）四校成绩提升整体分析

实施学习问题导向教学以来，四所学校最大变化是学生学习状态发生巨大改变：课堂参与度高了，作业质量高了，学习主动性增强了，特别是中等偏下的学生能真正参与各种学习活动。两学期期中、期末考试的各项数据充分"见证"上述变化。

首先，四校数学学科 B 率与 C 率进步大，充分表明大部分学生学习状态得以改善，尤其是中等偏下的学生学习积极性明显提高，成绩显著提升。不仅四校七年级数学学科取得优异成绩，八年级数学学科也取得优秀成绩。SY 学校八年级数学学科 M 老师对"知者加速"比较感兴趣，课堂教学与课外作业中"知者加速"环节做得较为充分，对比八年级两学期期末考试，其执教的学生数学学科 A 率由 13.1% 上升到 22.7%；FH 学校八年级数学学科 Z 老师对"一三三策略"比较笃信，各环节落实到位，在八年级下学期期末考试中，其执教的学生数学学科 A、B、C 率分别高达 14.5%、48%、78%。

其次，四校英语学科基础都比较薄弱，虽然自小学一年级始开设英语课程，但由于多种原因，对于四所学校多数学生而言，六年积累的英语词汇量与语感微乎其微。这点可以从七年级上学期全区统一语文、数学、英语摸底考试的数据（见表 7—1 所示）中得以证明，特别是 GC 学校 A 率和 B 率竟然都是 0。经过一学年学习问题导向教学实施，四所学校英语学科的 B 率与 C 率提升幅度较大。其中，ZJ 学校提升幅度最大，GC 学校次之。

再次，四校语文学科普遍提升不大。也许是多数语文教师较为保守，思想转变较慢，教学常常面面俱到，因而"少、慢、差、费"现象在语文课上时常发生。笔者曾观察语文新授课时，四校语文教师虽然也按学习问题导向教学程序教学，但多数语文教师一节课将课题、作者简介、写作背景、字词音义、整体感知、局部分析、语言特色、写作手法全部讲解到位，最终每一节新授课都未能突出重点，每一环节探究都不充分。因为未"抓大放小"，所以每一节语文课看似容量满满，实则学生收效甚微。笔者也曾观察语文复习课，几乎从未听过四校语文教师上过阅读复习课与作文复习课，多数语文教师上的复习课是语文学科思维含量较低的知识识记类专题，如字词专题、病句专题、默写专题等。

最后，在七年级下学期期末考试中，四校思品、历史、地理、生物四科除个别数据与期终考试成绩持平外，A、B、C 率均有较大幅度提高，具体数据参见上述各校成绩变化分析表。

教师流动性大、师资不稳定，或多或少给学校、所执教的学科教学、学生学习等带来一定负面影响。总体而言，四所学校师生非常努力认真地实施学习问题导向教学，各方面也取得相应成绩。在 2016 年 7 月四校教学工作暑期总结会上，W 市 GX 区教研室 Y 主任曾言道："应该说，一年的学习问题导向教学改革的确给四所学校注入新的生机和活力，让教师更加关注教学教研，让学生更加喜欢学习，让'对所有学生负责'不再是一句空话。学校研究学习问题导向教学深入推进策略，教师研究学科个性化推进学习问题导向的作用，才会进一步发挥学习问题导向的作用，造福 GX 区更多孩子。"

二 问题解决素养增强

通过课堂观察、教师评价、社会评价等多种途径，笔者发现学生问题解决素养无论是整体还是个体均获得一定程度提升。具体表征为提出问题、解决问题、"跟踪问题"等能力的增强。

（一）"提出问题"能力增强

学生"提出问题"能力增强，具体详见表7—6所示①。

（1）学生寻疑能力增强。其一，学生关注自学提示由115人次上升为130人次。其二，学生自觉圈、点、勾、画由81人次上升为125人次，其中81人次多是教师要求学生在自学时做各种标记等，125人次则是学生基本养成自学标记习惯，属学生个体自觉行为。其三，学生拟出问题由23人次上升为55人次。其四，学生完成自学任务后主动加速由60人次上升至112人次。

（2）学生质疑能力增强。一是学生在课上知识建网由105人次上升至125人次。二是质疑能提出新惑由18人次上升为61人次。

表7—6　学生"提出问题"能力在实施学习问题导向教学前后变化

学习环节	观察项目	实施前（人次）(2015—09)	实施后（人次）(2016—12)
寻疑	①关注自学提示（听、看）	115	130
	②自觉圈、点、勾、画	81	125
	③拟出问题（动笔写问题）	23	55
	④主动加速（知识加速）	60	112
质疑	①知识建网	105	125
	②提出新惑	18	61

在学习问题导向教学实施开始阶段，虽然教师时常鼓励学生亮红色信息沟通牌，即不懂存疑，自学寻疑，有疑就问等，但绝大多数学生不

---

① 研究者对四所学校学习问题导向教学的课堂进行持续观察，并使用自编的《学习问题导向教学课堂观察表》作较为详细记录。表7—6仅以所观察SY学校七（3）班40人（计7组，5组每组6人，2组每组5人）与FH学校七（1）班29人（计5组，4组每组6人，1组每组5人）的观察数据为例。本研究分别于2015年9月和2016年12月，在实施学习问题导向教学伊始阶段和成熟阶段，分别对两所学校12个学习小组69人，各观察2节课，共计观察24节课138人次，并在获得数据基础上进行相关对比分析。

知道提问，即使有疑惑也不敢主动向教师或知者请求帮助。学生不懂装懂，当堂检测成绩弱等现象时有发生。显然，表7—6的数据充分显示学生勇于提问的意识逐渐得以强化：学生不仅主动提问的数量与频次得到大幅提升，而且课堂中所呈现各种问题的质量也较高。

（二）"解决问题"能力增强

学生"解决问题"能力增强，详见表7—7[①]。

表7—7　学生"解决问题"能力在实施学习问题导向教学前后变化

学习环节	观察项目	实施前（人次）（2015—09）	实施后（人次）（2016—12）
答疑	①主动询问求助	51	113
	②主动帮助答疑	96	126
	③提出大（关键）问题	48	101
解疑	①认真倾听解疑	105	130
	②及时记录重点	61	124
	③主动回答问题	53	108
辨疑	①认真说疑（语言流畅、逻辑清楚）	35	122
	②认真听疑（指出同伴错误）	69	118
	③主动示疑（亮出红色面信息沟通牌）	22	63
测疑	①独立练习	109	129
	②按时完成	107	124
	③错题求助（亮出红色面信息沟通牌）	61	127
互阅	①专注认真（不存在改错的题目）	108	130
	②规范批阅（批阅者姓名、时间等信息）	90	124
	③错题求助（互相帮助解决错题）	16	59
	④及时标记（试题册上标记）	72	127

①　本次课堂观察的学生均参与之前《学生学习问卷》调查。2015年9月观察的两个班级12节课为2节语文、3节数学、3节英语、1节思品、1节历史、1节地理、1节生物。2016年12月观察的两个班级12节课为2节语文、2节数学、2节英语、2节物理、1节思品、1节历史、1节地理、1节生物。物理教师不熟悉学习问题导向教学，地理与生物教师因会赶考赶教学进度，学生的自主性学习表现并不特别充分，有点影响整体观察效果。

（1）学生答疑能力增强：主动询问求助由 51 人次上升为 113 人次；主动帮助答疑由 96 人次上升为 126 人次；提出"大"问题由 48 人次上升为 101 人次。

（2）学生解疑能力增强：认真倾听解疑由 105 人次上升为 130 人次；及时记录重点由 61 人次上升为 124 人次；主动回答问题由 53 人次上升为 108 人次。

（3）学生辨疑能力增强：认真说疑由 35 人次上升为 122 人次；认真听疑由 69 人次上升为 118 人次；主动示疑由 22 人次上升为 63 人次。

（4）学生测疑能力增强：独立练习由 109 人次上升为 129 人次；按时完成由 107 人次上升为 124 人次；错题求助由 61 人次上升为 127 人次。

（5）学生互阅能力增强：专注认真由 108 人次上升为 130 人次；规范批阅由 90 人次上升为 124 人次；错题求助由 16 人次上升为 59 人次；及时标记由 72 人次上升为 127 人次。

笔者不仅从课堂上直观地感受到学生"解决问题"能力增强的明显变化，而且，在与多位师生的互动交流中，多次听闻师生关于学习责任等问题解决素养得以提升的肯定性话语。

1. 学习责任增强

教师普遍肯定大部分学生学习责任在学习问题导向教学各环节中普遍得到提升。ZJ 学校英语教师 M 老师非常认可学生间"责任到人"的互相批阅形式比教师批阅更利于学生及时、认真负责地完成作业；利于学生快速进入学习状态、发现问题、启发学生思考，逐步提升学生合作探究能力等。新学期初始之际，M 老师将执教的七（1）班（44 人）与七（2）班（45 人）进行教师批阅与学生互批对比分析，得出结论：（1）教师批阅时，七（1）班认真完成作业 35 人（80%），不能及时认真完成作业 10 人（20%）；学生互批作业时，七（1）班认真完成作业且乐于助人 42 人（95%），不能及时认真完成作业 2 人（5%）。（2）教师批阅时，七（2）班认真完成作业 35 人（77%），不能及时认真完成作业 9 人（23%）；学生互批作业时，七（2）班认真完成作业且乐于助人 41 人（91%），不能及时认真完成作业 4 人（9%）。

2. 学习策略增强

伴随学习问题导向教学各环节井然有序地行进，学生学习策略逐渐丰富并得以强化。SY 学校的 W 老师在对"优生弱科"进行"教师跟踪"与"六定跟踪"后，评价道："这部分学生'弱科'学习积极性被充分激发，懂得针对'弱科'，使用更具体有效的学习方法。最终不仅'弱科'学习成绩得以较大幅度提升，而且他们的学习策略也得以增强。"

3. 学习感情增强

学生学习感情随着合作互帮、群言辨听等环节逐渐提升，尤其是内向型学生在小组共同学习体环境影响下变得更自信、更阳光。FH 学校 Z 老师如此评价学生："我们班 C 同学成绩向来不错，但她是个内向的姑娘。刚入七年级时，每次与同学对话都会面红耳赤。然而，在小组合作课堂里，组内轮说的要求让她开始主动表达想法——起初是红着脸小声说，后来在小伙伴鼓励与支持下，逐渐大方起来，抬起头放大音量。现在的 C 同学在课堂上积极争取发言机会，她面带微笑的脸庞与清晰响亮的声音无不彰显着成长与蜕变。组员的鼓励与支持让她找到自信，得到更多锻炼，更会表达，更阳光。"

4. 学习自主增强

学生自我管理能力与自主学习能力在"事事有人做，人人有事做"分工明确的小组互帮学习中较有起色。GC 学校 Z 老师说："以前，Z 同学曾是任课教师与班干部们最为头疼的对象，扰乱纪律，制造噪音，每节课非整出一点动静不可。实行分组后，他被任命为纪管员。一段时间后，我们教师发现他变了。他自己也说：'一开始，我不好意思给小组扣分，所以就不闹腾；后来看到大家都在认真学习，也服从我管，我觉得这很好。于是我就跟他们一起学习。'我感觉是小组和纪管员职责让他有了归属感和认同感，才有了从厌恶学习到想学习的巨大改变。小组就是个小家，每个组员都要用心经营，用心呵护。"

学生在学习问题导向教学课堂上敢于提问，勇于答疑，乐于合作，勤于加速，善于反思等精彩呈现，获得了家长们的充分认可。有位家长在观察课堂后，发自肺腑地慨叹道："体会一：我的班级，我的家，异常温馨；体会二：启发式、互动式教学，充分体现学习问题导向教学优势；

体会三：老师、学生都爱笑，课堂气氛很活跃。"①

（三）"问题跟踪"能力增强

通过对学生"三册一体""问题跟踪课""问题跟踪考"等实际观察，笔者发现大多数学生的"问题跟踪"能力得以增强。

1. 学生整体"问题跟踪"能力增强

学生整体"问题跟踪"能力增强体现在以下两个方面。

一是"问题跟踪"行为更规范。（1）"解题册"先前各种"失范"现象很少见，如，批阅不及时、解题对错与否没有标记、学生批阅者的时间与姓名都没有标记，取而代之的是批阅及时、批阅者标注清晰（此点也可以从表7—7相关项目人次的上升可知）。（2）"试题册"先前各种"失范"现象很少见，如，未有标记、反复标记、错标、漏标，取而代之的是各种正确标记。（3）"纠错册"先前各种"失范"现象也很少见，如不及时纠错、只写结果不写过程等，取而代之的是及时反复"纠错"。（4）同伴"问题跟踪考"时，一改先前的"耗时长，效率低"的"失范"现象，变为"速度快，效率高"。

二是"问题跟踪"意识更强烈。"问题跟踪"课上，能积极按照教师要求进行"自我跟踪""同伴跟踪"，弱生和"优生弱科"的"六定跟踪"人员能积极配合教师进行"教师跟踪"。课后，在教师没有具体要求的情况下，多数学生能针对当天的学习问题进行及时"跟踪"，并且能依据艾宾浩斯遗忘规律制定相应"跟踪"时间表进行规律性"跟踪"。

2. 学生个体"问题跟踪"能力增强

笔者分别于2015年9月与2016年12月历时两个月，特别观察优生、中等生、弱生各一名。观察结果表明三位学生不仅成绩有所提升、问题解决素养有所增强，而且学生的性格也变得更阳光，更开朗。为了更全面地介绍三位学生代表，故观察记录未曾删减，或许观察资料未能完全聚焦学生个体"问题跟踪"能力增强，但透过学生学习行为全方位的变化，也可侧面知晓其"问题跟踪"等问题解决素养的变化。

学生A：男生，小组1号，成绩优秀。（1）2015年9月时，A生学

---

① 家长评价来源于FH学校的"家长活动日"。

习状态表征：自学时，不懂提问，没有读、思、记、问等标记，虽然完成自学任务很快，但完成后不知主动进行知识加速，而是东张西望，无所事事，坐等他人现象较严重；互帮与群言时，其组长角色极其强烈，几乎"独霸"整个学习小组，其余五位组内成员一言不发，一语不吭，成为"忠实"听众；同伴互帮时，对与其结对的 6 号不友好，常有不屑一顾不耐烦语气；教师解疑时，认真听讲，懂得适时记笔记；当堂检测时，常常正确率较高，错误率较低；课后需要"跟踪"的问题不多，但基本能按照"一三三策略"规范"跟踪问题"。（2）2016 年 12 月时，A生学习状态表征：自学时，养成读、思、记、问的良好学习习惯，依旧很快就能完成自学任务，并能提出疑惑，完成后，主动进行"知者加速"；互帮群言时，组长角色依然极其强烈，但不再"独霸"整个学习小组，而是非常和谐有序地组织学习小组进行各项学习活动；同伴互帮时，对与之结对的 6 号比较友好，耐心地为其详细讲解，为深化弱生对知识的掌握，积极鼓励弱生重述对问题的理解；教师解疑时，认真听讲，懂得适时记笔记，有疑问处，敢于及时亮红色信息沟通牌向教师质疑；当堂检测时，速度与质量都比较高，且能一如既往地自主"加速"；课后"问题跟踪"时，因错误较少，除自觉主动地"跟踪"试题册上标记的错题外，还会有意识地"跟踪""知者加速册"上的错题。

　　学生 B：女生，小组 3 号，成绩中等。（1）2015 年 9 月时，B 生学习状态表征：自学时，基本能按照教师要求完成任务，但没有养成良好自学习惯，不知寻找自己疑难与疑惑处，偶有提前完成任务，但不知"加速"；互帮与群言时，基本能按照教师与组长要求"勉强"完成任务，但总体非常"被动"，不敢大方表达观点与意见，在互帮显示板上书写时，存在书写不规范、没条理、没逻辑等现象，任课教师走进该组时，该女生便涨红着脸努力装出认真参与学习活动的表情，任课教师离开该组时，该女生长吁一口气，恢复原样；教师解疑时，基本做到认真听讲，但不记录，不发言，不质疑；当堂检测时，正确率常常居中；课后需要"跟踪"的问题数量一般，但基本能依据教师要求及"一三三策略"规范"跟踪问题"。虽然时常出现提前完成各环节学习任务，但没有主动"加速"，没有要求"继续进步"。（2）2016 年 12 月时，B 生学习状态表征：

自学寻疑时，能主动积极地向组长和教师提出各种问题；群言互帮时，不逃避，不躲避，大胆迎接任务，主动配合组长圆满完成学习任务，能主动积极地帮助"弱生"解答。一次英语课上，教师要求 3 号在互帮显示板上写出问题答案，该组 1 号同学迫不及待地拿起笔书写。3 号不再"唯唯诺诺"恨不得 1 号"捉刀"，而是"义正辞严"地为自己权益"捍卫"："老师明确要求 3 号书写。"该生课后"问题跟踪"一直比较规范，严格要求自己根据艾宾浩斯遗忘曲线"及时跟踪"与"延时跟踪"。一分耕耘一分收获，该女生学习成绩有较大幅度提高，其综合表现也得到任课教师一致好评。

学生 C；男生，小组 6 号，成绩非常弱。（1）2015 年 9 月时，C 生学习状态表征：自学时，基本的圈、点、勾、画没有掌握，教师要求勾画关键词，C 生常常全篇画，或全篇无标记，不知道如何边读边思边寻疑；互帮与群言时，常常蔫蔫不语，被"边缘化"，不会主动提问，或是不知问题在哪，或是问题太多不好意思问，老师走近就装装样子，喃喃自语，教师一走就东张西望，无所适从，无法融入小组学习活动；教师解疑时，眼睛常常空洞无神，思维跟不上教师讲解步伐；当堂检测时，常常是错误率较高，课堂学习效率不高；课后作业，也是乱糟糟一片，即使教师布置分层作业，作业量以及难易程度与其学习能力相吻合，但该生作业质量依旧不高，有时为完成教师任务，通过抄别人作业或抄答案应付教师，有时乱做一气。因为作业没有认真完成，所以直接导致后续针对作业中错题进行"问题跟踪"时效果很糟糕。（2）2016 年 12 月时，C 生学习状态表征：自学时，基本能做到圈、点、勾、画，能主动提问，虽然所提问题常常含金量不高，但有主动提问意识；互帮与群言时，很少"游离"于小组学习活动外，基本能按教师要求参与不同学习活动，对于一些较简单的题目，会主动要求作答等；教师解疑时，基本能顺着教师思维，听不懂的地方会亮出红色面信息沟通牌向教师或知者"求助"；当堂检测时，虽然时常错误率较高，但较之前表现，进步还是较明显；作业能基本独立、认真完成，后续"问题跟踪"能基本按照教师要求进行"自我跟踪"与"同伴跟踪"，虽然该生成长速度不是很快，但是其学习行为、学习情感、学习素养等各方面均有较大改观。

在学习问题导向教学中，学生问题解决素养的增强，也得到众多家长的充分肯定：89.4%的家长对学习问题导向教学持满意态度；93.0%的家长对小组互帮答疑与群言辨疑等环节带来学习成效正比率持较为赞同态度；91.2%的家长肯定孩子问题解决能力与学习自主性得以提高。[①]

三 教师教学效能提升

教学效能，系指在教学历程中教师所表现的一切有助于学生学习的行为[②]。学习问题导向教学改革促使教师教学效能得以提升，重点表现在课堂教学改革参与度、教学能力、师生关系三个方面。

（一）课堂教改：变"冷眼静观者"为"积极践行者"

随着学习问题导向教学进一步实施，四所学校的课堂教学改革由"浅水区"走向"深水区"，多数教师由"冷眼静观"课改的旁观者变为"积极践行"课改的参与者。

1. 顺应"督导方案"的修改

为使学习问题导向教学重点工作更有序地推进、更有效地落实，四所学校教学领导者主动带领全校初中部教师积极践行学习问题导向教学，并根据本校特殊校情、师情、学情，深思与探究出符合本校特色的系列管理方案。学习问题导向教学实施一段时间，由"形似"走向"神似"阶段，即在师生基本掌握学习问题导向教学流程与规范后，四所学校的教学领导者普遍认为"督导方案"（校教学领导者督导教师实施学习问题导向教学的方案）在学习问题导向教学的"形似"阶段发挥重要作用，但在"神似"阶段，发挥作用不大，于是开始着手研究适合"神似"阶段的新"督导方案"。多数教师积极配合学校工作，顺应"督导方案"的修改。

例如，GC学校学习问题导向教学"神似"阶段的"督导方案"重在督导机制、评价体系等方面细化与优化，引导教师积极开展学习问题导

---

① 家长评价源于FH学校的"家长问卷调查"。

② 张春兴：《教育心理学》，台湾东华书局（繁体版）、浙江教育出版社（简体版）1998年版，第465页。

向教学实践与创新，及时激励先进教师，推广创新巧干举措，弘扬探索苦干精神。具体包括：重点落实教师责任感和师生感情建设工作，实现教育教学相互融合相互促进的良好局面；建设学习问题导向教学骨干队伍，发挥示范辐射作用；落实"一三三策略"，保证学生作业的真实性和"跟踪"有效性；重点突破知识教学成绩提升较慢的语文与英语两门学科，等等。学习问题导向教学"神似"阶段的"督导方案"主要通过五条推进方略实施。其一，明确职责，各尽所能。督导组负责制订督导工作计划，明确各阶段工作重点并有序实施；指导备课组严格按"四重备课"要求，提升备课质量；定期查阅教师教学指导书，并及时指导教师改进；观课评课，发现问题并及时指导教师改进；定期检查"三册一体"落实情况，并及时指导改进；指导开展"问题跟踪"，督查"问题跟踪课"的开展，检查"教师跟踪"的落实情况；定期考核"问题跟踪"的效果；不定期组织教师、学生问卷调查、座谈，了解"三册一体"及"问题跟踪"情况。其二，评价引领，奖优罚劣。通过教学管理、督查、评价，激发师生积极性和创造性，给优秀教师提供展示交流平台；对教学工作存在较大问题的教师，督导组有责任提供指导和帮助，等等。其三，领导带头，骨干示范。学校为先行教师提供经验推广、示范引领的平台。其四，活动促进，内引外联。通过四校集体备课，加强校际和校本研修；通过校级（际）专题研讨，及时自主解决具体问题；通过外出交流学习，开阔教学视野；通过教学开放日（周），增强课改信心；通过先行经验交流，解决学科个性问题，等等。其五，差异发展，创优争先。针对各校、各学科组、个体教师的不同情况，提出不同的目标和要求，鼓励差异发展，创优争先。

对于"督导方案"的修改，GC 学校的多数教师积极践行"督导方案"，常用"督导方案"的标准反思实际的学习问题导向教学行为，找准"距离"，继续前行。

2. 践行"规范"，转变角色

教师积极参与课堂教学改革，努力践行"规范"，认真转变角色。

其一，教师由"受训者"变为"培训者"。教师由学习问题导向教学的常规教学行为与学习行为的"受训者"积极转变为"培训者"。学习问题导向教学实施初始阶段，大多数教师对学习问题导向的教学组织形式、辅助工具、评价形式等不熟悉、怕麻烦。即使是经过"学习问题导向教学"研究团队培训后，这些教师在课堂上也没有明确要求学生做到学习问题导向学习规范。然而，在学习问题导向教学实施的深化阶段，多数教师能对学习问题导向教学的常规教学行为与学习行为做到内化于心，外化于行，并且在课堂上积极培训学生，效果还较为显著。资料表明教师由"受训者"积极转变为"培训者"，对学生学习规范的影响较为深远。如，2015—2016 学年度上学期，七年级学生学习问题导向学习常规是由"学习问题导向教学"团队教师轮流在四校培训。但该学期，学生学习常规并没有"固化"，相反，"反弹"（重新回归到"过度讲授"模式下的学习规范）现象较为严重。该学期学生学习常规共出现两次"反弹"，一次是在国庆节后，另一次是在期中考试后。2016—2017 学年度上学期，七年级学生学习问题导向学习常规是由四所学校教师自己培训，效果较为明显，没有发生任何反复与"反弹"现象。这说明四校的教师从理解层面而言，接受学习问题导向教学，业务能力增强，可以独立培训学生学习问题导向学习常规行为。

其二，教师由"怀疑者"变为"坚信者"。教师对学习问题导向教学由"怀疑"转变为"坚信"，最直观地表现在对学习问题导向复习课模型的态度转变上。刚开始，对于"学习问题导向教学"研究团队推广的复习课模型，大多数教师持一种质疑态度，认为没有学科特色，课堂不容易操作，不愿尝新。然而，在 2016—2017 学年度上学期期中与期末考试前的阶段复习中，部分教师开始自觉使用复习课模型进行复习，并取得一定实效。

其三，教师由"操作者"变为"研究者"。教师对学习问题导向教学由"僵硬的""操作者"转变为积极的"研究者"，部分教师结合具体学科特色、不同学情，开始"研创"具有个性特色的学习问题导向教学。部分教师在复习课中不仅熟练使用复习课模型，而且还能结合学生问题以及学科特色，创新研发出具有学科特色的复习课模型。ZJ 学校 W 老师研发出"学习问题导向教学视阈下的语文学科专题复习三种模式"。（1）"自上而下"模式，指复习时由知识框架（包括做题方法）到各个知识点运用的过程，或由知识网络到各个具体例子的过程，适合病句、标点、词性等专题复习。(2)"自下而上 + 自上而下"模式，指先通过大量题目让学生对复习专题有一个感性认识，随之让学生不仅知其然还要知其所以然，对阅读题型进行总结和行文思路思考，对答案进行序列化，再实战演练。古诗阅读、文言文阅读、现代文阅读比较适合这种模式。(3)"'地毯式'复习跟踪 + 测试"模式，指课前学生对知识点进行地毯式复习，课上进行教师跟踪（可以是默写可以是问题考）、同伴互考跟踪，之后对所有学生进行测试。该模式比较适合字音字形、作者简介、成语、名句等专题复习。

3. 践行"问题跟踪"的深化

学习问题导向教学注重培养学生"问题跟踪"能力，多数教师不仅比较熟悉"问题跟踪"具体措施，而且积极深思与反思，努力把"问题跟踪"推向更深层发展。具体在以下两个方面不断深化。

其一，具有学科特色的"问题跟踪"得以深化。部分教师将学科特色融入"问题跟踪"探索中，进一步深化出具有学科特色的"问题跟踪"。如，四校的部分语文教师与英语教师开始着手深化语文与英语学科的"问题跟踪"。他们开始深入思考语文与英语学科中哪些题型需要"跟踪"，哪些题型不适合"跟踪"，不适合"跟踪"题型的解决方案等。

其二，"知者加速"中的"问题跟踪"得以深化。部分教师在逐渐熟悉与掌握"问题跟踪"的流程与方法后，能灵活地将其运用到"知者加速"的"问题跟踪"中，从而深化"问题跟踪"。例如，SY 学校的七年级数学学科负责人 W 老师刚开始接触学习问题导向教学时，很难改变"题海战术"的惯性思维，即使在接受知者应该"继续进步"进行"知者加速"原理之后，依旧固执地认为数学学科特色就是多做题。后来成效并不明显，他们开始逐渐精准题型、精减题量，反复"跟踪"，并将其深化运用到"知者加速"的"问题跟踪"过程中。

4. 践行"知者加速"的优化

学习问题导向教学鼓励优生进行知识加速、能力加速等符合继续进步原理的"知者加速"，以此避免传统课堂中优生坐等他人现象。四校教师积极优化"知者加速"项目，充分发扬优生"领航"作用，带动中等生与弱生一起力争上游。其举措主要有两点。

其一，表彰签约，优生领航。四校分别举行"知者加速"的表彰与签约活动，充分肯定优生的示范与领头雁的作用。例如，2016 年 10 月 25 日，SY 学校为七八年级学生隆重举行"知者加速"表彰暨结对签约仪式，鼓励知者：作为知者，一定要付出更多努力，不仅自己要加速学习，更要保证整个团队的加速。让知者领会到"百尺竿头更进一步"，做最优秀的自己，最勤奋的自己，最坚持到底的自己。

其二，优生带动，无缝对接。部分教师在学习问题导向教学活动前、中、后，充分发挥优生的模范带头作用。例如，ZJ 学校的 M 老师就"英语课前—英语课中—英语课后"进行"知者加速"的无缝对接。课前：让知者带领学生主动学习、主动预习，并协助教师检查预习内容。课中：一方面，教师优先关注知者完成学习任务，优先关注知者知识或能力加速情况，指导并发挥知者在组内担任小教师的作用；另一方面将知者的知识加速落实到《知者加速册》上，定期抽检。课后：组织知者进行规范的批阅，标记，更正，知者"自我跟踪"，知者间结对互帮"跟踪"等。

（二）教学水平：化"优质课低产者"为"优质课高产者"

随着学习问题导向教学深入实施，教师教学水平得以提升的一个较为直观反应是在校级以上优质课评比大赛中，四所学校教师获奖数量及奖项等级均有提高。具体见表 7—8 所示[1]。

（1）FH 学校：未实施学习问题导向教学改革前，仅有 1 位老师在优质课比赛中获得区级二等奖；实施学习问题导向教学一年半，共有 9 人次获得优质课奖项，包括 2 人次区级一等奖，6 人次区级二等奖与 1 人次省级二等奖。

（2）GC 学校：优质课一等奖获奖情况由前两年 3 人次区级一等奖上升为近一年半的 2 人次省级一等奖与 3 人次区级一等奖，共计 5 人次一等奖；优质课二等奖主要集中于 2016 年 9 月至 2017 年 2 月的半年，获 4 人次二等奖包括 3 人次区级二等奖与 1 人次国家级二等奖；在实施学习问题

---

[1]　表 7—8 中各校数据均由山东四所学校教学领导者提供。

导向教学的一年里，也有 2 位老师获得区级三等奖。

（3）ZJ 学校：优质课一等奖获奖人次有较大幅度提升，由原先的两年内只有 1 人次区级一等奖增长为近一年半 1 人次市一等奖和 4 人次区一等奖；二等奖获奖没有增加人次；三等奖获奖增加 1 人次。

（4）SY 学校：实施学习问题导向教学一年半，优质课一等奖获得人次由无上升为 2 人次获区级一等奖；二等奖获得人次由 1 人次增长为 4 人次获得区级二等奖；三等奖获得人次由无上升为 3 人次获得区级三等奖。

表 7—8　　　　　　　　近四年四校优质课获奖统计表

学校	2013/9—2014/8 一等/二等/三等	2014/9—2015/8 一等/二等/三等	2015/9—2016/8 一等/二等/三等	2016/9—2017/2 一等/二等/三等
FH 学校	0/1/0	0/0/0	0/3/0	2/4/0
GC 学校	0/1/0	3/0/0	2/1/2	3/4/0
ZJ 学校	0/4/1	1/2/0	1/1/2	4/1/0
SY 学校	0/0/2	0/1/0	1/2/2	1/2/1

优质课的获奖，既是教师教学水平提升的表现，又是教师教学自信心增长的展现，更为关键的是，其坚定了教师继续实施学习问题导向教学的决心。诚如，FH 学校 R 老师（2016—2017 年度 GX 区数学优质课一等奖获得者）获奖后，由衷地感言："以前总觉得我们学校名气弱，那么多的名校、那么多优秀教师，优质课这种比赛哪能轮到我？今年学校帮我报名，我就打算试试看喽。我就像准备学习问题导向教学常态课一样认真准备教学指导书，并按教学指导书认真执教，谁知，竟然获得一等奖。"

（三）师生关系：改"熟悉的陌生人"为"亲近的熟悉者"

伴随学习问题导向教学实施，四所学校多数课堂里师生关系有质的改观，师生由"熟悉的陌生人"逐渐变为"亲近的熟悉者"。

其一，昨夕"熟悉的陌生人"。在"过度讲授"课堂里，师生实际是熟悉的陌生人：师生物理空间很近，彼此熟悉对方姓名、面庞、声音等各种外在特征；师生心理距离却很远，彼此感情、意志、心灵、精神却很陌生。教师不理解学生，备课时不了解学生真实学情，授课时用"一刀切"面对不同学生学习差异，作业布置也是不同学生做相同作业；学生不理解教师，不理解教师备课时的精心设计，不理解教师授课时的精心讲解，不理解教师精心批阅作业。师生间互相不理解在课堂上表征为：教师在讲台上滔滔不绝、口若悬河，学生在讲台下昏昏欲睡（见图7—2之左图所示）、身在教室心在操场；作业字迹龙飞凤舞、草草应付了事、作业效果差。"熟悉的陌生人"式师生关系导致知识教学成绩难提高、学生生命可能性难发展。例如，笔者曾经问图7—2左图中最后两位睡觉的学生（FH学校九年级的学生），上课为什么不认真听讲？左边男生回答道："老师一直不停地讲，我很烦，听不进，也听不懂，就想睡觉。"右边男生则说："我觉得很无聊，看他（同桌，左边男生）睡了，我也就趴着睡着了。"

图7—2　课堂师生关系对比

其二，今朝"亲近的熟悉者"。在学习问题导向教学课堂里，师生已然变成"亲近的熟悉者"：师生物理空间很近，彼此熟悉对方姓名、面庞、声音等各种外在特征；师生心理距离更近，教师能切身感受学生的精神与心理需求，学生能切身感受教师的关心与关爱。教师理解学生，备课时精心考虑学生实际学情，授课时始终坚持以学生所提问题为引导教学的方向，充分依据学生差异性布置同质等量与异质有别的作业，并且有效督促学生进行"问题跟踪"；学生理解教师，上课时积极参与自主学习、合作学习、主动提出问题、分析问题、解决问题（见图7—2之右图所示），按时按质按量完成教师布置的分层作业，并自觉进行"知者加速"，优生会"自我跟踪"，中等生会"同伴跟踪"，弱生也能积极配合"教师跟踪"。"亲近的熟悉者"式师生关系不仅带来知识教学成绩的提升，还为学生生命可能性发展提供各种可能。例如，GC学校八（2）班的Z同学中途转学过来，成绩非常糟糕。他说："在以前的学校，老师很讨厌我，同学对我也爱搭理不搭理的。现在到了咱们GC学校，班主任Z老师对我非常好，知道我喜欢画钢笔画，特意将班级板报与墙报布置任务全部交给我。我所在的学习小组学习氛围很浓，我有不懂的问题，他们都愿意主动帮助我。我觉得在现在的小组，现在的班级，学习很开心。"

师生关系的改变，使教师的幸福感增强，各种荣誉接踵而至。据四所学校不完全统计，实施学习问题导向教学一年半内，FH学校6人次、GC学校6人次、ZJ学校26人次、SY学校9人次分别获得区级及以上优秀教师、教学能手、教改先锋、最美教师、先进个人、政府嘉奖等不同荣誉称号。这些荣誉嘉奖既是对教师教学工作的精神鼓励，更是对教师实施学习问题导向教学改革付出努力与获得成绩的充分肯定。

第二节　学习问题导向教学面临的挑战

学习问题导向教学在实施过程中虽然提高了学生学业成绩、增强了学生问题解决素养、提升了教师教学效能，但学习问题导向教学改革之路并非一马平川，也曾面临各种各样挑战，既有因循守旧教师的无言挑战、墨守成规学生的无语挑战、保守管理者的无声挑战，又有学习问题导向教学优化进程中的自我挑战。

一　因循守旧教师的无言挑战

部分因循守旧的教师，用"过度依赖""同步教学"或"故作完美"

的"教学表演",无言地挑战学习问题导向教学改革。

（一）"同步教学"的"过度依赖"

"同步教学"指任课教师面对由一群同年龄层学生组成的学习团体（以班级为单位）同时执教相同教学内容的一种教学方式。这种教学方式要求同一学习班级的全体学生同时、同地、同速、同步学完相同学习内容。"同步教学"在教学历史长河中曾发挥至关重要作用:"一对多"的群体教学方式是夸美纽斯提出班级授课制的产物,便于提升教学效率,促使学生系统掌握知识,培养学生集体主义精神等。

但在教学改革大道上,"同步教学"也凸显出诸多弊端。其一,违背学生"继续进步"原理。同一学习班的学生依据学习能力可分为优生、中等生、弱生,优生与弱生是班级少数,中等生是班级大多数,总体呈现"两头小中间大"的格局。教师基本依据大多数中等生学情进行教学设计与作业设置,即实施"同步教学"。在"同步教学"课堂里,常出现优生"坐等他人",弱生"不知所措"现象,优生与弱生积极进取心都将受挫,无法"继续进步"。其二,挫伤学生学习自主性。教师面对不同差异学生个体,忽略个性发展,剥夺自主学习时空,采取"一刀切","越俎代庖"代替学生动手、动口、动脑。

"过度依赖""同步教学"对学习问题导向教学的挑战主要有以下三点。

1. 公开反对,特立独行

个别教师"过度依赖""同步教学",不愿意改变课堂教学,表征为在公众教学或教研场合,对学校教学领导者或指导教学改革者公然提出反对意见。虽然这仅是个别教师的个别行为,但其言其行在某种程度上对教学改革起着较为恶劣的破坏干扰作用。例如 QHKM 中学一位英语教师在一次英语教研会上当众"挑衅"学校分管学习问题导向教学改革的教学领导者,言辞激烈,态度恶劣,众人劝说,皆不成功。

2. 表面沉默,格格不入

面对学校上上下下轰轰烈烈行进着的学习问题导向教学改革,个别教师虽没有公然挑衅或公开质疑各项教学改革措施,但用"充耳不闻,始终保持沉默,与周围教学氛围格格不入,难以合群"的表现始终"捍卫"着自己对"同步教学"的"过度依赖"。如 FH 学校一位中年历史教师,每次学校举行各种大会、小会、教研会,从不落下,准时参与,但从不发言,不表态,会议上只做看报纸一件事。对于学习问题导向教学的各项活动,他均不参与,不落实,用无声抵抗课堂教学改革,用无言折射内心最大抵触。

3. 表里不一,我行我素

个别教师在学校教学领导者或同事面前,非常认可学习问题导向教学改革所有措施,在与同事或领导者交流时无任何异议。然而,只要其一进课堂,依旧我行我素地使用"同步教学"。如 SY 学校七年级一位数学教师,在"学习问题导向教学"团队研究者与其私下沟通交流之际,其态度非常诚恳,对学习问题导向教学改革各项举措,表面上大力支持,无任何疑义。可是,不管他的课堂是否有同行或教学领导者听课,其一直使用"同步教学"。

随着四校学习问题导向教学的改革向纵深方向发展,教师精神状态发生改变,学生学习精神面貌发生显著变化,学生成绩有所提升,学习习惯有所养成……这一切促使不支持学习问题导向教学的教师逐渐配合改革,虽然行动与节奏较缓慢,但不怕行动慢只怕不行动。

(二)"教学表演"的"故作完美"

"教学表演"之义有褒贬之分。有学者认为教学本身具有鲜明表演性,"无表演不教学"或"无教学不表演";也有研究者认为"教学表演"是贬义词,是对严肃教学的一种"亵渎",是为追求课堂教学气氛,教师"导演",师生共同"表演",对某些问题呈夸大态势,对主旨呈游离状态。本书倾向于取其后一层含义。这主要是因为:在实施学习问题导向教学过程中,"教学表演"的主体仅限于小众教师,其花很多时间与精力进行"伪装表演"与"精心表演"。

1. "伪装表演"

"伪装表演"指为达某种掩盖目的进行"伪装"性表演:如,教师事先练习教学的各个环节,让学生反复练习如何回答教师提出的问题,甚至事先确定回答问题的学生名单等,让学生觉得在上假课;或者是有的教师在有人(同行、专家等)进课堂听课时,启用最新课堂教学改革模式，若无人进课堂听课，则沿用早已习惯的"同步教学"的教学模式……"伪装表演"对学习问题导向教学的挑战主要有：在学习问题导向教学实施之初，四校的小众教师每次课程均配备两套教学设计的"应急方案"，有学校领导或同行或"学习问题导向教学"团队教师听课，便采用学习问题导向教学程序授课；若没有任何教师听课，则沿用传统"同步教学"方式授课。

2. "精心表演"

"精心表演"指部分教师在课堂上倾全力，极尽"表演"能事：如教师在课堂上"过度"关注"表演"（教师只关注自己的精彩表现），却限制学生的表现；或是教师为使课堂愈加绽放精彩，课堂上每一学习环节，都过度"放大化"。结果，适得其反，过于夸张的"教学表演"总给观课者一种真实缺位的感觉。如 FH 学校一位刚工作两年的年轻英语女教师，思维非常灵活，积极要求进步，每次主动要求上各种学习问题导向教学的示范课，课堂气氛活跃，学生主动学习，但总给多数观课者一种"表演"气息过浓的感觉。

在实施学习问题导向教学过程中，善于进行"完美""教学表演"的小众教师，或许是没有充分理解学习问题导向教学的实质与重要作用，参与教学改革的教学行为多是被动，没有发自肺腑地为学习问题导向教学尽心尽力。但，毋庸置疑，"完美"表演带给学习问题导向教学的却是：无形中加大师生工作量，教师各种"精心备课""精心授课""精心教学"，极个别教师提前获晓教学领导者听课，便反复备课、试课、磨课，以期能有一个好的课堂教学效果，结果教师筋疲力尽，学生苦不堪言。

二　墨守成规学生的无语挑战

部分墨守成规的学生，用"从众求安"的"表层默契"或"假装学习"的"出色表演"，无语地挑战学习问题导向教学改革。

（一）"从众求安"的"表层默契"

"从众求安"的"表层默契"是指多数学生为了求得课堂上"一己安稳"之态（如不被教师点名回答问题，或因知识点不懂而免遭同学

"歧视"），置自身自主学习需求不顾，表面附和教师的一切，达成师生"表层默契"的一切安好的"盛世"之局。

"从众求安"的"表层默契"对学习问题导向教学的挑战主要有：师生早已习惯"同步教学"课堂里的对话默契、行为默契、情意默契。

1. 对话默契

在"同步教学"课堂里，学生与教师的各种对话处处显示"默契"：师生间"一问一答"或"一问众答"，例如"这道题都会了吗""都会了""这道题还需要再讲吗""不需要了"等。在"有问有答"的"一唱一和"过程中，学生很难表达真实想法，知识盲点在众口一词中很容易"鱼目混珠"。此外，师生间"对话默契"在有观课者的课堂里更是"心照不宣"，授课教师只与极少部分优秀学生进行反复"对话"，多数学生成为非常合格的"听话者"。

2. 行为默契

"同步教学"课堂处处存在师生间"行为默契"：例如面对教师用粉笔或黑板擦敲打黑板这一"经典"动作时，学生"心领神会"地齐刷刷抬头"目不转睛"地盯着黑板"认真"听课；尤其是教师执教公开课之际，授课教师向全班同学提问后，学生纷纷举手示意回答，但每次教师只要求成绩优秀的学生回答，多数学生举手行为成为陪衬的"绿叶"。

3. 情意默契

在"同步教学"课堂里，师生间除"对话默契"与"行为默契"外，还存在师生彼此心声与情意暗相吻合的"情意默契"。例如教师认为学生小组合作学习浪费时间，效率不高，于是"同步教学"课堂里很少给予学生合作探究的机会，取而代之的是教师一味讲授；学生则在教师"包办代替"的讲授课堂里"乐得逍遥自在"，非常习惯教师将知识逐一细化，反复讲授。

在实施学习问题导向教学过程中，尤其是实施初始阶段，师生这种"表层默契"现象特别明显：有观课者进课堂，执教教师总喜欢叫每组的1号或2号同学（在学习问题导向教学的小组分配里，每组1号和2号均为优生）回答问题；"一问一答""一问众答"的现象经常发生，等等。

（二）"假装学习"的"出色表演"

学习问题导向教学实施初期，部分学生没有充分理解学习问题导向各环节真正价值，却在课堂里不亦乐乎地"出色表演"着"假装学习"，成为学习问题导向教学改革面临的一个新挑战。

1. 假装自学

"自学寻疑"是鼓励学生在教师正确引导下认真自学指定教材内容，寻找疑惑与不足，提出自己不理解的问题。现实课堂中部分学生没有认真自学，却假装自学：一是不会读，自学教材内容时，没有做到"眼看、嘴念、手写、心想"；二是不会思，不懂将自学材料内容进行分析、综合、对比、抽象、概括等加工；三是不会记，不懂在自学教材内容上做"圈、点、勾、画"等各种标记；四是不会问，不知从何处问、不知问什么、不知寻疑方法。常常是自学活动结束，学生自学材料依然十分干净，没有留下任何读、思、记、问的自学痕迹，且多数学生提不出任何问题，或是所提问题质量不高，数量不多，与该节课重、难点知识关联不紧密。

2. 假装互帮

组建小组学习团体的目的是发挥集体智慧力量使组内成员互帮互助，共同进步。现实课堂中却存在部分学生假装互帮现象：一是"互帮答疑"与"群言辨疑"时，小组成员物理空间很近，围聚一起，或坐、或立，假装讨论、交流、提问，假装认真"回答"与"辨疑"；二是当授课教师或观课教师靠近该组时，该组成员互帮氛围明显热烈，讨论气氛明显激烈；三是教师离开该组时，回观该组成员各种表现，发现讨论之声明显渐小，个别学生东张西望，惊讶地发现教师"杀回马枪"又假装认真讨论。

3. 假装倾听

倾听是一种智慧、一种修养、一种尊重、一种理解，懂得倾听是一种非常重要的学习素养。学习问题导向教学提倡学生懂得"倾听"，无论是教师释疑时，还是同伴答疑时，学生都应该学会"倾听"。然而，部分学生在学习问题导向教学伊始阶段，不懂用耳倾听，用心倾听，却假装会倾听，具体表征为：教师释疑时，表面紧跟教师讲解节奏，随时附和，没有质疑，没有疑义，没有记录，没有真正地做到边听边想；同伴答疑时，一味停留在自我思维世界里，没有认真倾听，跟不上同伴讲解步骤，无法与同伴思维并进；小组间"群言辨疑"时，装作倾听，没有切中要害地指出对方错误，不能很好地帮助对方确定是否真正掌握对问题的理解。

4. 假装反思

学生的反思主要有"在学习过程中反思"及发生在学习前和学习后的"对学习过程的反思"两种。学习问题导向教学主要通过两种途径关注培养学生反思能力，一是专门培养学生在课后进行反思质疑，二是在一节课行将结束时，设置"知识建网"环节，带领学生对本节课所学内容进行知识建构，对学习方法进行回顾反思。现实课堂中部分学生不懂反思，不会反思，却呈现出认真反思的"假反思"状态，具体表现为当教师进行"知识建网"之际，部分学生故作苦思冥想状，却无实质性进展，其"迷离"的眼神，"紧闭"的嘴唇，安稳的双手"出卖"了真实学习状况：脑没动、口没动、手没动。

学生"出色表演"着各种"假装学习"，假装自学，假装互帮，假装倾听，假装反思，这些"假装""混淆"了教师真正的"视听"，阻碍了学习问题导向教学的高效开展。

三　保守管理者无声挑战

部分学校的教学领导者是保守管理者，他们的传统管理思维与手段在无声地挑战学习问题导向教学的实施。

（一）管理者的"负险固守"

保守管理者"负险固守"指管理者在传统管理思维的影响下，借口教学需求改革之"险"，"坚守"传统管理失当之处，结果带来师生生命可能性更难发展之"险"。

1. 管理者的"负险"借口带来的挑战

传统课堂教学处处彰显着对改革的需求：教师"知、情、行失衡"，学生渴盼自主学习、渴望问题解决；教师台上滔滔不绝持续一节课，学生台下昏昏欲睡延续一节课；教师控制课堂较为突出，学生自主学习主动退出；师生间呈病态的"我—他"关系而非正常"我—你"关系。虽然课堂教学处处"呼唤"着课堂教学改革，可是真正面临改革，保守的管理者，却处处"借口"实施学习问题导向教学会带来"更大的"风险，从而形成实施学习问题导向教学的一个巨大挑战源。

学习问题导向教学因其固有的基本结构：四重备课与教学指导书构成的"文本"，学习问题、问题导向、问题跟踪等要素构成的"机制"，组织形式、辅助工具、评价手段等构成的"常规"，使得管理者需要改变旧有的、早已熟知的管理模式与评价模式，重新学习，学会配合，学会调整，学会改进，学会完善，等等。一系列管理层面的"冲击"使得保守管理者们害怕教改，畏惧革新，只好求稳。

2. 管理者的"守旧"行为带来的挑战

面临迎合课堂教学改革需求的学习问题导向教学，一些管理者固执己见地"坚守"传统教育管理模式中的制度管理，"坚守"传统教育有失偏颇的评价模式，"坚守"管理模式与评价模式的简单易操作，"坚守"模式管理的"习惯成自然"，他们拒绝接受新的教学改革模式、拒绝接受新的管理模式、拒绝接受新的评价制度。这种"执着"的"坚守"呈现为"直接拒绝"型（直接抵制与排斥）、"委婉拒绝"型（话里有话地"讽刺"教学改革就像一阵风，今天流行学杜郎口，明年流行学杨思）、"阳奉阴违"型（表面接受，暗地排斥）。

管理者的"守旧"行为给学习问题导向教学带来了重重阻碍，形成巨大挑战。例如，ZJ学校S副校长是一位执教英语学科，分管教学的领导者。区英语教研活动统一备课，固定一种英语教学模式由来已久，不管听力课、口语课、阅读课、写作课、翻译课等各类型英语课，基本每节课都按照十余个环节同一流水线模式。或许这种兼顾听、说、读、写能力，面面俱到的英语课模式，在生源较好的学校，学生尚能跟上教学步伐，取得较为优异的成绩。但在学生英语词汇与语感储备极低、生源质量相对糟糕的四所学校里，这种没有针对四校学生共性问题、没有抓大放小、没有突出教学重点的一应俱全式英语教学模式并不能取得较好教学效果。为攻克四所学校英语教学如何引导学生高效"识记单词"与"英文阅读"两大难关，学习问题导向教学推行"情智"单词记忆法帮助学生攻克英语单词不会认、不会读、不会拼、不会写的"识记单词"难关，推行"猜想阅读"法帮助学生攻克"英文阅读"难关。然而，这两项英语教学改革措施在 ZJ 学校开展初始阶段竟难以为继，其最大阻力是英语专业出身的 S 校长一直"坚守"执教多年耳熟能详的旧有教学模式，"坚守"管理与评价英语教师固有模式，不想改，不愿改。

保守管理者的"坚守"不仅没有化解课堂教学急需改革之危"险"，相反为课堂教学改革带来重重阻力，给师生生命可能性发展增添更危"险"因素。其一，教师生命可能性难发展。例如，保守管理者"坚守"以"完成讲授任务"和"课堂教学大容量"来管理与评价教师，容易致使教师发挥野性自主性，忽视学生合理学习自主性，一味"过度讲授"，最终难以增强教授素养，难以提升教学效能。其二，学生生命可能性难发展。学生业已习惯教师"越俎代庖"，习惯学习目标的设计等一切学习活动听命于教师，无合理学习自主性，无自觉提出问题与解决问题的意识。

（二）管理手段的"桎梏与误导"

管理手段形形色色，此处只谈制度和评价手段。在实验学校，管理者的管理手段尽管已有一些变化，但在管理制度和管理评价手段方面还存在诸多问题，对学习问题导向教学提出了挑战。

1. 管理制度的"桎梏"带来的挑战

管理制度的"桎梏"是指传统的教育管理模式中的管理制度常将教师与学生作为工具或手段，"只见物不见人"，缺乏应有的理解、信任、尊重。虽然制度管理在特定阶段较为有效地促进教学秩序规范化，但对于被监督者而言，师生与管理者进行的是不平等对话。就实质而言，制度管理的"桎梏"很大一部分是行政管理所赋予的，学习问题导向教学在实施过程中也曾面临行政管理"桎梏"带来的种种挑战。

一是纷繁行政事务带来的挑战。学校里源自不同上级的各项检查与评比等过多行政性任务严重影响教师精力，且每个行政部门都固执地认为本部门下达的任务是最为有效，也是最为关键的，强令要求教师第一时间率先完成。然而，众多没有经过整合的事务，给一线教师进行学习问题导向教学改革带来很大困扰：多数教师疲于应付行政事务检查，很难潜心、静心参与学习问题导向教学的课改与教研；有的教师一天参与几波不同会议也是司空见惯，甚至同一时间段不同会议均要求同一领导者参加。作为四所实验学校的行政领导者应该静下心来，认真思考行政事务力争简化程序，提高效率，注重实效，尽量不给学校日常学习问题导向的教学工作带来各种负面影响。

二是变动管理岗位带来的挑战。某种程度上，学校领导层变动也会影响学习问题导向教学改革顺利进行，致使学校教学改革整体性颠覆。这种影响情况特别容易发生在学习问题导向教学实施一段时间且尚未形成稳固的学习问题导向教学文化氛围之际。例如，江苏省 CD 高级中学的 Z 校长积极推行学习问题导向教学，师生均热情参与，且改革成效较为显著。然而，因行政职务调动，Z 校长离开这所学校，新任校长不主张也不反对推进学习问题导向教学。教学文化氛围有所变化，给一直坚守学习问题导向教学的教师带来不小的阻力。

2. 管理评价的"误导"带来的挑战

管理评价的"误导"是指"滞后"的教师个体、课堂教学、学生个体等管理评价体系常常"误导"着管理者，从而给学习问题导向教学带来重重挑战。

一是"滞后"的教师个体评价带来的挑战。"滞后"的教师个体评价主要表现在评价教师教学态度、教学效果、班主任工作等方面。首先，评价教师教学态度，表征为检查教师教案撰写、学生作业批阅、有无教学事故等诸多情况。教师教案写没写、何时写，这种只重教案撰写形式不重教案撰写内容的检查方式，容易致使多数教师"复制"教案：抄以前教案、抄同事教案、抄网络教案、临检查"猛抄"教案等。作业布置的量是否合适、学生有无完成、教师是否及时认真批阅，这种简单易操作的作业检查方式并不能深入评价作业是否分层、作业具体内容是否发挥巩固知识作用，等等。上课时间教师有无进班，是否讲课，有无缺课等教学事故发生等，这种简单评价方式只能促使教师量性敬业而非质性敬业。其次，评价教师教学效果，主要衡量标准是学生学业成绩，多数学校将学生学业成绩与教师的绩效工资与评优评先相互挂钩。最后，评价教师班主任工作，主要以学生各种安全（包括食品安全、交通安全等人生安全）为第一或唯一指标，很少关注班主任工作是否为学生带来生命可能性的成长。学习问题导向教学中的"四重备课"有效规避教师各种"复制"教案,"一三三策略"有效敦促学生"跟踪问题","零作业批改"增强教师的质性敬业感与学生互批的责任感,等等。然而,旧有的教师个体评价体系,处处"阻碍"着关注师生生命可能性发展的学习问题导向教学的实施。

二是"滞后"的课堂教学评价带来的挑战。学习问题导向教学侧重学生是否主动提出问题,是否真正参与课堂学习活动;教师是否始终以学生所提问题为教学方向,是否切实关注学生成长与发展。管理者却常常以课堂气氛是否热烈,学生有无合作学习等直观可感的检测标准作为参考性评价依据,以学生考试成绩作为关键的实质性评价依据,这些"滞后"的课堂教学评价时常"阻挠"着学习问题导向教学顺利实施。

三是"滞后"的学生个体评价带来的挑战。学习问题导向教学抓住实质问题,坚持"一本主义",考试与单元检测都是"问题跟踪",坚持以质取胜。然而,"考,考,考,教师的法宝;分,分,分,学生的命根","唯分数论",分数高者"一白遮百丑"依然成为评价主流,"周周练""月月考""单元测试考""期中期末考"等林林总总的各项考试依然"久盛不衰","题海战术"与"考试策略"依然成为学生崇拜,这些以量取胜,没能抓住问题实质的"滞后"的学生个体评价成为学习问题导向教学的一大"拦路虎"。

一言以蔽之,在与"滞后"教学评价博弈过程中,学习问题导向教学常常受到教学评价"滞后性"的各种"冲击"。

四 优化进程的自我挑战

学习问题导向教学虽然在实践中取得了一定成效,但其也面临着自我挑战。这些自我挑战表征为教师备课的优化、辅助工具的优化、"问题跟踪"的优化等三方面。

(一)更高效:教师备课的优化

在实施学习问题导向教学的过程中,教师备课实现了从针对性到普适性、个体到整体、局部到全局的进步。

学习问题导向教学初始阶段,"学习问题导向教学"研究团队侧重指导山东四校教师针对不同学科不同特色，进行学科策略性备课。这种教师备课的策略性指导在实践过程中并不具有普适性，不能通用于所有学科的教学指导，只能"就近"用于学科思维相近的学科教学中去。例如，学习问题导向教学之数学学科策略性备课指导包括"备'语言转换'"与"备'解编结合'"两种，这种具有学科特色的策略性备课指导可以"借鉴"到物理、化学等理科学科中。其一，"备'语言转换'"指教师备课时要关注自然语言与数学公式、数学图像、数学图形等三种数学学科语言相互转换，旨在通过指导学生两种语言间相互熟练转换以及"说、写、画"等步骤训练，增强学生数学解题能力，提升学生对数学公式、数学图像、数学图形的表达与理解能力，发展学生数学思维品质等。其二，"备'解编结合'"指教师备课时要关注引导学生根据题目意思不断变换条件、变换格式进行编写题目练习，旨在通过改变已知条件编题——改变因果关系编题——改变出题范围编题——按照考纲独立编题——自我检验编题的知识性、科学性和缜密性，以及自我检验结果——与同伴（其他组）互换编题等深化编题方式六步骤，提高学生数学学科思维品质和数学知识应用能力。

学习问题导向教学实施深化阶段，"学习问题导向教学"研究团队更侧重指导山东四校教师结合本校学情，结合本学科特色，进行"四重备课"。"四重备课"虽能充分发挥教师集体智慧力量，提高教师整体备课效率，提升教师整体备课质量，增强教师整体教研素养，但其普适性也有上升空间。在实施过程中，研究团队带领四校教师共同研发出关注学科特色的"四重备课"和关注复习课型的"四重备课"。其一，关注学科特色的"四重备课"。在具体学科采用"四重备课"时，充分尊重各学科的个性特色。例如，学习问题导向教学之语文学科的"四重备课"重在提倡"超本阅读"，拓宽学生阅读视野；学习问题导向教学之英语学科的"四重备课"重在提倡用"情智"单词记忆法攻克学生识记单词难关，提倡用"猜想阅读"攻克学生英文阅读难关；学习问题导向教学之数学等理科学科"四重备课"重在提倡"语言转换"与"解编结合"，提升学生学科思维品质；学习问题导向教学之历史等文科学科"四重备课"重在提倡运用"思维导图"形象建构学科知识间的各种联系。其二，关注复习课型的"四重备课"。四校教师进行各学科复习课的"四重备课"时，常常会依据不同学科特色，不同复习内容，选择和创新更加实用的复习课模型。如前述的 ZJ 学校 W 老师研发出"学习问题导向教学视域下的语文学科专题复习三种模式"等。

（二）更简约：辅助工具的优化

辅助工具的优化主要体现在学生的信息沟通牌由"三色"到"双色"的"蜕变"，变得更简约。

四校师生在学习问题导向教学实施过程中逐渐发现"三色牌"的丰厚不简约的特点（见图7—3之左图所示）。"三色"信息沟通牌的丰厚意蕴在于其生动、形象、无声、及时、高效地向教师传递不同学生的差异学情，便于教师第一时间掌握课堂各种教学生成，及时结合精心准备的教学设计，准确地调整教学步骤与流程，最终达成高效课堂教学。"三色"信息沟通牌的不简约在于以下五点：一是三种颜色代表的含义较多，学生易混淆；二是颜色丰富容易转移学生注意力；三是三面操作起来较为烦琐，容易干扰学生思维；四是三面立体牌、易破损、增加更换的经济成本；五是因三种颜色寓意的含义较为丰富反而不能充分凸显学习问题导向的特色。

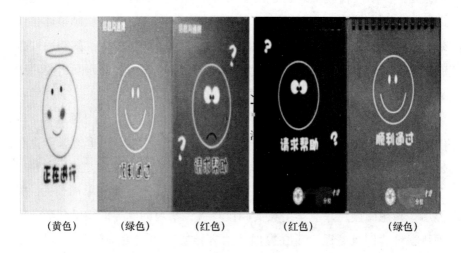

（黄色）　　　（绿色）　　　（红色）　　　（红色）　　　（绿色）

图7—3　"三色牌"到"双色牌"的"蜕变"

于是，四校师生创新地将"三色牌"变成"双色牌"。将黄色一面取消，取而代之的是平放，在保持"三色牌"各种丰厚意蕴的基础上促使师生间信息沟通更便捷、更简洁。"双色牌"的简约不简单（见图7—3之右图所示）主要表现在：一是"双色"不易坏，降低更换的经济成本；二是"双色"将吸引学生注意力降至最低点；三是"双色"操作起来更方便、更省时，学生不用费脑筋去想各种颜色代表何种含义；四是更能凸显学习问题导向，学生只需牢记，有困惑、疑难、不同见解、需质疑时就果断地亮"红色面信息沟通牌"，需要进行"知者加速"时就果断亮"绿色面信息沟通牌"。

（三）更实用："问题跟踪"的优化

学习问题导向教学优化进程中更实用的自我挑战指学生优化作业中"问题跟踪"的优化。四校"问题跟踪"的优化主要表征为下述三点。

一是"试题册"价值最大化。"学习问题导向教学"研究团队建议四校学生将"试题册"妥善保管，一直可以沿用至初三毕业，因为上面标有学生知识盲点的标记，利于最后的学科知识总复习。可是，在"试题册"实际使用过程中，四校教师发现，一是学生未必能妥善保管足够长的时间，二是到了初三，还会使用新的学习资料，届时未必有时间和精力充分利用这些初一与初二的"试题册"。于是，四校教师在实际复习过程中，将"试题册"最后使用价值提前至期中考试或期末考试前总复习，也即在最后一（或二）次复习时，学生可以直接将过程与答案书写在"试题册"上。

二是"纠错册"样式规范化。对于"纠错册"，刚开始四校并没有做硬性规定，仅要求是空白本子，封面上标注"纠错册"的字样，且在实际"纠错"过程中，学生能标明页码与题号，写清楚过程与结果即可。可是，在"纠错册"的实际使用过程中，四校教师发现，"纠错册"本子大小、厚薄、尺寸不一，本子纸张设计标准不一，不利于学生"跟踪"，不便于教师检查。后来，四校教师制定了一种统一的"纠错本"，大小、厚薄适中，最为关键的是其内部的"纠错时间、错因分析、过程解析"区域划分，让学生"纠错"时一目了然，一清二楚，同时也便于教师适时检查学生"跟踪"情况。

　　三是"跟踪"形式多样化。四校教师在引导学生实施"问题跟踪"时有很多创新之举。例如，各校研发了属于本校特色的学科"问题跟踪模板"；教师根据实际情况，"创新"了多种"教师跟踪"措施，如将"跟踪对象"叫至教室外走廊边"跟踪"，或是对"跟踪对象""委以重任"，或是让"跟踪对象"适度批阅部分作业并总结归纳，或是让"跟踪对象"进行"同伴跟踪"，等等。事实证明，这些源于教学实践的"问题跟踪"创新之举在实际教学过程中均取得了一定成效。

　　"雄关漫道真如铁，而今迈步从头越"，学习问题导向教学在发展中不断完善，在不断完善中发展，在逐渐优化中不断挑战自我，在不断自我挑战中逐渐优化。

结　语

走向学习问题导向,走进课堂教学改革

一　课堂教学改革任重道远

学习问题导向教学在山东四校实施了 18 个月面临过各种挑战:因循守旧教师的无言挑战、墨守成规学生的无语挑战、保守管理者的无声挑战,无不预示着课堂教学改革之道艰难险阻。此外,2016 年 7 月,一场颠覆传统教学方式的教学改革因遭众人质疑,最终"屈服"于传统的成绩论思想,以教研室长"悲情辞职"唤起人们对教育改革的高度关注而告终①,这场短暂的教学改革再次昭示着课堂教学改革之道困难重重。

"路漫漫其修远兮",课堂教学改革之道并非一马平川,而是且险,且阻,且长,且远。

二　学习问题导向教学负重致远

虽然,课堂教学改革任重道远,但是,学习问题导向教学愿意负重,愿意致远。

(一) 学习问题导向教学将负重

课堂教学改革道路崎岖,要与教师陈旧的教学理念、落伍的教学习惯、"满堂灌""一言堂"作斗争;要与学生几乎不动脑、不动口、不动手,坐等教师把知识"嚼碎喂至嘴边"的陋习作斗争;要与"作业多才能成绩高""习题车轮战""分数至上""成绩歧视""唯分数论"等畸形

---

① 中国教育报:《河北涿鹿课改被叫停,教研室长辞职"抗议",我们究竟需要怎样的教改?》(http://learning.sohu.com/20160721/n460396876.shtml)。

的社会评价作斗争……为了学生自主学习的充分，为了学生问题解决的素养，为了学生生命可能性的发展，学习问题导向教学愿意"迎接"挑战，愿意"超越"挑战，愿意负重前行。

（二）学习问题导向教学将致远

课堂教学关乎教师的教，关系学生的学，责任重大。学习问题导向教学将从下述三个方面"致远"。

其一，坚守"抓大放小"理念，将"过度讲授"摈弃于课堂教学之外。在学习问题导向教学实施过程中，部分教师对课堂教学依然存在诸多误解，对学习问题导向教学存在诸多质疑，不懂"抓大放小"突出重点，而是面面俱到一味"过度讲授"。为此，学习问题导向教学要坚持不懈地帮助教师消除三个误解。一要消除"学生自学与合作耗时间、费精力、速度慢、效率低"的误解。学生发挥学习自主性，通过自学与互帮等自主学习活动，获得的知识不仅保持率高，难忘记，且伴随学习活动深入展开，利于更深程度地巩固知识。二要消除"呈现给学生的信息越多教学容量越大"的误解。教学要追求量的扩展，但更要懂得如何"抓主放次"关注质的提升。三要消除"教师讲授，快慢得当，收放自如，容量大，效率高"的误解。

其二，坚持学习问题导向，将"寻疑、答疑、辨疑、质疑"进行到底。所谓教学就是不断引导学生围绕教学重点、难点知识提出问题、分析问题、解决问题。学生寻疑处才是教师施教的真正起点。一方面，教师可以加大"学习问题导向"力度，营造学生"善思爱问"学习氛围，赋予学生提出优质问题的方法训练，丰富学生思考问题的角度，鼓励学生自觉寻疑、答疑、辨疑、质疑。另一方面，在教师正确引导下，学生养成善思考、勤发问、爱答疑、懂辨疑、会质疑的良好学习习惯。

其三，坚信继续进步原理，将"知者加速"贯穿课堂教学始终。探析一年多学习问题导向教学实施结果，多数学科知识教学成绩进步主要集中在 B 率与 C 率两个等级，个别学科如 GC 学校思品课 A 率提高较快，其余学校其他学科 A 率尚存较大增长潜力。依据"继续进步原理"，知道教学内容的学生（"知者"）不能坐等他人，而要继续前进，学习更多内容或使自己能力得到更好发展。因此，教师一要培养学生自主加速意识，一旦完成当前学习任务,就要及时加速学习,不浪费课堂宝贵学习时间;二要在课堂教学中,为知者提供加速的时空可能性;三要在知识的广度与深度上指导知者进行课外加速。

"为了一切学生,为了学生的一切,一切为了学生",纵使课堂教学改革之道荆棘丛生,阻力重重,学习问题导向教学始终愿意迎难而上,披荆斩棘。为了更长远、更顺利、更高效地进行课堂教学改革,不妨尝试走向学习问题导向教学,充分发挥学生学习自主性,提高学生问题解决素养,发展学生生命可能性。

附　　录

附录1　教师教学问卷

亲爱的老师：

　　您好！本次调查是匿名的，其结果全部用作科学研究，不会对您产生任何不良影响。请根据您的实际情况和想法如实填写。真诚感谢您的支持！

华东师范大学理解教育研究所

一　您的基本信息（请在相关选项画"√"）

性别		教龄					职称			
男	女	≤5	6—10	11—15	16—20	≥21	无	初级	中级	高级

班主任		最高荣誉						发表文章（篇数）		
是	否	无	校级	区/县	市级	省级	国家	无	地市	省市

二　您的见解或评论（请将所选项的序号填入括号）

1. 发现并针对学生的主要困惑或问题（学习错误）施教效率更高。

（　　）

A. 完全反对　　　　B. 部分反对　　　　C. 难以评论

D. 部分赞成　　　　E. 完全赞成

2. 教学就是系统地传授知识。　　　　　　　　　　（　　）

A. 完全赞成　　　　　B. 部分赞成　　　　C. 难以评论

D. 部分反对　　　　　E. 完全反对

3. 有的老师觉得要教好学生就要想方法寻找教学奥秘。（　　）

A. 完全赞成　　　　　B. 部分赞成　　　　C. 难以评论

D. 部分反对　　　　　E. 完全反对

4. 教学目标要具体要有一定的数量标准。　　　　　（　　）

A. 完全赞成　　　　　B. 部分赞成　　　　C. 难以评论

D. 部分反对　　　　　E. 完全反对

5. 为了把萎靡不振甚至睡觉的学生调动起来就是"搞笑"也可以。

（　　）

A. 完全赞成　　　　　B. 部分赞成　　　　C. 难以评论

D. 部分反对　　　　　E. 完全反对

6. 要鼓励已经掌握了课堂教学内容的学生加速学习新东西，不要坐
等别人。　　　　　　　　　　　　　　　　　　　（　　）

A. 完全赞成　　　　　B. 部分赞成　　　　C. 难以评论

D. 部分反对　　　　　E. 完全反对

7. 老师有条不紊滔滔不绝地讲学生聚精会神地听就是好课。（　　）

A. 完全赞成　　　　　B. 部分赞成　　　　C. 难以评论

D. 部分反对　　　　　E. 完全反对

8. 讲完教材上写明的一堂课的内容就完成了这堂课的教学任务。

（　　）

A. 完全赞成　　　　　B. 部分赞成　　　　C. 难以评论

D. 部分反对　　　　　E. 完全反对

9. 想尽办法帮助学业成绩不良学生的教师值得吗？　　（　　）

A. 完全反对　　　　　B. 部分反对　　　　C. 难以评论

D. 部分赞成　　　　　E. 完全赞成

10. 学生不断改正学习中出现的重要错误是会学习的重要表现。

（　　）

A. 完全赞成　　　　　B. 部分赞成　　　　C. 难以评论

D. 部分反对　　　　　E. 完全反对

11. 不能突出教学重点是教学效率低下的重要原因。　　　（　　）

A. 完全赞成　　　　B. 部分赞成　　　　C. 难以评论

D. 部分反对　　　　E. 完全反对

12. 上课时学生喜欢坐成"马蹄形"（U 字形）。　　　（　　）

A. 完全反对　　　　B. 部分反对　　　　C. 难以评论

D. 部分赞成　　　　E. 完全赞成

13. 有效管理课堂的表现就是使课堂鸦雀无声。　　　（　　）

A. 完全反对　　　　B. 部分反对　　　　C. 难以评论

D. 部分赞成　　　　E. 完全赞成

14. 没有数量标准的教学目标不是可检测的目标。　　　（　　）

A. 完全赞成　　　　B. 部分赞成　　　　C. 难以评论

D. 部分反对　　　　E. 完全反对

15. 有的老师认为发展学生的能力很难做到。　　　（　　）

A. 完全反对　　　　B. 部分反对　　　　C. 难以评论

D. 部分赞成　　　　E. 完全赞成

16. 只有检测学生掌握教学内容情况才能判断教学任务是否完成。

（　　）

A. 完全反对　　　　B. 部分反对　　　　C. 难以评论

D. 部分赞成　　　　E. 完全赞成

17. 如果有其他工作与老师一样待遇就不会继续当老师。　　　（　　）

A. 完全赞成　　　　B. 部分赞成　　　　C. 难以评论

D. 部分反对　　　　E. 完全反对

18. 要求学生在学习上相互帮助实际上行不通。　　　（　　）

A. 完全赞成　　　　B. 部分赞成　　　　C. 难以评论

D. 部分反对　　　　E. 完全反对

19. 老师与学生的关系融洽有利于提高学生的学业成绩。　　　（　　）

A. 完全赞成　　　　B. 部分赞成　　　　C. 难以评论

D. 部分反对　　　　E. 完全反对

20. 教学信息越多（教学容量越大）课的效率越高。　　　（　　）

A. 完全赞成　　　　B. 部分赞成　　　　C. 难以评论

D. 部分反对　　　　E. 完全反对

21. 学生在课堂中"自学、合作、探究"费时低效，没有教师直接讲授的好。　　　　　　　　　　　　　　　　　　　　（　　　）

A. 完全赞成　　　　B. 部分赞成　　　　C. 难以评论

D. 部分反对　　　　E. 完全反对

22. 起早贪黑忙于具体教学事务是敬业的观点并不全面。（　　　）

A. 完全赞成　　　　B. 部分赞成　　　　C. 难以评论

D. 部分反对　　　　E. 完全反对

23. 学困生（后进生）是教不好的。　　　　　　　　（　　　）

A. 完全赞成　　　　B. 部分赞成　　　　C. 难以评论

D. 部分反对　　　　E. 完全反对

24. 下课后，您会对自己的教学进行反思吗？　　　（　　　）

A. 一直反思　　　　B. 经常反思　　　　C. 记不清了

D. 很少反思　　　　E. 从不反思

25. "培优（优秀生）帮困（学困生）"的主要办法是集中起来多上课。　　　　　　　　　　　　　　　　　　　　　　　（　　　）

A. 完全赞成　　　　B. 部分赞成　　　　C. 难以评论

D. 部分反对　　　　E. 完全反对

26. 您估计提高自己教学质量的空间　　　　　　　（　　　）

A. 空间很大　　　　B. 空间较大　　　　C. 没有想过

D. 空间不大　　　　E. 没有空间

27. 面对"厌学"的学生您会提醒自己不转化他决不罢休吗？

（　　　）

A. 一直提醒　　　　B. 经常提醒　　　　C. 记不清了

D. 很少提醒　　　　E. 从未提醒

28. 一般来说在您的以讲授为主的课中您的学生大概能掌握多少学习内容？　　　　　　　　　　　　　　　　　　　　　　（　　　）

A. 20% 以下　　　　B. 21%—40%　　　　C. 41%—60%

D. 61%—80%　　　　E. 81% 以上

29. 您是否要求学生使用错题记录本记录错题。 （ ）

A. 一直要求   B. 间或要求   C. 记不清了

D. 业已放弃   E. 从未要求

30. 如果要通过教学改革进一步提高教学质量，您的大多数同事的态度可能是 （ ）

A. 积极参与   B. 被动尝试   C. 不知可否

D. 质疑非难   E. 坚决抵制

附录2　学生学习问卷

亲爱的同学：

您好！本次调查旨在了解学生的学习情况，不要填写姓名，其结果全部用作科学研究，不会对您产生任何不良影响。请根据您的实际情况和想法如实填写，选项无正确与错误之分。真诚感谢您的支持！

华东师范大学理解教育研究所

一　您的基本信息（请在相关选项画"√"或填写相关内容）

1. 性别：男（ ）   女（ ）

2. 民族：（ ）

3. 学业水平：优秀（ ）   中等（ ）   较弱（ ）

4. 年级：小学（ ）年级； 初中（ ）年级；高中（ ）年级

5. 最感困难的学科：

二　您的做法或态度（请先认真读题目，弄清楚后与自己的实际情况相比较，如果题目的意思与自己的情况不相符，请选1；部分不相符请选2；无法判断请选3；部分相符请选4；相符请选5；并在选择的数字上画"○"）

序号	题 目	与自己比较				
		1	2	3	4	5
		不相符	部分 不相符	无法 判断	部分 相符	相符
1	上课时非常期望老师给自己回答问题的机会	1	2	3	4	5
2	做完了作业会认真检查是否存在错误	1	2	3	4	5
3	临到考试才努力学习设法使自己考过关	1	2	3	4	5
4	越帮助同学学习自己的学习成绩会越好	1	2	3	4	5
5	完成老师布置的学习任务后自己会找新材料学习	1	2	3	4	5
6	喜欢讲话幽默风趣的老师给自己上课	1	2	3	4	5
7	常思考自己学习上的不足并努力补救否则不放心	1	2	3	4	5
8	不喜欢的学科不想多花时间	1	2	3	4	5
9	希望每天都有自习课让自己独立学习	1	2	3	4	5
10	在完成作业过程中遇到不会做的题就把它放弃	1	2	3	4	5
11	常想自己制订学习计划但总是不能兑现	1	2	3	4	5
12	单独读书时心烦意乱很难静下心来	1	2	3	4	5
13	学习时注意把相关的内容进行比较并找到它们的共同点	1	2	3	4	5
14	先复习当天学习的内容然后动手做作业	1	2	3	4	5
15	喜欢运用所学知识尝试解决日常生活中的问题	1	2	3	4	5
16	如果老师不督促自己不会自觉纠正错题	1	2	3	4	5
17	做作业时不想生搬硬套现成的方法总想找到更加新颖的方法	1	2	3	4	5
18	只要是老师要求做的题即使会了也做	1	2	3	4	5
19	宁愿多花时间背诵而不愿多费精力思考	1	2	3	4	5
20	相信自己的能力因此考试失败了也不灰心	1	2	3	4	5
21	学习时喜欢钻研问题直到得出自己的见解为止	1	2	3	4	5

序号	题 目	与自己比较				
		1	2	3	4	5
		不相符	部分不相符	无法判断	部分相符	相符
22	不喜欢老师上课时从头讲到尾	1	2	3	4	5
23	花在成绩差的科目上的时间少	1	2	3	4	5
24	相信帮助同学学习可以提高自己的学习成绩因而自己乐意帮助同学	1	2	3	4	5
25	在学习数学过程中不仅解题有时自己还编题（自己设计题目）	1	2	3	4	5
26	自己相信只有弄懂了以前不懂的东西才算有进步	1	2	3	4	5
27	经常把作业中的错题记下来然后逐步纠正不彻底弄明白决不罢休	1	2	3	4	5
28	帮助别人学习会影响自己的进步	1	2	3	4	5
29	努力争取各科都得高分一定要胜过所有同学	1	2	3	4	5
30	觉得读书是一件很愉快而且幸福的事	1	2	3	4	5

参考文献

一 中文部分

（一）译著

［美］Beau Fly Jones，Claudette M. Rasmussen，Mary C. Moffitt：《问题解决的教与学——一种跨学科协作学习的方法》，范玮译，柯华葳导读，中国轻工业出版社 2004 年版。

［美］Dale Scott Ridley，Bill Walther：《自主课堂：积极的课堂环境的作用》，沈湘素等，张厚粲审校，中国轻工业出版社 2008 年版。

［德］F. A. W. 第斯多惠：《师训思想与〈德国教师教育指南〉选读》，北京师联教育科学研究所编译，中国环境科学出版社、学苑音像出版社 2006 年版。

［芬兰］冯·赖特：《行动的说明和理解》，陈波编选《学术前沿：知识之树》，生活·读书·新知三联书店 2003 年版。

［巴西］弗莱雷：《被压迫者的教育学》，顾建新等译，华东师范大学出版社 2001 年版。

［美］Grant Wiggins&Jay McTighe：《理解力培养与课程设计——一种教学和评价的新实践》，么加利译，中国轻工业出版社 2003 年版。

［美］霍华德·加德纳：《多元智能》，沈致隆译，新华出版社 1999 年版。

［德］伽达默尔：《作为理论和实践双重任务的诠释学》，洪汉鼎译，洪汉鼎主编《理解与解释——诠释学经典文选》，东方出版社 2001 年版。

［德］伽达默尔：《答〈诠释学和意识形态批判〉》，洪汉鼎主编《理解与解释——诠释学经典文选》，东方出版社 2001 年版。

［德］伽达默尔：《论解释学反思的范围和作用》，载伽达默著《哲学解释学》，夏镇平、宋建平译，上海译文出版社 2004 年版。

［美］ L. A. 巴诺赫：《合作课堂——让学习充满活力》，曾守锤等译，华东师范大学出版社 2005 年版。

［美］ Linda Torp、Sara Sage：《基于问题的学习——让学习变得轻松而有趣》，刘孝群、李小平译，张庆林审校，中国轻工业出版社 2004 年版。

［法］卢梭：《爱弥尔——论教育》，李平沤译，商务印书馆 2010 年。

［美］ M. 希尔伯曼：《积极学习：101 种有效教学策略》，陆怡如译，华东师范大学出版社 2005 年版。

［德］马丁·布伯：《人与人》，张健、韦海英译，作家出版社 1992 年版。

［德］马丁·海德格尔：《理解和解释》，陈嘉映、王庆节译，洪汉鼎主编《理解与解释——诠释学经典文选》，东方出版社 2001 年版。

［苏联］马赫穆托夫：《问题教学》，王义高等译，江西教育出版社 1994 年版。

［加］马克思·范梅南：《教学机智——教育智慧的意蕴》，李树英译，教育科学出版社 2001 年版。

［美］内尔·诺丁斯：《学会关心——教育的另一种模式》，于天龙译，教育科学出版社 2003 年版。

［美］诺尔曼·丹森：《情感论》，魏中军等译，辽宁人民出版社 1989 年版。

［美］ Raymond M. Nakamura：《健康课堂管理：激发、交流和纪律》，王建平译，中国轻工业出版社 2002 年版。

［美］ Robert Delisle：《问题导向学习在课堂教学中的运用》，方彤译，中国轻工业出版社 2004 年版。

［英］ S. Ian Robertson：《问题解决心理学》，张奇等译，中国轻工业出版社 2004 年版。

［美］唐纳德·R. 克里克山克、德博拉·贝纳·詹金斯，金·K. 梅特卡夫：《教师指南》，祝平译，凤凰出版传媒集团、江苏教育出版社 2007 年版。

［苏联］维果茨基：《维果茨基教育论著选》（第 2 版），余震球选译，人

民教育出版社 2005 年版。

［美］肖恩·加拉格尔：《解释学与教育》，张光陆译，华东师范大学出版社 2009 年版。

［日］小原国芳：《小原国芳教育论著选》，由其民等译，人民教育出版社 1993 年版。

［美］约翰·杜威：《我们怎样思维·经验与教育》，姜文闵译，人民教育出版社 1991 版。

［美］约翰·杜威：《民主主义与教育》，王承绪译，人民教育出版社 2001 年版。

［美］约翰·杜威：《孟宪承文集·卷 8：思维与教学》，孟宪承、俞庆棠译，瞿葆奎主编，华东师范大学出版社 2010 年版。

［苏联］赞可夫：《和教师的谈话》，杜殿坤译，教育科学出版社 1980 年版。

（二）著作

蔡明、王立英、张聪慧主编：《语文课程教学设计与实施》，高等教育出版社 2008 年版。

陈爱苾：《课程改革与问题解决教学》，首都师范大学出版社 2012 年版。

陈琦、刘儒德：《当代教育心理学》，北京师范大学出版社 1997 年版。

陈振华：《教育的理解精神——当代中国教育的反思与重建》，辽宁教育出版社 2010 年版。

丁念金：《问题教学》，福建教育出版社 2005 年版。

丁证霖等编译：《当代西方教学模式》，山西教育出版社 1991 年版。

段力佩：《段力佩教育文集》，上海教育出版社 1982 年版。

胡小勇：《问题化教学设计：信息技术促进教学变革》，教育科学出版社 2006 年版。

金生鈜：《理解与教育——走向哲学解释学的教育哲学导论》，教育科学出版社 1999 年版。

李秉德：《教学论》，人民教育出版社 1991 年版。

李学农：《中学班级文化建设》，南京师范大学出版社 1999 年版。

林玉坤编：《如何培养老师的问题探究教学能力》，漓江出版社 2011

年版。

刘金虎、何永刚:《"问题引探"教学:模式与实践》,浙江大学出版社 2014 年版。

刘经华、钟发全编著:《叩寻教学——没有问题就是最大的问题》,吉林 大学出版社 2009 年版。

刘绪菊等:《启迪智慧——问题探究教学研究》,山东教育出版社 2007 年版。

庞维国:《自主学习:学与教的原理和策略》,华东师范大学出版社 2003 年版。

裴娣娜:《教育研究方法导论》,安徽教育出版社 1995 年版。

皮连生主编:《教育心理学》,上海教育出版社 2004 年版。

瞿葆奎主编:《教育学文集:智育》,人民教育出版社 1993 年版。

孙清政:《情感尺度的理论探讨》,西安地图出版社 2005 年版。

王策三:《教学论稿》,人民教育出版社 2005 年版。

王夫之:《四书训义》,宏达书局 1893 年版。

王天蓉、徐谊、冯吉、唐秋明、张治:《问题化学习教师行动手册》,华 东师范大学出版社 2010 年版。

伍棠棣:《心理学》,人民教育出版社 1980 年版。

熊川武:《反思性教学》,华东师范大学出版社 1999 年版。

熊川武、江玲:《理解教育论》,教育科学出版社 2005 年版。

熊川武、江玲主编:《学校管理心理学》,华东师范大学出版社 2010 年版。

熊川武:《学习策略论》,江西教育出版社 1997 年版。

熊川武主编:《教学通论》,人民教育出版社 2010 年版。

燕国材:《学习心理学:IN 结合论取向的研究》,警官教育出版社 1998 年版。

殷鼎:《理解的命运——解释学初论》,生活·读书·新知三联书店 1988 年版。

张春兴:《教育心理学》,浙江教育出版社 1998 年简体版。

张掌然:《问题的哲学研究》,人民出版社 2005 年版。

赵鑫：《教师感情修养论》，福州教育出版社 2015 年版。

郑金洲：《教育通论》，华东师范大学出版社 2002 年版。

钟启泉、崔允漷、张华：《为了中华民族的复兴为了每位学生的发展：〈基础教育课程改革纲要（试行）〉解读》，华东师范大学出版社 2001 年版。

周光岑主编：《核心问题教学研究》，电子科技大学出版社 2009 年版。

朱熹：《读书之要》。

（三）期刊/报纸

陈桂生：《漫话"满堂问"》，《教育发展研究》2001 年第 7 期。

陈勇：《问题教学的价值与操作》，《外国中小学教育》2005 年第 10 期。

陈振华：《讲授法的危机与出路》，《中国教育学刊》2011 年第 6 期。

陈振华：《教师情感管理的意义与方式》，《教育科学》2013 年第 4 期。

陈振华：《教学中的问题：基于思维发展的理解》，《华东师范大学学报》（教育科学版）2014 年第 4 期。

[美] 戴维·帕金斯：《从"为了已知的教育"到"面向未知的教育"》，《北京广播电视大学学报》2012 年第 5 期。

樊汉彬：《问题导学教学模式初探》，《上海师范大学学报》（哲学社会科学版）1999 年第 2 期。

冯苗：《新课程改革背景下教师教学观念的转变》，《教育科学》2002 年第 1 期。

顾沛：《把握研究性教学 推进课堂教学方法改革》，《中国高等教育》2009 年第 7 期。

胡小勇、张瑞芳、冯智慧：《翻转课堂中的问题导学策略研究》，《中国电化教育》2016 年第 7 期。

黄河清：《"问题导学"教学法的理论与实践》，《基础教育研究》2015 年第 1 期。

[美] J. R. 安德森、李春苗、林泽炎：《关于问题解决与学习的心理学研究》，《锦州师范学院学报》（哲学社会科学版）1996 年第 4 期。

[美] J. R. 安德森、李春苗、林泽炎：《关于问题解决与学习的心理学研究（续篇)》，《锦州师范学院学报》（哲学社会科学版）1997 年第

1 期。

姜勇、郑三元：《理解与对话——从哲学解释学出发看教师与课程的关系》，《全球教育展望》2001 年第 7 期。

姜美玲、王赛凤：《理解教师实践性知识》，《全球教育展望》2004 年第 11 期。

江燕：《高中历史教学中"伪问题"现象举证及对策》，《教育教学论坛》2013 年第 4 期。

［荷兰］杰伦 J. G. 范梅里恩伯尔：《论问题解决与教学促进》，毛伟、盛群力译，《远程教育杂志》2014 年第 11 期。

李方安、熊川武：《数学教学中两种语言的转换》，《上海教育科研》2007 年第 5 期。

李化树、任丽平、徐廷福：《论教育实践中教师的情感投入》，《中国教育学刊》2004 年第 5 期。

李伟、王霞：《提高教学质量 重在培养学生用"已知"解决"未知"的能力》，《中国轻工教育》2008 年第 3 期。

梁平：《论问题解决的教学设计》，《华东师范大学学报》（教育科学版）2000 年第 5 期。

刘次林：《以学定教的实质》，《教育发展研究》2011 年第 4 期。

刘树仁：《试论分层递进式教学模式》，《课程·教材·教法》2002 年第 7 期。

刘天：《尊重教学过程中教师的合理自主性》，《中国教育学刊》2016 年第 4 期。

鲁洁：《教育的返璞归真——德育之根基所在》，《华东师范大学学报》（教育科学版）2001 年第 12 期。

罗绍良：《思想政治课堂教学中"伪问题"现象及对策》，《素质教育大参考》2012 年第 10 期。

鲁献蓉：《对新的课程改革背景下课堂提问技能的思考》，《课程·教材·教法》2002 年第 10 期。

卢正芝、洪松舟：《课堂提问主体转向学生的教学论意义》，《中国教育学刊》2010 年第 8 期。

麻盐坤、叶浩生：《维果茨基最近发展区思想的当代发展》，《心理发展与教育》2004 年第 2 期。

倪正藩：《问题教学的功能与技巧》，《上海教育科研》1992 年第 2 期。

欧阳宇、宋东胜：《"问题导学"课型中的问题生成策略探析》，《课程教学研究》2016 年第 2 期。

裴娣娜：《论我国课堂教学质量评价观的重要转换》，《教育研究》2008 年第 1 期。

孙钰柱：《当前课程改革背景下课堂教学的问题与反思》，《课程·教材·教法》2006 年第 10 期。

谭德生：《试论"问题导学"教学模式中教师的作用》，《科学大众（科学教育）》2013 年第 4 期。

王光荣：《维果茨基的认知发展理论及其对教育的影响》，《西北师大学报》（社会科学版）2004 年第 6 期。

王丽秋：《论教学过程中教师情感因素的作用及调控》，《中国教育学刊》1997 年第 4 期。

王攀峰、张天宝：《知识观的转型与课堂教学改革》，《教育科学》2001 年第 3 期。

问题解决教学研究课题组：《关于"问题教学"》，《临沂师范学院学报》2000 年第 4 期。

辛涛、姜宇、刘霞：《我国义务教育阶段学生核心素养模型的构建》，《北京师范大学学报》（社会科学版）2013 年第 1 期。

熊川武：《自然分材教学的理论与实践探析》，《课程·教材·教法》2009 年第 2 期。

熊川武：《教育感情论》，《教育研究》2009 年第 12 期。

熊川武：《教改成功并不难——以自然分材教学为例》，《上海教育科研》2010 年第 9 期。

熊川武：《课堂上应让知者加速》，《中国教育报》2012 年 11 月 15 日。

熊川武、江玲：《论学生自主性》，《教育研究》2013 年第 12 期。

熊川武：《话说教学质量保卫战》，《上海教育科研》2014 年第 2 期。

熊川武：《课堂教学改革须有神》，《上海教育科研》2014 年第 3 期。

熊梅:《教师提问与学生思维的发展》,《课程·教材·教法》1992 年第
　　12 期。

徐胜臻、曹敏惠、江洪、陆冬莲:《基于问题式学习(PBL)在有机化学
　　教学中的应用——以"卤代烃"的教学设计为例》,《科技信息(科学
　　教研)》2008 年第 4 期。

杨金娥:《"问题导学"教学模式的基本特征》,《青少年日记(教育教学
　　研究)》2013 年第 2 期。

杨宁:《学生课堂提问的心理学研究及反思》,《湖南师范大学教育科学学
　　报》2009 年第 1 期。

杨秋玲:《"问题导学"模式中问题情境的创设》,《学苑教育》2012 年第
　　5 期。

姚梅林:《论问题解决与学习》,《高等师范教育研究》1997 年第 1 期。

叶澜:《让课堂焕发出生命活力——论中小学教学改革的深化》,《教育研
　　究》1997 年第 9 期。

尹弘飚:《教师情绪研究:发展脉络与概念框架》,《全球教育展望》2008
　　年第 4 期。

于龙:《影响"以学定教"效果的因素分析》,《中国教育学刊》2012 年
　　第 9 期。

余文森:《课堂教学有效性的探索》,《教育评论》2006 年第 6 期。

查有梁:《十年新课程改革的统计诠释》,《教育科学研究》2012 年第
　　11 期。

张若一:《真问题与伪问题》,《教育科学研究》2013 年第 5 期。

张天宝:《鼓励创新:新课程课堂教学改革的核心》,《课程·教材·教
　　法》2004 年第 2 期。

张义兵、张莉、刘骏:《知识建构课堂中小学生劣构问题提出的研究》,
　　《电化教育研究》2016 年第 6 期。

周志英:《我们的课堂究竟离学生有多远——从教学中的提问谈起》,《人
　　民教育》2010 年第 Z2 期。

左晓梅:《关于问题教学的反思》,《江西教育科研》2004 年第 7 期。

二 英文部分

(一) 著作

Areglado R. J. , Bradley, R. C. , and Lane P. S. , *Learning for Life*: *Creating Classroom for Self-directed Learning*, Thousand Oaks, Calif: Corwin Press, Inc, 1996.

Beau Fly Jones and Claudette M. Rasmussen&Mary C. Moffitt, *Real-Life Problem Solving*: *A Collaborative Approach to Interdisciplinary Learning*, Washington, DC: American Psychological Association, 1997.

Billstein Rick, *Student's Solutions Manual For A Problem Solving Approach to Mathematics for Elementary School Teach*, London: Pearson Plc, 2015.

Brown, Stephen I, *The art of Problem Posing*, Philadelphia, Pa: Franklin Institute Press, 1983.

D. T. Tuma and F. Reif, *Problem Solving and Education*: *Issues in Teaching and Research*, Hillsdale, N. J. : LEA, 1980.

Gabel D. L. and Bunce D. M. , *Handbook of Research on Science Teaching and Learning*, New York: MacMillan, 1994.

Glynn S. M. , Yeany, R. H. and Britton B. K. *The Psychology of Learning Science*, Hillsdale, New Jersey: Lawrence Erlbaum Associates Inc, 1994.

Lambros Ann, *Problem-based Learning in K − 8 Classrooms*: *A Teacher's Guide to Implementation*, Thousand Oaks, Calif. : Corwin Press, 2002.

Lambros Ann, *Problem-based Learning in Middle and High School Classrooms*: *a Teacher's Guide to Implementation*, Thousand Oaks, Calif. : Corwin Press, 2004.

Laughlin Patrick R. , *Group Problem Solving*, Princeton, N. J. : Princeton University Press, 2011.

Levine, Marvin, *Effective Problem Solving*, Englewood Cliffs, N. J. : Prentice Hall, 1994.

Lieven Verschaffel, et al. *Use of Representations in Reasoning and Problem Solving*: *Analysis and Improvement*, New York: Routledge, 2010.

Linda Torp, Sara Sage. *Problems as Possibilities*: *Problem-Based Learning for K - 16 Education* (*2nd Edition*), Alexandria, VA: Association for Supervision and Curriculum Deve, 2002.

Linker David, *Mathematics Problem-solving Challenges for Secondary School Students and Beyond*, Singapore: World Scientific, 2016.

Matthew Lipman, *Thinking in Education*, New York: Cambridge University Press, 1991.

Miller Don, *Problem Solving Explorations*, New York: Macmillan; Toronto: Collier Macmillan Canada; New York: Maxwell Macmillan International, 1994.

Paul Zeitz, *Art and Craft of Problem Solving*, New Jersey: John Wiley & Sons Inc. 2016.

Piotrowski Christine M. , *Problem Solving and Critical Thinking for Designers* Hoboken, N. J. : Wiley, 2011.

Robert Delisle, *How to Use Problem-Based Learning in the Classroom*, Alexandria, VA: Association for Supervision and Curriculum Development, 1997.

Schraw Gregory J. , *Research Methods*: *A Problem Solving Approach*, London: Pearson Plc, 2014.

Sebastien Helie, *The Psychology of Problem Solving*: *An Interdisciplinary Approach*, New York: Nova Science Publishers, 2013.

SingerFlorence Mihaela, *Mathematical Problem Posing*: *From Research to Practice*, New York, NY: Springer, 2015.

VanGundy Arthur B. , *101 Activities for Teaching Creativity and Problem Solving*, San Francisco: Pfeiffer, A Willey Imprint, 2005.

Whimbey Arthur, *Problem Solving and Comprehension*, New York: Routledge, 2013.

Young Hoan Cho Imelda S. Caleon, Manu Kapur, *Authentic Problem Solving and Learning in the 21st Century*: *Perspectives from Singapore and Beyond*, Singapore: Springer Singapore: Imprint: Springer, 2015.

(二) 期刊

Barrows H. S. , "A Taxonomy of Problem-based Learning Methods", *Medical Education*, Vol. 11, 1986.

Brophy J. et al, "Teachers' Reports of How They Perceive and Cope with Problem Students", *Elementary School Journal*, 1992.

C. E. Hmelo and M. Ferrari, "The Problem-based Learning Tutortial: Cultivating Higher Order Thinking Skills", *Journal for the Education of the Gifted*, 1997.

Commeyras M. , "What Can We Learn from Students' Questions?" *Theory into Practice*, 1995.

Delinda Van Garderen and Amy Scheuermann Christa Jackson, "Examining How Students With Diverse Abilities Use Diagrams to Solve Mathematics Word Problems", *Learning Disability Quarterly*, 2013.

Diana HJM Dolmans, "Solving Problems with Group Work in Problem-based Learning: Hold on to the Philosophy", *Medical Education*, 2001.

Dochy F, "Effects of Problem-based learning: A Meta-analysis", *Learning and Instruction*, 2003.

Franks A. et al, "The Meaning of Action in Learning and Teaching", *British Educational Research Journal*, 2001.

Goldman S. R. , "Learning in Complex Domains: When and Why do Multiple Representations Help?" *Learning and Instruction*, 2003.

Guskey T. , "Staff Development and the Process of Teacher Change", *Educational Researcher*, Vol. 15, No. 5, 1986.

Halstead J. Mark, Zhu Chuanyan, "Autonomy as an Element in Chinese Educational Reform: a Case Study of English Lessons in a Senior High School in Beijing", *Asia Pacific Journal of Education*, 2009.

Hargreaves A. , "The Emotional Politics of Teaching and Teacher Development: With Implications for Educational Leadership", *International Journal of Leadership in Education*, 1998.

Jonassen D. H. , "Instructional Design Modles for Well-structured and Ill-structured Problem-solving Learning Outcomes", *Educational Technology Research & Development*, 1997.

Katinka JAH, "Does Problem-based learning Lead to Deficiencies in Basic Science Knowledge An Empirical Case on Anatomy", *Prince Medical Education*, 2003.

Lemke J. L., "Making Text Talk", *Theory into Practice*, 2001.

Nias J., "Thinking about Feeling: The Emotions in Teaching", *Cambridge Journal of Education*, 1996.

Pajares F., "Gender and Perceived Self-efficacy in Self-regulated Learning", *Theory into Practice*, 2002.

Pavlo D. Antonenko. Farzaneh Jahanzad, Garmen Greenwood, "Fostering Collaborative Problem Solving and 21st Century Skills Using the Deeper Scaffolding Framewor", *Journal of College Science Teaching*, 2014.

Piper M., "The Prudential Value of Education for Autonomy", *Journal of Philosophy of Education*, 2001.

Rachael Adams Jones, "What Were They Thinking? Instructional Strategies That Encourage Critical Thinking", *The Science Teacher*, 2012.

Schmidt H. G., "Problem-based Learning Rationale and Description", *Medical Education*, Vol. 1, 1983.

Sluijsmans D M. A, "Peer Assessment in Problem-based Learning", *Studies in Educational Evaluation*, 2001.

Stepien W. J., S. A. Gallagher, and D. Workman, "Problem-based Learning for Traditional and Interdisciplinary Classrooms", *Journal for the Education of the Gifted*, 1993.

Ushioda E., "Why autonomy? Insights from Motivation Theory and Research", *Innovation in Language Learning and Teaching*, 2011.

Vernon DT, Blake RH, "Does Problem-based Learning work? A Meta-analysis of Evaluative Research", *Academy Medicine*, Vol. 7, 1993.

Winograd K., "The Functions of Teacher Emotions", *Teachers College Record*, 2003.

Zimmerman B. J. , "Becoming a Self-Regulated Learner: An Overwiew",
Theory into Practice, 2002.

Zimmerman B. J. , "Self-regulated Learning and Academic Achievement: An
Overwiew", *Educational Psychologist*, Vol. 25 , No. 1 , 1990.

后　记

行文至此，回望来程，荆棘丛生，沼泽遍布，柳暗花明。

求学之途，崎岖坎坷，个中滋味，感慨万千，五味杂陈。

执教之道，落入窠臼，亦步亦趋，亟待教改，迫在眉睫。

教改之路，凹凸不平，九曲连环，坚定执着，康庄大道。

成书之径，夙兴夜寐，步履蹒跚，百感交集，难以言表。

雨露之恩，铭记在心，且行且思，一路花开，一世芳香。

本科毕业后的六年高中语文执教生涯所见所闻，所经所历时常让我处于一种震惊、困惑、自责中。虽然教材更加关注人文性，可传统的讲授法却一成不变，教师还是更愿意"一讲到底"；自主合作的学习方式也仅仅是在公开课上昙花一现而徒有虚名；学生成长记录不是记录学生成长的点滴，而是为"应付检查"连夜"炮制而成"；"震耳欲聋"的"作业减负"却被排山倒海般的练习题取而代之……同事苦不堪言的抱怨、学生疲惫不堪的双眼、与新课程改革渐行渐远的课堂实操，痛定思痛，我尝试着在有限的时空里给予学生更多个性发展的机会，可是在严峻的升学形势面前，也只是戴着镣铐跳舞。一切的一切让我不禁思索：我们的课堂教学到底怎么了？

带着对"课堂教学"现状的疑惑与思考，以及想要改变的一己微弱之力，踏上了攻硕读博七年抗战之路。三年硕士生涯，边进行课程与教学论的研究，边进行课堂教学的实践。研究越精，实践越多，思考越沉，痛苦越切。四年博士生涯，邂逅了导师熊川武先生的理解教育，跟随导师参与指导了诸多学校行之有效的课堂教学改革——自然分材教学，之前思考的课堂教学相关问题，豁然开朗。在思考中解决问题，在问题解决中孕育新问题：课堂教学改革若不关注中（小）学生在学习中主动提出的疑惑或问题，谈何培养学生核心素养所提倡的问题意识？如何发挥师生合理自主性，激励学生主动提问？如何培育小组解决问题的能力？如何力促"优生更优，弱生大进，全体学生齐进步"……这一切促成了我人生求学之路的重要阶段性成果——《论"学习问题"导向教学》的诞生。

本书由博士学位论文而来，从精心选题至正式开题，从理论研究至实践研究，从框架建构至正文写作，从文稿初成至定稿终就，每一阶段，每一环节，每一步骤，无不浸透着导师熊川武先生巨大的心血。回望2013年初夏，先生不嫌弃我才薄智浅，"招"我为徒，"纳"入熊门。在先生身边学习的四年，先生一直谆谆教诲：做学问要耐得住寂寞，坐得住板凳，勤奋学习，厚积薄发；积极去实验学校，将所学的教育理论充分联系教育实践，并从教育实践中努力获取形成理论的灵感；广泛阅读英文文献，了解国际教育研究最前沿动态；阅读时要分门别类地做读书卡片；为文时要时刻保有问题意识，始终以问题为行文导向……"此恩可待成追忆，只是当时已惘然"。四年太匆匆，短到苦学四载仍学不到先生的"冰山一角"，只好将先生的耳提面命，内化于心外化于文。这本《论"学习问题"导向教学》即将付梓出版，虽然稚嫩，亦很青涩，仍须深耕细作，但无以抵当回报导师之恩：一声先生，山高水长，高山仰止，景行行止。

本书的撰成，得到了诸多专家、学者、学人的关心与支持。师母江铃副教授倾情指导：大至框架构建，细至文字润色，建议切中肯綮，使人醍醐灌顶，茅塞顿开。上海浦东干部学院的郑金洲教授，华东师范大学的范国睿教授、黄忠敬教授、程亮教授，上海教育科学研究院的唐晓杰研究员，上海师范大学丁念金教授，在论文开题以及答辩之时均提出不少真知灼见。广西师范大学副校长、教育学部部长孙杰远教授，对于本书的出版提供了大力支持。华东师范大学理解教育研究所金辉与杜军两位研究员给予实践知识的指导、具体策略的启示、运笔行文的灵感。山东、江苏等学习问题导向教学实施学校的师生也大力支持本研究。香港圆玄学院及汤伟奇先生和杜祖贻先生，为博士学位论文的研究提供了"联校教育社科医学研究论文奖计划"的资助。中国社会科学出版社的赵丽女士为本书的出版劳心费神，从体例、内容、图表、文字表达等诸多方面给予了细致的指导和帮助。在此，谨向所有关心、支持和帮助此书出版的领导、专家、同事、家人表示最诚挚的感谢！

本书在写作过程中，参考了大量国内外前沿资料和丰硕研究成果，汲取了很多思想精髓和观点精华，本书若对课堂教学改革的理论与实践研究存在一定学术价值的话，一定是站在这些"巨人"的肩膀上，在此谨向诸位作者表示诚挚谢意。介于本人研究水平与能力所限，书中在所难免会有缺陷与不足，真诚希望学界同人与读者朋友提出批评与指正，使得关于学习问题导向教学的研究日臻完善。